◎ 蔡仲希 编著

西三角

中国财富新高地

四川出版集团 四川人民出版社

图书在版编目（CIP）数据

西三角：中国财富新高地／蔡仲希编著．—成都：四川人民出版社，2012.2

ISBN 978－7－220－08539－0

Ⅰ.①西…　Ⅱ.①蔡…　Ⅲ.①区域经济发展－研究－西南地区②区域经济发展－研究－西北地区　Ⅳ.①F127

中国版本图书馆 CIP 数据核字（2012）第 017104 号

XISANJIAO——ZHONGGUO CAIFU XINGAODI

西三角——中国财富新高地

蔡仲希　编著

责任编辑	王　苘
封面设计	马欣晖
技术设计	古　蓉
责任校对	蓝　海　徐　英
责任印制	李　进　王　俊
出版发行	四川出版集团 四川人民出版社（成都槐树街 2 号）
网　　址	http：//www. scpph. com http：//www. booksss. com. cn E-mail：scrmcbsf @ mail. sc. cninfo. net
发行部业务电话	（028）86259459　86259455
防盗版举报电话	（028）86259524
照　　排	四川胜翔数码印务设计有限公司
印　　刷	四川福润印务有限责任公司
成品尺寸	140mm×202mm
印　　张	11.375
字　　数	270 千
插　　页	5
版　　次	2012 年 2 月第 1 版
印　　次	2012 年 2 月第 1 次印刷
书　　号	ISBN 978－7－200－08539－0
定　　价	26.00 元

前　言

1 打开通往中国西部的财富大门

自 2007 年 8 月起，构建以重庆经济圈、成都经济圈和西安经济圈为主体的西三角经济区已成为渝川陕三地民间有识之士讨论的热点，他们希望通过各级政府的努力，把目前西部地区基础最好、潜力最大、位置毗邻的三个经济圈整合建设成为新时期带动西部大开发的大马力新引擎，成为中国除珠三角、长三角和环渤海之外的中国经济增长第四极。在 2009 年 3 月，重庆市政府主要领导在全国两会上提出了争取建立西三角经济区的重要提案，这是地方政府首次表态希望争取建立西三角经济区。2010 年 7 月，在内蒙古呼和浩特举办了《中国西部经济发展报告（2010）》新闻发布会暨中国西部经济发展论坛。论坛期间，西三角经济区成为与会专家讨论的热点，特别是该经济区在带动西部经济大发展的潜在作用方面被参与讨论的专家寄予了厚望。

2011 年 3 月公开发布的《国家“十二五”规划纲要》中，国家明确提出西部地区区域经济发展的重要任务之一是“推进重庆、成都、西安的区域战略合作”，这可视为加快设立“西三角经济区”的另种表述。2011 年 8 月，台湾电机电子工业同业公会公布了《2011中国大陆地区投资环境与风险调查："十二五"规划逐商机》的报告，该报告对2795个在大陆投资的台湾企业进行了问卷调查。调查显示，由重庆、成都和西安组成的西三角经济区对台商的吸引力明显增加，长三角、西三角和环渤海为中国区域发展前三名。

民间、政府、学界和商会在不同时间点，传达了一个共同的声音。

众多迹象表明，西三角经济区正逐渐成为内地区域经济发展的重心。

西部很广袤，西部淘金似乎找不到门。其实，西三角就是西部财富之门。

如果我们以高于财富和淘金的眼光看待西三角经济区，就会发现它的建立对中国国家战略很有裨益，特别是在新时期完善西部开发开放体系和在当今国际环境下重塑陆权强国两方面。

所以本书力求在国家向西开放格局的理论架构方面有所突破，提出了中国西部地区向西开放的"人体"战略。该战略能很好地统筹兼顾西部众多的经济区：广西北部湾、滇中、黔中、成渝、关中—天水、呼包鄂榆、兰西格、喀什特区、天山北疆，并创新地解决了在组建"西三角经济区"过程中，让专家们都颇为困惑的"秦巴经济断裂带"问题。

打开地图，中国"向西开放"战略模型图就好比一个人按地球经线稍倾斜地面向西部站立，西部地区承接国际和东部产业转移表现最抢眼的是西三角经济区，同时西三角经济区集中了全国70%左右的国防科技工业。我们可以把由成都、重庆和西安所组成的近似等腰三角形的地理区域比作一个人的躯干。那么秦巴山区就可视为这个人的肺，肺在中医理论里面具有“通调水道”的功能，这恰好跟秦巴地区目前作为“南水北调”中线水源地的实际情况相吻合，也与陕西正在实施的“引汉济渭”工程实际相吻合，更与长江最大支流嘉陵江发源于秦岭、流经陕西、四川和重庆的实际相吻合。而北京作为西部大开发的决策与领导核心是这个人的脑袋。“中国能源金三角”区域所囊括的内蒙古鄂尔多斯和陕西榆林等地比作人的嘴巴，要吃西部经济发展所需的石油和煤炭等粮食；西安到上述区域是这个人的脖子。而从以西安为首的关中—天水经济区往新疆方向看，经喀什出境，穿越巴基斯坦、伊朗、土耳其、希腊、东南欧到西欧，这条线路就是一只手臂，中国目前正联合沿线国家修建一条铁路，这是一条具有国际陆路贸易通道和国家安全双重意义的“铁臂”；另一只“铁臂”目前早已建成并投入使用多年，其方向是从新疆的阿拉山口出境，穿哈萨克斯坦、俄罗斯、白俄罗斯抵达西欧。这就是这个人西北方向的两只手臂。如果从以成都、重庆为首的成渝经济区往南看，那么从广西友谊关出关，穿越南、柬埔寨、泰国等国，抵达新加坡为一条腿（或者从云南出境，穿越老挝、泰国等国抵达新加坡为一条腿），从云南瑞丽出关，穿越缅甸、孟加拉抵达印度则为另一条腿。

中国西部地区向西开放的“人体”战略能够有效地化解西部地区日益不良的区域竞争，以及统筹好越来越多的地方发展需求，特别是统筹好西部已经出台的、将要出台的多个经济区规划；能够充分体现区域经济发展中“统筹兼顾、重点突出”的原则，对于加强、完善西部地区开发开放力度和体系希望能起到抛砖引玉的作用。

中国在唐朝时期可以说得上是亚欧大陆上的陆权强国，这个时期中国的政治、经济和文化中心均位于以西安为代表的关中地区，这时期欧洲、中东和西亚地区与中国的商贸和文化交流主要走陆路通道——丝绸之路。随着西北地区生态环境的恶化，更由于农业生产技术的进步，江南的鱼米之乡逐渐取代了关中地区而成为中国的政治、经济和文化中心，中国进入了陆权与海权并重的时代。明朝郑和下西洋为中国探索海权开了一个好头，但清朝的重农抑商、闭关锁国政策却使得中国错失了依靠大洋贸易和远洋战争而成为海权强国的历史性机会。

中国海权战略发展相比欧美迟滞了几百年的时间，要想追赶上至少需要半个世纪。不过中国高铁技术的进步使得中国具备了重建陆路丝绸之路、重塑陆权强国的现实技术条件。美国在 2011 年 5 月击毙拉登后，军事重心重返亚洲太平洋地区，加强了对中国沿海的“岛链封锁”，积极介入南海争端。从地图上看，只有中国的西南和西北地区可以有效规避美国的“岛链封锁”。例如通过从西南与西北地区向毗邻的友好国家修建油气管道、铁路（含高铁）、公路，绕过马六甲海峡，一方面可向印度洋和阿拉伯海寻找出海口，另一方面可直接连通西欧，为西部地区构筑综合立体的国际贸易通道以及大通量的能源输送通道，有一举三得之效：可加快西部地区发展，增强西部地区对周边国家的影响力，例如加强西南地区对毗邻国家的经济、政治和文化影响力，这样越南和菲律宾企图就南海问题拉拢整个东盟对抗中国就行不通；加快新疆等少数民族地区发展，实行富民安民政策，这样可预防和对抗国际恐怖主义、分裂主义在新疆等地生长；从最近北非中东的政局动荡和东南亚某些发展中国家和英国等发达国家的国内骚乱情况来看，贫富差距太大、两极分化严重往往是社会动荡的最基础因素，而种族信仰问题以及失业率高企则是导火索，所以缩小东西部经济差距、提高西部地区当地就业率对维护中国西部地区经济社会的稳定具有重要的现实意义。

但是西部地区地域辽阔，产业、人口、资源和能源相对分离，甚至相对分散，这就需要在西部地区确定几个建设重点并评估其风险和效益。笔者认为，西三角经济区当是未来10年建设之重心。西三角经济区由于生态环境承载力强、区位条件优良、产业基础良好、政策优厚密集、人力资源丰富、经济社会稳定，正受到越来越广泛的关注。目前这一地区基础设施建设颇具成效，正进入产业投资加速时期。产业投资能够创造大量的各型就业岗位，对于带动西部地区人员就业很有帮助。此外，新疆以及云南等地目前正在实施大规模的基础设施建设，在2015年后也将进入产业投资加速阶段，社会稳定和生态承载能力改善的情况下也将实现爆发式经济增长。因此本书主要叙写西三角经济区的商业机遇。

传统观点认为，包括西三角经济区在内的广大西部地区最大的软肋就是物流。西三角经济区内各级政府也充分认识到了这一点，目前正努力通过油气管线、钢铁丝路、铁海联运、航空货运等综合措施来获取不比东部地区差多少的物流条件。相反，在对欧贸易商品运输的时间方面，某些适合航空和铁路运输的商品抵达欧洲的时间可比沿海少很多，如铁路运输约为沿海货物通过海运抵达欧洲时间的一半，航空运输也要缩短两个多小时。让人感到高兴的是：西三角经济区近年来选择了对海运物流条件要求不大，同时更新换代极快、对货物运输时间有一定要求的笔记本电脑、电子消费品和通信产品作为重点发展对象，而且成绩非常大。例如重庆正在打造全球最大的IT产品制造基地，生产IT及相关终端产品2亿台件，规划50%通过铁路运输（渝新欧铁路及将来的滇缅铁路等国际贸易大通道），约25%通过航空运输，约25%通过海洋运输。

所以我们应该努力破除西部交通闭塞、物流困难、没有发展前途的固执印象，对以西三角经济区为首的西部经济抱极大信心。有一组数据和信息可以让读者建立信心：截至 2011 年 8 月，落户成都和重庆的世界 500 强企业均逼近 200 家，落户西安的世界 500 强企业也有 100 多家。2010 年 10 月，美国著名财经杂志《福布斯》发布了未来 10 年全球发展最快的 10 个城市，其中中国的成都、重庆、苏州和南京 4 个城市榜上有名，而成都和重庆分别摘得冠亚军。2011 年 7 月，西三角经济区内的成都和重庆又被美国《财富》杂志评为全球 15 个最佳新兴商务城市，中国仅这两个城市位列榜单。而西三角经济区内的另一个城市西安此前则被国家定位为以彰显华夏历史文化为重任的国际化大都市，目前中国仅北京、上海和西安正式被国家定位为国际化大都市，西安将建设成为以文化为特色的国际旅游目的地。正如本书目录所昭示的那样：商业成都、工业重庆、文化西安，以三个特色鲜明的龙头城市组建的西三角经济区必将精彩无限，它不简单的是西北经济与西南经济的融合，它事实上代表了中国未来 10 年区域经济发展的重心，更代表了中国新区域、长周期、战略性商业机遇——中国新商遇的到来。

2 区域新热点，财富新宠儿，平民新机遇

本书以概论的形式介绍了为何由成都、重庆和西安等城市组成的“西三角”经济区能成为中国新一轮经济增长的第四极。金融危机以来，国际和中国东部面向“西三角”区域的产业转移呈现加速趋势，有相当多的人士选择了逃离“北上广（北京、上海、广州）”，虽然西部地区与东部地区的工资水平在不断缩小之中，但这个差距短期内还难以消除。所以选择去西部发展（或回西部家乡发展）面临许多不确定因素和所谓的“机会成本”。本书正是比较实用

地介绍了西三角经济区可以吸纳大量就业的主导产业，并且比较前瞻地介绍了该经济区较有发展前途的、可供普通老百姓把握商机的特色优势产业。同时，书中还重点介绍了三个城市目前的重点发展区域，这些信息对购房、置业等都有一定的参考价值。这里主要介绍的三个城市中，西安突出文化、成都突出商业、重庆突出工业，这些突出点与相关的政府统计数据、发展规划是一致的，提示那些想在上述地区创业、经商的读者可以充分利用政府的扶持政策和集群效应，深刻把握城市的特点和发展脉络，从而提高一次创业的成功率。

目　录

第三章　重庆篇——工业重庆

附　录

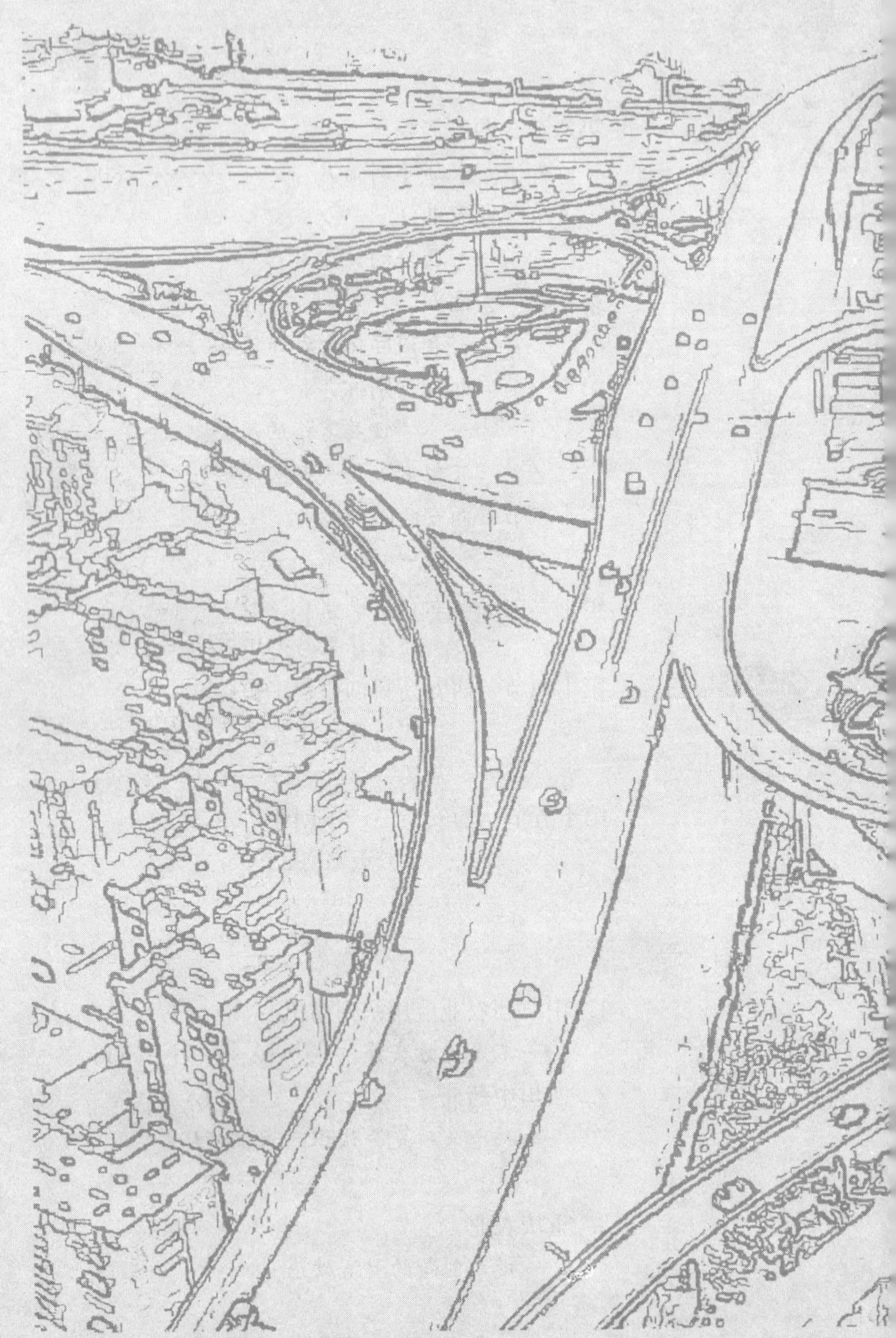

第一章 概述

第一节　西部大开发

——绽开在西部的世纪之花

在目前中国所有大的区域发展战略中，唯独在“西部开发”中间加上“大”字，意思是此次西部开发不同于历史上任何一次西部开发。学术界比较认同的西部大规模开发建设共有8次：古代4次，现代4次。古代4次主要由汉、唐、元、清4个朝代分别实施，现代4次分别于抗战时期、新中国“一五”时期、“三线建设”时期以及21世纪初实施。根据史料记载：古代4次中前两次开发的重点是新疆、甘肃和宁夏等西北地区，这些地区相对于当时全国政治经济重心的关中平原而言，自然是西部概念，开发的重要结果就是促进了汉唐与西域诸国的沟通，并且建立了世界闻名的西北丝绸之路；元朝和清朝的开发多从国防角度出发，实行了大规模的屯边移民，富民强边，特别是在清朝中叶对新疆地区的开发达到了历史高潮。自唐朝以后，中国的政治和经济重心就向华北或华南方向移动，元清时期西部的地理概念自然比汉唐时期要大，包括了许多不沿边的西部内陆省份。从宽泛的角度讲，诸如“湖广填四川”也可视为当时西部开发的重要举措。现代4次中的前3次西部开发全部发生在20世纪，抗战时期的西部开发带有明显的战时经济色彩，当时陕西、四川、重庆、湘西、云南、甘肃等西部地区吸纳了许多从东部沿海迁移过来的工业企业，但当时的西部开发是由于客观形势所迫，是一种短暂行为；新中国成立后的“一五”计划时期以及苏联援华时期，国家在中国西部布局了众多工业企业和国防军工项目，出发点是缩小东西部之间的差距；“三线”建设时期，国家对西部进行开发主要是出于一种“备战”的考虑，有巨大的国防效益，但由于各种原因并未取得很好的经济效益。然而新中国成立后的两次西部开发事实上奠定了西部地区国民经济和社会发展的重要根基。改革开放后，出于“两个大局”的考虑，国家率先发展东部，条件成熟时全力扶持发展西部。1999 年国家作出的西部大开发战略决策正是在条件成熟的情况下国家的“第二个大局”。很显然，本次西部开发无论从广度还是深度都超越了以往任何一次西部开发。世纪之交启动的西部大开发是在过去发展的基础上经过周密规划和精心组织，对西部地区进行全面、综合和深入、持久的区域经济、社会事业和生态环境方面的大建设。1999 年 6 月 17 日，中国国家领导人在陕西省西安市主持召开西北五省区国有企业改革和发展座谈会时曾着重指出：实施西部地区大开发，是一个振兴中华的宏伟战略任务，实现了这个宏图大略，其经济的、文化的、政治的、军事的和社会的深远意义，是难以估量的。领导人的讲话足以体现西部大开发的战略任务和历史意义何等巨大！

自 20 世纪末国家启动西部大开发以来，目前已有 10 余年时间，在这段时间里面，西部各省市区都发生了巨大的变化。如果说过去 10 年是为西部打基础的话，那么 2011～2020 年这 10 年将为西部起飞插上翅膀（西部大开发期限共 30 年，2020～2030 年这 10 年是西部与东部共同走向富裕的阶段）。那么，西部大开发的第二个 10 年将会给我们提供哪些商机呢？

根据规划，西部大开发的第二个 10 年定位为起飞阶段。事实上，这个起飞阶段在 2009～2010 年已经提前来临。2008 年开始的国际金融危机对中国西部地区来讲，既是“危”，更是“机”。统计资料显示2008年整个中国西部地区实际利用外资（外商直接投资）是60多亿美元，而2010年仅西部的成都市实际利用外资（外商直接投资）就达到了60多亿美元。在2008年金融危机到来之前，西部的私募资本和创业投资在内地的比例只有20%左右，而到了2010年，这个比例已经提高到了45%左右。在金融危机的这几年，电子信息产业转移至西部的趋势非常明显，截至2011年8月已经有惠普、宏碁、华硕、戴尔、联想、英特尔、富士康、仁宝、伟创、华科、广达、英业达、和硕等电脑品牌商、电脑代工巨头、芯片生产企业以及关键IT零件供应商悉数布局成都和重庆两地，预计2015年成渝两地生产的笔记本电脑、平板电脑均将占到届时世界产量的一半以上。而西安则基于科技人才和地理区位优势，在吸引通信、软件等科技产业转移及布局方面同样成绩斐然。所以，相对西部大开发的第一个10年而言，第二个10年最显著的特点是：以成都、重庆、西安这三个城市为核心的西三角经济区，已经由过去的基础设施开发、能源资源开发、生态环境恢复为主步入到以大城市、大产业、大功能为主的开发开放新阶段；开发的主力角色也由过去的中央企业、地方政府逐渐转变为外资和民营企业。这充分说明了随着西部大开发的纵深推进、扩大内需战略在西部的实施、国际产业转移向中国西部地区加快，中国西部地区特别是西三角经济区正在成为中国乃至世界经济活动非常活跃的一个地方。与此同时，中国西部地区在与东盟、中亚和南亚的区域合作中已经抢得先机，例如广西北部湾经济区就是一个中国与东盟国家进行经贸合作的巨大平台。2009年和2010年在成都举办的中国西部国际博览会上，多个东盟与南亚地区国家领导人出席博览会，巴基斯坦和尼泊尔等国的国家商会计划2011年在四川设立办事处。近年来，南亚地区国家与中国西部地区的经贸互动与东盟秘书长素林2009年在接受记者采访时所回答的一句话交相辉映："东盟希望能更多地进入中国市场，不仅在中国沿海地区发展，也希望到西部去发展，那里的机会更多。"西部大开发的重要性，相信有兴趣的读者多少已经从2009～2011年期间中央密集举行的西部专题会议或调研中得知一二。

有位著名专家曾经表示过中国西部地区的最大商机就是将西部的特色优势产业（资源）与东部（国际）的优势资本相结合。本文将部分列举西部的特色优势产业和资源。

——能源资源。新疆、内蒙古、陕西、宁夏以及云南、贵州的煤炭，新疆、内蒙古、四川的石油天然气，青海、宁夏、新疆等地的太阳能，甘肃的风能；西南地区广西、贵州、云南和四川的水能。目前已经形成了西北煤电和西南水电东送的"双线"格局。

——装备制造业。形成了重庆、成都、西安、乌鲁木齐、德阳重大电力设备及特高压输变电设备生产基地；西安、重庆、包头、柳州、宝鸡、天水重型工程机械装备和大型铸锻件加工生产基地；重庆、成都、柳州、西安的汽车和摩托车基地。

——资源加工业。目前已经形成了酒泉、包头、重庆、攀枝花、防城港等钢铁基地，青海、新疆、西藏盐湖资源综合利用基地，新疆、甘肃、川渝、广西、云南等石化基地(其中重庆和云南的石化基地将得益于中缅石油输送管线，四川的石化基地将得益于兰州—成都石油输送管线，广西的石化基地位于钦州，重庆的石化基地位于长寿，四川的石化基地位于彭州，云南的石化基地位于昆明)，等等。

——高技术产业。西安航空航天产业基地，重庆、成都、南宁、昆明、西安等国家生物医药产业基地，甘肃金昌、陕西宝鸡、重庆等新材料基地。另外，在四川绵阳和广元正在探索军民融合产业。

——特色农产品及加工业。新疆优质棉，内蒙古的牛奶、羊肉、山羊绒，广西、云南的蔗糖，四川的白酒、生猪、食品。

——绿色产业。这里特指西部特色绿色产品以及中草药综合开发利用的系列产业，有别于园区集中的生物医药产业。例如，跟农产品生产和生态旅游有莫大关系的秦巴山区和贵州绿色产业基地。

——旅游业。古丝绸之路、茶马古道、香格里拉、长江三峡、西部古城、西北大漠、青藏高原等成为世界级的特色旅游目的地。

认识到西部地区所蕴藏着的巨大的能源资源以及西部国际能源通道对中国西部将来的重要作用，对我们深刻认识西部有很大帮助。过去可能由于政策规划等方面的缺陷，虽然西部地区资源开发的力度不小，西部地区也取得了巨大成就，但相比东部地区差距仍很大。2010 年在新疆推行的资源税改革试点，一方面可以留给资源产地更多的利益，增强地方财政实力；另一方面间接增加了东部企业的资源和能源成本，倒逼东部企业转型升级，在转型升级加快的同时东部向西部的产业转移也将会加快。在国际能源通道方面，中国已经形成了四条：西南、西北、东北和海上，其中西南和西北国际能源通道分别从云南和新疆入境。

中国西部地区幅员辽阔，回旋余地大，边境线长，处于欧亚大陆的中部偏东位置，市场腹地纵深，发展潜力巨大。从中国西部与东盟的关系来讲，东盟期望在 2015 年实现相关方面的一体化，但相关方面一体化最大的障碍就是东盟内部发展不均衡，文莱、新加坡、马来西亚、泰国、菲律宾、印度尼西亚这几个国家经济相对发达，而缅甸、老挝、柬埔寨、越南则相对欠发达，这四个欠发达国家毗邻中国西南地区，与中国西南地区的经贸联系非常紧密。所以，加快中国西南地区发展不但是中国西部地区人民的巨大期望，同时也是加快发展中国与东盟国家经贸关系的重要举措。近些年来，已经有古丝绸之路所途经的部分中亚、西亚、中东和欧洲国家（地区）表示希望能够修通一条连通中国的铁路。中国西部的新疆将是这些未来铁路的交会地，所以，加快发展中国西北地区不但是中国西北地区人民的巨大期望，同时也是加快发展中国与古丝绸之路沿线国家经贸关系的重要举措。不管中国从西南出发，途经缅甸进入印度洋，还是从新疆出发，途经巴基斯坦进入印度洋，这些通道不但起着密切中国与缅甸、中国与巴基斯坦等古丝绸之路沿线国家双边和多边关系的作用，还起着规避马六甲风险、冲破美国太平洋岛链封锁，保障国家能源、国防和经济安全的巨大作用。所以，中国西部地区的大开发、大发展、大繁荣，符合微观、中观、宏观各个层面的利益需求和战略需要。正如 2010 年 7 月 5～6 日举行的中央西部大开发工作会议上对西部地区的总体的战略定位所体现的：西部大开发在我国区域协调发展总体战略中具有优先位置，在促进社会和谐中具有基础地位，在实现可持续发展中具有特殊地位。

第二节 国际贸易大通道

——丝绸之路的历史召唤

丝绸之路，概括地讲，是自古以来，从东亚开始，经中亚（或经南亚—中亚），西亚进而联结欧洲及北非的这条东西方交通线路的总称。丝绸之路，在世界史上有重大的意义。这是亚欧大陆的交通动脉，是中国、印度、希腊、意大利等主要文化交汇的桥梁。按照中外学术界和联合国教科文组织的判断，中国古代丝绸之路一共有四条：草原森林丝绸之路、西北丝绸之路、南方丝绸之路和海上丝绸之路。草原森林丝绸之路存在于先秦时期，路线是从黄河中游北上，经过蒙古高原、西伯利亚平原南部到达中亚，然后分两支，一支西南行达波斯转西行，另一支西行翻阿拉尔山越伏尔加河抵黑海。两路在西亚复合抵地中海沿岸国家。西北丝绸之路也称沙漠绿洲丝绸之路，繁荣于汉唐，是北方丝路的主干道，全长 7000 多公里。沙漠绿洲丝绸之路出新疆后经中亚诸国，抵达地中海沿岸国家，再延伸到欧洲和北非。由于历史上中亚国家众多，民族关系复杂，国家及区域版图时常有变化，所以出新疆后抵达欧洲罗马一段的路线曾有多条，牵涉众多国家，这也是当今从新疆修建钢铁丝绸之路抵达欧洲，中亚和西亚地区存在线路之争的重要原因。草原森林丝绸之路大体上相当于现阶段欧亚大陆桥北线，部分线路类似于欧亚大陆桥南线国外段。沙漠绿洲丝绸之路部分线路类似于欧亚大陆桥南线中国段，部分线路类似于下面讲的中巴铁路以及中国—巴基斯坦—伊朗—土耳其—希腊—西欧铁路。南方丝绸之路主要从成都平原出发，经云南、贵州，穿越缅甸、印度，连接中亚、西亚以及欧洲，其连通了巴蜀文化、滇缅文化、古印度文化、古西亚文化等沿线重要古代文化。南方丝绸之路充满神秘色彩，据史料记载：张骞在向汉武帝汇报西域情况时同时汇报了在汉帝国西南可能有一条途经身毒（今印度）的秘道，通往大夏（今阿富汗、巴基斯坦）。中国于 20 世纪 50 年代从古滇墓葬遗址出土的文物中，发现部分文物竟来自阿富汗。所以南方丝绸之路早在张骞出使西域前就已经开通了，与草原丝绸之路一样年代久远，但不同的是该丝绸之路在唐代也曾比较辉煌。这条南方丝绸之路为四川确定“突出向南”区域开放战略提供了历史依据，也为重庆“一江两翼三洋”战略中“西南翼”抵达印度洋提供了历史依据，自然，云南是中国面向西南开放的桥头堡。指南针的发明、造船术的进步以及全国经济重心向东南沿海转移，从而使海上丝绸之路逐渐取代了陆上丝绸之路。

中央在西部大开发战略确定之初就把西部地区基础设施建设，特别是交通和生态基础设施建设提到了很高的位置。回顾历史，在西部加大这两项基础设施建设，事实上就是要重现当年西部地区在对外开放交流中的门户作用。西北丝绸之路衰落的原因，以及全国经济重心转移的内因，不光是农业时代水稻产量要比小麦产量高以及航海技术进步这些科技进步因素，还包括历史上出于战争、国防、移民等需要而对生态环境所造成的破坏，使昔日水草丰茂、气候温润的塞上江南被风沙戈壁、气候寒冷所取代，小麦种植也时常面临缺水干旱的困扰，从而西北陆路丝绸之路从繁荣走向衰败。所以复兴西部，推进西部大开发，不仅要再现昔日西部门户地位，还要再现西部良好的生态环境，以提高西部地区经济社会发展的资源环境承载能力和软环境的保障能力，这二者是辩证统一的。国家 2010 年年中召开的西部大开发中央工作会议也再次明确强调，西部地区要上三个大台阶，其中就包括“生态环境保护要上一个大台阶”。

既然汉唐陆路丝绸之路有两条，且现在国家规划也明确提出要加强重庆、成都、西安的战略合作，所以本书就以上述三个主要城市组成的西三角经济区作为古代陆路丝绸之路的起点。这种提法也比较符合现代实际：西南地区侧重向南开放，西北地区侧重向西开放，但都有交叉。

到目前为止，从西三角经济区出发，已经形成了如下成熟的国际贸易大通道：西安经陇海铁路抵达连云港实现铁海联运；成都重庆通过铁路抵达上海和深圳，实现铁海联运。西安、成都和重庆均可通过欧亚大陆桥南线（新欧亚大陆桥）从新疆阿拉山口出境，经哈萨克斯坦、俄罗斯、白俄罗斯、波兰后止于法国、德国等西欧国家，例如 2011 年 6 月正式开通的“渝新欧”国际货运班列。在对欧航空货运方面，截至 2011 年年中，成都机场已经开通了成都至荷兰阿姆斯特丹和意大利米兰的国际货运航线，重庆机场则开通了至欧洲比利时、卢森堡的国际货运航线，而西安机场也开通了到德国法兰克福等地的国际货运航线。未来两三年，随着西三角经济区 IT 产品产能的急剧膨胀，将有更多的电子产品通过航空运往欧洲市场，预计欧洲一些主要城市和重要物流节点城市都将会有常态化的国际货运航班到中国西三角经济区的重庆、成都和西安三市。

当然，这些都是成熟的亚欧国际贸易大通道，包括开辟新的对欧货运航线都是相对容易和简单的事情。但是西部大开发新 10 年想要纵深推进，并取得重大突破，仅仅依靠上述国际贸易通道很难实现。过去 10 年，虽然西部地区关于企业投资的税费政策较东部地区优惠很多，政府转移支付给西部地区的资金也不少，但东西部的差距并没有缩小。中国东西部要协调发展，从根本上改变中国西部地区国际物流与交通的弱势地位最为关键。让人欣喜的是，国家已经注意到了为中国西部地区量身打造符合中国西部地区地理位置特点，远期可媲美东部地区的国际物流与交通条件的重要性。过去的经验教训迫使国家下决心投入巨资为西部地区打造一批新的国际贸易大通道，目前这一批新丝绸之路正在努力推进之中，这些历史性的建设将在 2015～2020 年期间全面完成。

1 中缅铁路

中缅铁路（含油气管道）对中国的最大意义在于能够满足国家战略需要。抗战时期，国民政府退居西南。西南地区地势险峻，特别是重庆周边的大巴山脉和武陵山脉是日本当时无法逾越的一道天然屏障。日本久攻不下，就企图从缅甸攻入云南，不可一世的日军曾深入云南的西南部地区（滇西）。日本制造的这起危机一度非常严重，因为要是日本真的盘踞了缅甸和云南，一方面可切断英美同盟国从印度洋经缅甸给予国民政府的战略物资支援，另一方面可从国民政府的后方攻入重庆。所以为了保障这个生死关口，中国军队与日军在滇西和缅甸地区进行了惨烈的战斗，中国军队一边打仗，消灭和驱赶日军，一边修筑缅甸到云南的公路（史称“史迪威公路”）。近几年部分影视剧就再现了当时的情形，例如 2011 年热播的电视连续剧《中国远征军》，笔者就不过多叙述了。当今，中国经济快速发展，所需能源和资源量巨大，而相当大的一部分都必须从国外进口。但仅仅依靠海洋运输实在太危险，东亚或东南亚地区一旦出现区域性紧张局势，中国的能源和资源供应就面临着巨大的不稳定性风险，特别是可能会面临专家学者们经常提及的“马六甲”困局。事实上，为了破解这一困局，避免把鸡蛋放在一个篮子里，中国开辟了能源与资源海外来源的多渠道格局。在石油和天然气方面，中国初步确立了西南边境、西北边境、东北边境和海上四条进入中国的途径。2009 年开工建设的中缅石油和天然气管道项目就是海外石油天然气资源从中国西南边境进入中国西南腹地的最主要途径。

中缅铁路（含油气管道）对中国的重大意义还包括能够满足国家西部大开发战略的需要。中缅铁路的修建使得远离太平洋的中国西南地区（广西除外）毗邻了印度洋，并且这条铁路可以经过中国西南铁路网与长江相连，进入中国更广阔的腹地。中国东部沿海地区虽有港口优势，但由于许多货物都需要绕道马六甲才能进入印度洋，客观上增加了不短的运输距离和运输时间，而西南地区虽然地处内陆，但可借道中缅铁路，迅速进入南亚（印度、孟加拉等国）、东南亚及印度洋。中缅铁路中国云南段与缅甸段的路线走向是：昆明—大理—保山—瑞丽（出境）—腊戌（在此可接缅甸铁路网）—仰光。中缅铁路向南延伸可到达泰国曼谷，远期可延伸到新加坡。其中，到缅甸腊戌后可分支，一条就是上述路线，而另一条到达缅甸在印度洋的最大港口皎漂港。这两条铁路构成了中缅铁路的主要线路。

2011 年上半年，中国铁路工程总公司与缅甸铁道运输部签署了《关于缅甸木姐—皎漂铁路运输系统项目的谅解备忘录》和《关于缅甸木姐—皎漂铁路运输系统项目谅解备忘录补充协议》，约定由中铁工组织实施木姐—皎漂铁路运输系统项目，缅甸方面给予中方公司一定期限的特许经营权（BOT）。中国中铁表示，经过努力，预计该铁路五年半即可完成建设。因此，笔者预计：如果该铁路项目能够如期开工并进展顺利，那么最快在 2016 年，中国西南地区以及西三角经济区的大宗货物就可通过该铁路以两三天左右的运输时间径直抵达印度洋和南亚地区。

小知识

> 云南与东盟国家老挝、柬埔寨、泰国正在推进建设中老、中柬和中泰铁路，广西与越南也正在加快铁路等交通物流设施的建设和对接工作。从大的方面讲，广西和云南以及上述的几个东盟国家都是大湄公河次

区域合作的组成区块。云南在这个次区域合作中扮演了相当重要的角色。

2 中巴铁路

2010 年新疆喀什地区被国家批准设立经济特区，并确定深圳作为喀什的帮扶和辅导城市。喀什地区毗邻中亚五国（哈萨克斯坦、乌兹别克斯坦、吉尔吉斯斯坦、土库曼斯坦和塔吉克斯坦）和南亚国家巴基斯坦，中亚五国石油和天然气资源丰富，而巴基斯坦则南临阿拉伯海，与中国是“全天候的兄弟”。中巴铁路（含规划中的油气管道）一旦落成，位于阿拉伯海沿岸、毗邻伊朗的瓜达尔港最终将成为中国运输中东地区原油的中转站。让人可喜的是，伊朗近些年也表达了希望能够修通一条通往中国西部的铁路或油气管线的强烈愿望。土耳其与伊朗接壤，地处欧亚大陆接合部，但传统的欧亚大陆桥（铁路）并不通过土耳其，所以为了保障自己的区位优势并给自己赢得更加有利的区位条件，2010 年之初，土耳其与巴基斯坦签署了投资 200 亿美元重修土耳其—巴基斯坦铁路以及联通欧洲铁路网的合作协议。现在看来，修建经新疆喀什出境，到达中东和欧洲的铁路新干线的地区政治条件已经具备。

小知识

中国已经租用了希腊的最大港口派瑞厄斯 35 年，该港口位置优越，连接亚洲、欧洲和非洲，具有打造成南欧的鹿特丹的潜力。同时中国正在与欧亚大陆桥南线国家合作修建“双西公路”（中国西部—西欧），以弥补欧亚大陆桥南线铁路运输的不足。

上述国际贸易大通道一方面使得中国有了更多的途径联通东南亚、南亚、中亚、西亚、北非、中东以及欧洲，另一方面日益增多并且是综合立体的各个通道（铁路、航空、公路、港口、油气管道以及它们的组合）将为中国西部地区与亚欧多个国家产生活跃的经贸联系。笔者相信，国家西部大开发战略的纵深推进以及“西出”战略的加快实施将使得中国西部地区从开放的末端变身为开放的前沿。可能正是基于这种预期，远离海洋的西部地区近些年吸引了一批国际物流巨头的入驻。世界船王马士基集团目前在成都已经成立了两个公司：“马士基全球服务中心”（马士基信息处理成都有限公司）和“丹马士客户服务中心”（丹马士成都分公司）。全球领先的集装箱船运和物流集团——新加坡海皇集团在重庆设立了全球服务中心。2010 年，世界知名物流企业新加坡讯通集团与西安国际港务区共同开发建设“西安物流分拨基地”等项目，以助推大型国际陆港建设。不但物流企业纷纷抢滩西部，一些初到中国的跨国公司和亚洲区域大公司甚至把中国公司总部设在了昆明和乌鲁木齐等西部门户城市。现在看来，西部国际贸易大通道的全面建设将复兴古代陆路丝绸之路，对西部大开发的纵深推进具有十分重大的意义。

结合本书前言所提到的中国西部向西“人体”开放战略，形象地讲：复兴古代陆路丝绸之路的举措就是使得“人体”的四肢更加粗壮有力！

第三节 西三角经济区

——“人体”战略之“躯干”解析

以重庆、成都和西安为首的“西三角经济区”理论和构想于2007年由两位民间人士分别独立提出。2007年4月，四川著名学者刘斌夫在所著的《中国城市走向》一书中率先提出了近似于“西三角经济区”的设想，他指出西三角城市群是未来中国重要城市群。2007年8月，陕西汉中市一位名叫宁志俊的有识之士在其博客上发表了名为《“西三角（重庆一成都 西安）经济区”构想》的系统性文章。该文1.5万余字，逻辑严密、思想深刻、前瞻性强，集理论性、实用性和可读性于一体，对于深刻认识西三角经济区和觉察西三角经济区未来商机有一定帮助。值得欣慰的是：2009年3月6日（全国政协会议期间），在全国人大常委会委员长吴邦国参加重庆代表团审议时，重庆市常务副市长借机提出了“西三角经济圈”的概念。其核心内容是：重庆经济圈、成都经济圈、以西安为中心的关中经济圈联合，大西南与大西北联手，共同打造中国经济增长的第四极。另外，也有专家指出：虽然国家已经在中国西部地区布局了西南临海的广西北部湾经济区、长江上游的成渝经济区和西北内陆的关天经济区（在地理位置上对应珠三角、长三角和环渤海），但目前国家在西部培育的三个重点经济区只能算是重要经济增长点，还远未能形成一个经济增长极，很有必要加快融合西北和西南两大经济增长点，共同打造成为中国经济增长的第四极，以有效地带动西部地区经济跨越式发展。

2009～2011 年间，国家根据发展的需要批准了很多各具特色的经济区发展规划，这些特色经济区都提出要打造中国经济增长的第四极，但各自都认为自己实力强、潜力大，因而谁也不服谁。就西部地区而言，除了北部湾、成渝、关天三个重点经济区以外，国家在出台了加快新疆发展的意见后，还有可能会出台加快云南等省区发展的意见。同时，大致由呼和浩特、包头、鄂尔多斯、榆林、银川等城市组成的呼包银经济区规划也会出台。这样的话，西部地区的经济布局就显得多而不强，因此有必要以一套理论和模式整合布局在西部的各个经济区。笔者提出了自己的理论和模式："一圈两翼三亚"，亦即"前言"里面介绍过的"人体"开放战略。"一圈"指整合关中—天水经济区和成渝经济区两大经济区，突破秦岭和大巴山屏障，融合西北经济核心和西南经济核心，组建"西三角经济圈"。"两翼"则分别指"西南翼"和"西北翼"。"西南翼"的两个分支均从"西三角经济圈"出发，分别到达南宁和昆明，其中一个分支从南宁出发抵达越南，经老挝、泰国、柬埔寨和马来西亚等国，抵达新加坡；另一个分支则从昆明出发，经缅甸、孟加拉后抵达印度。"西北翼"也有两个分支，也都从"西三角经济圈"出发，其中一个分支抵达新疆喀什，出国境后经巴基斯坦、伊朗、土耳其、希腊、东南欧抵达西欧；另一个分支抵达新疆乌鲁木齐，出国境后经哈萨克斯坦、俄罗斯、白俄罗斯等国同样抵达欧洲的经济核心西欧。"三亚"中的"一亚"通过包西铁路、内蒙古到东北的铁路，从东北出境，从而使得"西三角经济圈"与东北亚联系起来；"二亚"是远期通过西藏出境，从而使得"西三角经济圈"与南亚的联系更紧密；"三亚"是通过长江黄金水道及其支流，联系澳大利亚，让澳大利亚等地的矿产资源借长江进入“西三角经济圈”，当然，澳大利亚只是形象的说法，具体不只是指澳大利亚。其中，“三亚”被组合到笔者最开始设想的“一圈两翼”的对外开放体系和区域开发的大框架中，主要是为了以“一圈两翼三亚”几个字统筹兼顾西部12个省区市的区域发展大局。细心的读者可能会发现，笔者的“一圈两翼三亚”体系好像是重庆“一江两翼三洋”国际物流大通道战略和“一圈两翼”市内统筹区域发展糅合的产物，这种提法似乎没什么新意，但却有实质性的内涵和其实用性：现在西部各省区市都希望国家加快自己省区市的发展，同时区域之间的竞争很激烈。例如，广西和云南，广西声称自己是中国与东盟（东南亚）合作的平台，而云南则称自己是中国面向西南开放的桥头堡。“东南亚”和“面向西南”从字面上理解好像并不重复，但是云南也与多个东盟国家接壤，即将动工兴建的昆明到缅甸、昆明到老挝、昆明到泰国的铁路就使得云南在短期内主要的联系对象仍然是东南亚，然后才是南亚，这不免与广西产生竞争。所以，笔者建议以“一圈两翼三亚”来统领，即云南与广西分别是“两翼”中“西南翼”的两个平等分支。又如，成都与重庆前些年没少打“口水仗”（有位学者甚至写了一本书叫《成渝口水仗》），虽然近些年组建成渝经济区成了两地政府和民间的共识，但偶尔也会出现竞争过度的情况，因此需要从战略上引入西安，这样一方面可以调和矛盾，另一方面也可以使成都和重庆跳出盆地，站得更高；西安也可以跳出大关中，看得更远。所以，区域发展协调不单指东西部发展要协调，同时也指西部各省区市发展也要协调。但西部的情况远比沿海的情况复杂，既需要统筹兼顾，也需要重点突破，如何把统筹兼顾和重点突破结合起来是需要相当大的智慧和勇气的。笔者提出的“一圈两翼三亚”也许并不成熟，但希望可以起到“抛砖引玉”的作用。

正如本文开始时所说，规划和组建“西三角经济区”的难点在于如何促进四川东北部、陕西南部以及重庆东北部等毗邻区域更快速地发展。对于这个问题，已经有专家学者和地方政府在实践后给出了思路。2010 年 7 月，在内蒙古呼和浩特举办了《中国西部经济发展报告（2010）》新闻发布会暨中国西部经济发展论坛。在论坛期间，国家发改委国土开发与区域经济研究所副所长肖金成表示，要把秦巴山区建成国家级的绿色产业基地，带动秦巴山区实现突破发展，保证南水北调中线水源清洁干净，并通过建设国家级生态经济区，使“西三角经济区”真正成为能实现中国可持续发展的新增长极。也有专家认为，要推进“西三角经济区”发展，就必须由陕西、四川和重庆三省市政府共同推动和协调，国家则从规划上进行重点支持推进。2010 年 12 月 8 日，以“携手合作、共谋发展”为主题的首届秦巴山区三省（市）五县（市）扶贫统筹试验区合作论坛在四川省达州市所辖的万源市隆重召开。论坛明确提出以川陕渝接合部的 5 县（市）为划分（由同处秦巴腹地的四川省万源市、通江县，重庆市城口县和陕西省镇巴县、紫阳县组成），创建秦巴山区扶贫统筹试验区。中国今后相当长时期的一个艰巨任务就是切实缩小三大差距：城乡差距、贫富差距和区域差距。根据重庆的做法，切实缩小区域差距是解决贫富差距和城乡差距的重要抓手。区域差距远非一般人所理解的东西部区域差距那么简单，还包括省市区内部的区域差距，这一点在西三角内部区域表现得最为明显，陕西南部是陕西经济最落后的区域，四川东北部是四川经济最落后的区域，重庆东北部是三峡库区，目前也是重庆经济的落后区域，这些区域人口众多，民众发展愿望迫切，是一个回避不了的问题。所以，通过组建西三角经济区，创建秦巴山区扶贫实验区，有益于探索统筹省市区内部区域协调发展的先进经验，其意义跟成都重庆探索统筹城乡改革试验区的意义同样重大。一般来讲，缩小省区市内部区域差距，通过单个省区市单方面的努力有时效果甚微，区域合作是比较有前途的路径之一。重庆近年来把缩小三大差距作为地方政府执政的主要目标之一，所以我们看到重庆对于倡导成立西三角经济区非常积极主动，其动因远不是通常人们所理解的“重庆希望获取陕西的煤电资源来发展重庆经济”那么肤浅。2010年4月27日，在重庆举行的“西部大开发与新的增长极”重庆开放论坛基本上是一个官方论坛。重庆市委、全国政协、国家发改委、全国政协经济委员会、人民日报社、四川省政协、陕西省政协、重庆市人大常委会、重庆市政协、四川省、陕西省等中央和地方领导出席了会议。会议重点讨论了“西三角经济区”问题。笔者引用论坛上重庆市市长的妙解“西三角”与读者分享：加快实现“三通”，培育万亿级战略产业链，10年后“西三角”的三大城市都会变成成功之都——“成都”，成为喜庆之城——“重庆”，促进安稳发展——“西安”。

由于政策具有一定的稳定性，“西三角”目前虽然成为热点，但并未正式纳入国家“十二五”规划，即便如此，在国家“十二五”规划里面仍有“加强重庆、成都、西安战略合作”的表述，这可视为加快推进“西三角经济区”初步成立的另一种表述。另外，“西三角”这一名称已被陕西、四川和重庆等地方政府的官员和媒体多次使用，也被一些国内主流财经媒体所采用。只是由于秦巴山区的自然阻隔，目前并未形成事实上的“西三角经济区”，西北经济重心并未与西南经济重心融和，然而这一切将会随着交通等基础设施的改善而改变，所以笔者预计，在国家“十三五”时期（2015 年左右，“西三角经济区”的经济发展规划有望正式进入国家层面）。目前的困难在于秦巴山区的自然阻隔，所以此处重点介绍秦巴山区（西三角经济区腹心地区）的交通基础设施的建设情况。

秦巴山区的交通基础设施近年来取得了巨大成就，初步形成了“二横四纵”的格局。铁路建设方面，“二横”分别是陕西阳安线（宝成铁路阳平关—阳安铁路汉中—襄渝铁路安康）和川东北横线（宝成铁路广元—巴达铁路巴中—襄渝铁路达州），这两条“横线”分别在陕西和四川境内，线路在大巴山两侧，基本呈平行走向；“二横”除了铁路，还有高速公路。高速公路方面的走向基本和铁路平行，值得一提的是这“二横”的铁路和高速公路是沟通西北内陆地区与华中以及重庆段长江水道的大动脉。例如高速公路方面，大巴山北面的一条高速公路贯通了湖北的十堰、陕西安康、汉中、宝鸡和甘肃天水等城市，大巴山南面的一条高速公路贯通了甘肃的兰州、陇南、四川的广元、巴中、达州、重庆的万州（长江深水良港）。这“两横”的铁路和高速公路预计在 2015 年全面贯通。“四纵”则分别指宝成铁路（以及成都—广元—汉中—西安高速公路）、襄渝铁路（以及重庆—达州—安康—西安高速公路）、安张常铁路（安张常铁路指从陕西的安康出发，经重庆城口、万州、奉节，湖北恩施，到达湖南常德，以及渝安高速公路，线路走向为安康—镇坪—巫溪—奉节）、渝西线路（重庆—广安—巴中—汉中—西安的铁路以及相同走向的高速公路）。这“四纵”线路预计也将于 2015 年贯通（渝西高铁和安张常铁路可能稍晚建成）。事实上，秦巴山区“四纵”交通格局跟历史上形成的巴蜀大地通往三秦大地的几条“蜀道”有一定的对应关系。具体来讲，穿越巴山、米仓山由汉中到成都、达州的有金牛道、米仓道和荔枝道（洋巴道），此外，现重庆奉节地区历史上曾作为广大的大巴山区和武陵山区的治所，该地区所形成的“蜀道”可能类似于现安张常铁路和渝安高速线路走向。

正是这些古蜀道使得川陕渝地区山同脉（秦岭巴山）、水同源（嘉陵江）、气同温（汉中属于南方）、习相近（汉中与巴蜀）。从古蜀道、历史渊源（包括川陕革命根据地）、文化认同感，乃至现代交通发展、产业互补、地方发展需求等各方面来看，川陕渝三地都具备合作的现实基础。需要指出的是，成渝地区可以为陕西的科技资源和能源资源提供巨大的市场空间，陕西的优势资源和产品也可借助成渝地区历史上形成的南方丝绸之路进军东盟和南亚市场。成渝地区更是可以借助陕西历史上形成的西北丝绸之路联系欧亚大陆诸多国家。所以，川陕渝应该被当做一个整体来对待，至于学者专家所担心的秦巴山区阻隔问题，在历史和现实面前可以模糊。

川陕渝地区的合作，乃至“西三角经济区”的组建，最后都得落实到三个龙头城市重庆、成都、西安的合作。所以有必要对三个城市加以简略了解。

“西三角经济区”的三个龙头城市在当前情况下既有竞争关系，也更应该有合作关系。笔者的意见是这三个地区应该团结起来，组成统一大市场和争取成为国际产业转移的最佳承接区域。当然，模糊各个城市的个性并不是什么好事。认清城市的个性与特点往往对创业、就业和经商大有帮助。例如，对于成都和重庆两个城市，有网友曾这样形容“软成都、硬重庆”，这种“软”和“硬”没有褒贬意义，成都的“软”是指成都总体上呈现的是一个以服务业为中心的消费极核，而重庆的“硬”是指重庆总体上呈现的是一个以工业为中心的制造极核。成都的轻工业和服务业比重庆发达，而重庆的重工业和制造业比成都发达，举个例子：四川白酒产量占据了全国的1/3，而重庆的摩托车产量也占据了全国的1/3。另外，从民风上来说，成都是平原文化，民风相对温婉；而重庆是码头文化，民风相对火暴。而西安这个城市的个性特点则居于成都和重庆之间，融和古今——古代历史文化与现代科学文化都非常灿烂。当然，让这三个城市，乃至整个陕西、四川和重庆融为一体的除了自然地理方面的联系外，还包括它们共同构成了中国最大的国防科技工业基地和国防战略高地这一特点。西三角经济区所涉及的龙头城市西安、成都和重庆在国家战略方面占据了不可替代的位置，这就解释了笔者提出的“一圈两翼三亚”体系中的“一圈”为什么是以西安、成都和重庆为核心的“西三角经济区圈”了，同时也可以解释为什么本书所论述的西部大开发始终是以西安、成都和重庆为主要内容的问题。

在现阶段国家的相关规划文件中，关于内陆地区特别是西部地区对外开放问题，提得比较多的是沿边开放。这有时候会给读者造成一种错觉，以为只有沿边的新疆和云南等地才是对外开放的门户和前沿。其实不然，现阶段中国西部地区对外开放的门户和前沿实际是西三角经济区，这是由四川、重庆和陕西在西部地区的产业水平和经济实力所决定的。这三个行政区域的进出口总额占据了目前整个西部进出口总额的近60%。随着西三角经济区近两年所吸引的出口加工产业的产能释放和服务外包产业的逐渐兴旺，这一比例还有可能提高到2/3甚至以上，而这一局面将至少持续到2015年。在2015年后，随着中国云南通往东南亚、印度洋，以及新疆通往中亚、阿拉伯海铁路公路和油气管道的陆续建成，以全球市场为目标的出口加工基地才会在沿边地区逐渐成形。预计到2020年左右，西三角经济区的进出口总额在西部的占比将下降到50%左右。但单就这种趋势而言，未来 10 年乃至 20 年，西三角经济区将充当亚欧经济合作的出发地和目的地。西三角经济区将是欧亚大陆最重要的经济活动中心之一。

在充分对外开放和大产业、大城市建设的带动下，西三角经济区的经济总量有望在 2020 年占据整个西部的一半，成为中国综合实力最强的区域之一。在这个过程中，必将涌现出大量的就业机会和创富机会。

从这个意义上讲，西三角经济区将是世界通往西部的财富之门，也将是广大创业者期盼了解的一扇财富大门！本书将帮助您打开这扇门！

第二章

成都篇——商业成都

第一节 四 川

——天府之国，熊猫故乡

1 四川名字的得来与地理行政区划

四川省简称“川”或“蜀”，上古时期四川先民在四川盆地及其四周创造了古蜀文化的那个地理区划，后来这个地理区划在秦时置为巴郡、蜀郡，汉代叫益州，唐代改为剑南道，后分为剑南西川道和剑南东川道，分别在成都和三台设立治所。在唐玄宗以前的行政区划，只有东、西两川，故简称“两川”。唐玄宗时，他又对此区划作了调整，有了剑南西川道、剑南东川道和山南西道的设置（山南西道辖今陕南、川北地区、治所在汉中）。这样，便有了“三川”的简称。由于宋真宗再作调整，又在益（成都）、梓（三台）、利（汉中）州三州之外，新置夔州（奉节），于是，这一区域在宋代便被称为“川峡四路”，后来就简称为“四川”。这就是“四川”的来源。另外，有人认为四川地名源于四川的四条江（皆为长江分支：岷江、沱江、嘉陵江、金沙江）。此种说法虽然很形象，但不准确。

新中国成立后，四川西边的西康省在行政区划调整后并入四川。西康省大致相当于现在四川的攀枝花、西昌部分地区（现简称攀西地区）和以康定为中心的甘孜州、阿坝州部分地区（现简称川西北生态区）。1950～1952 年这三年，当时的西南局设在重庆，成都依然是四川的省会，在此期间，修通了新中国第一条铁路——成渝铁路。1997

年由于三峡工程建设等的需要，重庆直辖，其范围为原四川的川东地区，包括原万州县（1998 年 5 月改为万州）、涪陵、黔江、永川和重庆主城地区。进入 21 世纪后，区域竞争日趋激烈，直辖后的重庆和行政区划调整后的四川再次联手，共同向国家申请设立成渝经济区，2011 年国家批准了成渝经济区发展规划，川渝两地的地理边界再次模糊，加之两地人文、语言皆相同（近），因此，川渝两地呈现深度融合态势。

在成渝经济区发展规划获得国家批准以前，基于地理位置和产业发展等原因，四川已经形成了成都、川南、攀西、川东北和川西北五大经济区。根据现在的普遍的划分，成都经济区包括成都、德阳、绵阳、眉山、资阳、遂宁、乐山和雅安共 8 个城市；川南经济区包括宜宾、自贡、泸州、内江 4 市；攀西经济区包括攀枝花市、凉山州（西昌）2 个市（州）；川东北经济区包括南充、达州、广安、巴中、广元 5 市；川西北生态经济区包括甘孜、阿坝 2 个州。相对应地，四川已初步形成四大城市群：成都平原城市群、川南城市群、攀西城市群和川东北城市群。但这种对应关系不是很严格，例如遂宁在经济区的划分中如今已被纳入成都经济区，遂宁大致按照地理位置、产业和交通的关系同时纳入下面所说的成渝经济区四川部分的“一极一轴一区块”当中，而在城市群的概念中，遂宁基本属于川东北城市群的范畴。目前，四川重点培育的百万人口大城市中，绵阳已经超过百万，南充等城市人口逼近百万，其中攀枝花是四川地级城市中城镇化率、流动人口占常住人口的比例以及人均 GDP 最高的一个城市，同时也是过去国家三线建设时期形成的一个移民城市。从现在的情况判断，在未来相当长的一段时间内，攀西的区域中心城市是攀枝花，川南的区域中心城市是宜宾，川东北的区域中心城市是南充。四川2011年下半年正研究制定加快四川区域性中心城市发展的意见，至于哪些城市是区域性中心城市，官方之前一直未有这方面的文字表述；结合成渝经济区的发展规划，四川的绵阳和南充应该是在未来支持的对象之列。在当今投资商跟着政府的规划和意图走，以及区域发展规划成为炒作题材和兴奋点的大环境下，笔者关于四川几大区域性中心城市的预判应该会有一定的实际意义。

在成渝经济区发展规划获得国家批准后，四川除了攀西经济区和川西北经济区未被纳入成渝经济区外，其他大部分都成功纳入成渝经济区，故成渝经济区四川部分已经变成了“一极一轴一区块”这个概念。具体是：“一极”指成都都市圈增长极，主要包括成都、德阳、绵阳、眉山、雅安全市，以及资阳、遂宁、乐山的部分区县。该区域的主要任务是强化“极”的辐射带动作用，建成西部经济中心，成为引领西部发展的核心增长极。“一轴”指成渝通道发展轴，主要包括自贡、宜宾、南充全市，以及泸州、内江、乐山、遂宁、广安的部分县。该区域将建成西部重要的商品集散地和经济走廊，形成成渝经济区城镇化水平高、产业集聚度高、区域一体化程度高的新的增长极和四川省经济发展次高地。“一区块”指环渝腹地区块，主要包括达州全市，以及广安、泸州、资阳、内江、遂宁的部分县，该区域将形成承接重庆都市圈辐射的配套产业集群，打造川渝经济合作的桥头堡。

四川人口众多，产业发展日益蓬勃。此阶段四川省政府提出的加快新型工业化和新型城市化互动发展意义重大。换个角度讲：城市化进程的加快能够为手持小额资金的普通淘金者提供大量的消费类的创业、致富商机。

2 “巴蜀”名称的历史与现在

古代所称的巴蜀大概包括现在的四川省和重庆市及其他周边区域。在现代，除了四川和重庆部分地区的少数民族外，四川省和重庆市都讲统一的四川话（西南官话），虽然不同城市之间所使用的四川话有些细微差别，但基本上可以忽略；其中最主要的差别在于以成都、绵阳为主的川西地区和以重庆为主的巴渝地区使用的四川话在发音时有些韵味上的不一样，但对于初来四川或重庆的外地人来说则一时感觉不出这之间的不同。

“巴蜀”这个概念随着重庆市的直辖已经发生了一些变化，虽然没必要作明确的区分，但稍带说明一下总是有帮助的。从文化及风俗的角度出发，以及按照学术界的划分，现在文化意义上的“巴蜀”包括范围是四川除了嘉陵江以东的所有地区，而重庆的一些媒体在重庆直辖之后习惯称重庆地区为巴渝；嘉陵江以东的四川管辖地区媒体习惯称为巴山地区或川东北地区。从“巴蜀”，再到“巴渝”与“巴蜀”并称，并不是表示重庆直辖之后重庆就要鹤立鸡群、另起炉灶，而是反映出古代的一些历史。因为在历史上，古巴山人和古蜀人都是分别在不同地理区域独立发展、繁衍和聚集起来的，其中巴山人多居住在重庆地区的沿长江一带，古蜀人多居住在川西平原以及川西北一带。由于水土、文化及历史的积淀，发展到现代，重庆及川东地区的人性格多坚强豪放，而成都及川西地区的人性格多温婉平和。重庆市一小时汽车车程范围内仍然属于四川盆地。在饮食特点上，四川盆地湿气重，故重庆和四川人多习惯吃辣，当然重庆的辣更火辣些，成都一带的饮食是辣中带麻。成渝两地同处四川盆地，且空间距离近，故古巴山人和古蜀人逐渐交流融合，逐渐形成了比较统一的方言、饮食及其他方面的风俗习惯，遂“川渝一家亲”，统称为巴蜀。虽然重庆直辖了，重庆部分媒体称重庆辖区为巴渝，但在重庆官方语言中则较少使用这个词，同时源于历史长期形成的原因，一些称谓仍以四川开头，特别是外界媒体称“川渝”，而很少有称“渝川”的；又如外界媒体称“成渝”，而很少称“渝成”，只是重庆部分媒体可能会反过来称呼。当然，这种情况在其他省份之间也存在，例如成都到西安的新修铁路四川方面称“成西铁路”，而陕西方面则习惯地称“西成铁路”。或许，这种称呼的对调在四川与重庆（特别是成都和重庆）之间多一点。现在国家把许多区域经济发展规划都统筹上升到国家层面，很多地方都想成为继珠三角、长三角、环渤海之后中国经济的第四极，成渝经济区以及包括西安的西三角经济区被寄予厚望，合作成为主流指导思想，也成为四川、重庆及陕西的当务之急，但合作与竞争并存，所以这种称呼的对调在媒体上已大为减少，但依然存在。

3 熊猫故乡

大熊猫在中国西部地区从北往南依次分布于：陕西秦岭、四川、甘肃交界的岷山地区、邛崃山系、大相岭、小相岭和凉山山系等六个狭长的山系，其中一半以上的野生大熊猫又分布在川西北的成都、雅安、甘孜、阿坝等地区的崇山峻岭之中。四川大熊猫栖息地于2006年成为世界自然遗产，栖息地面积近1万平方公里。四川大熊猫栖息地也是“保护国际（CI）”选定的全球25个生物多样性热点地区之一。成都东北建有“大熊猫繁殖研究基地”，阿坝州的卧龙大熊猫自然保护区是中国三大自然保护区之一，世界野生动物保护基金会在此建有“大熊猫研究中心”，故大熊猫一直是四川乃至中国最亮丽的一张名片，四川对外旅游和形象宣传多使用“天下四川，熊猫故乡”一语。大熊猫这一自然遗产品牌对于四川巴蜀文化的重要性，在某种程度上等同于秦岭这一陕西“父亲山”对于陕西帝都文化、长江三峡对于重庆巴渝文化的重要性。“重要性”的意思是在说到区域地名时，能自然联想到其鲜明的自然遗产和自然特色。事实上，大熊猫已经成为中国和平外交的一种重要象征，这也是四川在某种程度上对国家的一种自然和文化方面的贡献，这方面的意义跟陕西在彰显东方华夏文明、复兴盛唐开放文化、宣示中国和平崛起等方面对国家的贡献有着异曲同工之妙。

4 四川的小吃与川菜

在四川名小吃中较为著名的有夫妻肺片、赖汤圆、龙抄手、钟水饺、钵钵鸡、串串香、麻辣烫、渣渣面、肥肠粉、担担面、宜宾燃面、绵阳米粉、广元蒸凉面、罗江豆鸡、水煮牛肉、火鞭子牛肉、三大炮、灯影牛肉、川北凉粉、奶汤面、炖鸡面、梓潼酥饼、火边子牛肉、鱼皮花生、白橙糖、鳝鱼鸡蛋卷、桃米炒蛋、樱桃蜜饯、窝丝糖、酥心脆糖、寿星橘蜜饯、平都牛肉松、蜜橙皮、榨榨面，等等。

此外，四川人喜欢吃腊肉及以腊肉为原料烹饪的各种菜品、小吃以及泡菜、榨菜等。

川菜是以成都、重庆两个地方菜为代表，选料讲究，规格划一，层次分明，鲜明协调。川菜作为我国八大菜系之一，在我国烹饪史上占有重要地位。它取材广泛，调味多变，菜式多样，口味清鲜醇浓并重，以善用麻辣著称，并以其别具一格的烹饪方法和浓郁的地方风味见长，融汇了东南西北各方的特点，博采众家之长，善于吸收，善于创新，川菜目前已享誉中外。

另外，就像上述关于“巴蜀”的说明一样，川菜也大概分为以成都为首的传统川菜（蓉派川菜）和以重庆为首的新式川菜（渝派川菜）。

传统川菜：著名菜品有麻婆豆腐、回锅肉、宫保鸡丁、咸烧白、粉蒸肉、夫妻肺片、蚂蚁上树、灯影牛肉、蒜泥白肉、樟茶鸭子、白油豆腐、鱼香肉丝、盐煎肉、干煸鳝片、东坡墨鱼、清蒸江团等。

新式川菜：有酸菜鱼、毛血旺、口水鸡、干菜炖烧系列（多以干豇豆为主），以水煮肉片和水煮鱼为代表的水煮系列，以辣子鸡、辣子田螺和辣子肥肠为代表的辣子系列，以泉水鸡、烧鸡公、芋儿鸡和啤酒鸭为代表的干烧系列，以泡椒鸡杂、泡椒鱿鱼和泡椒兔为代表的泡椒系列，以干锅排骨和香辣虾为代表的干锅系列等。

当然，读者也可以在成都、重庆以及川渝地区其他任何一个城市的大型川菜馆吃到蓉派和渝派两种川菜。川渝地区的食客事实上没多少人去关心川菜派系问题，川菜馆为了满足食客口味，菜品一般较为齐全。

5 四川经济简介

四川是全国的农产品供应大省，是国家最大的粮、油、猪生产基地之一，猪肉产量全国第一，粮食、油菜子、蔬菜等大宗农产品产量跃居西部首位，号称“天府之国”。

为打破大部分耕地“靠天吃饭”的局面，四川省提出投资近1000亿元“再造一个都江堰灌区”，新增有效灌溉面积1000万亩。四川“再造一个都江堰灌区”被提到了与破解“蜀道难”问题同样的高度。届时，四川省新增粮食生产能力100亿斤，超粮食总产量10%；同时，国家在新一轮西部大开发的水利工作中，将重点推进一批包括如四川升钟水库、武都水库、毗河、亭子口水库、向家坝等一批西部重点水利设施和重点灌区的建设；2011 年中央一号文件以水利作为重点，国家计划 10 年投入 4 万亿元发展水利，凸显四川水利建设所面临的机遇及所部署战略的前瞻性。

四川目前已有雅安、成都、南充和广安四个国家级农业科技园区或示范园区，其中雅安的国家级农业园区主要是依托 211 重点工程之一四川农业大学，这点与重庆的荣昌县的国家现代畜牧核心示范区（依托西南大学荣昌校区，西南大学由西南师范大学和西南农业大学合并而成）和陕西的杨凌农科城（依托西北农林科技大学）颇为相像。

四川为我国内地综合性工业基地。攀枝花钢铁、川中油气田、自贡盐化工、内江制糖、泸州和宜宾等地的酿酒工业等都很有名。白酒业在中国有举足轻重的地位，号称川酒天下。近年来，四川省内的宜宾、泸州正联合毗邻的贵州遵义共同打造中国的白酒“金三角”，五粮液、泸州老窖、郎酒集团等知名白酒企业 2009 年分别位列中国白酒行业的 1、3、4 位（按工业总产值算）；中国白酒企业 100 强中，四川有 38 个，四川白酒企业总产值和总产量居均全国第一。另外，攀枝花钢铁（集团）公司、中航成都飞机工业（集团）公司、长虹集团、希望集团、中国第二重型装备厂、中国东方电气集团（包括东方电机、东方汽轮、东方锅炉）等为代表的一大批国有企业和民营企业，闻名国内外。

四川的特色优势产业主要有：电子信息、能源电力、装备制造、精细化工、饮料食品、现代中药和航空航天、生物工程及新材料等，拥有全国最大的清洁能源基地（指水电等），攀西钒钛等矿产资源探明储量居全国之首。另外，四川尚有西部女鞋之都——成都。旅游产业、家具产业、高新技术产业，这些都是比较有竞争力的产业，特别是四川成都的三大开发区（成都市高新技术产业开发区、成都双流航空港新能源开发区、成都龙泉驿区汽车产业开发区）现在发展得如火如荼。成都目前已引进了至少190家世界500强企业，随着产业转移的推进，这一数量还在不断上升中。

第三产业方面：旅游产业是四川的支柱产业之一，其产值占四川GDP在10%以上。在商贸方面需要特别提到省会城市成都。成都是西部的综合交通枢纽，商贸之都，成都市范围内各种商品交易市场每年的成交额近千亿元；成都消费活跃，2010年成都市社会商品零售总额超过2500亿元人民币。另外成都的会展业发达，2010年，外地来蓉参会人数已经超过千万人次，而在2005年，与会参展的国内外嘉宾、客商尚不足百万人次，发展速度之快令人惊讶，成都会展办也升格为成都博览局。与此同时，金融业、现代物流和其他现代服务业也在西部领先。

四川2010年GDP约1.6万亿元人民币，2011年GDP约2万亿。四川正在制订的规划指出：在2015年，GDP要翻番达到3万亿人民币以上。在区域规划方面，四川突出了以下思路：启动实施成德绵乐同城化战略，同时“十二五”规划的重点在川南，这里产业基础和交通条件好，是四川四大经济区中排名第二的经济区，其经济活力及发展机会将因为科学规划和跨越式发展而涌现出来。据报道：中共四川省委、省政府高度重视川南经济区发展，“十二五”期间会更加注重连接宜宾、自贡、泸州、内江、乐山五市的快速通道建设，促进川南城市群整体发展；更加注重川南临港经济发展，加快川南经济区对外开放平台建设；更加注重特色优势产业发展，加大政策扶持力度；更加注重产业优化布局，建立健全协同发展机制。

四川已统一了成都市、资阳市和眉山市的区号，为

028。在成渝经济区规划中，成都经济区包括了成都、绵阳、德阳、乐山、眉山、雅安、资阳和遂宁8个城市，7个城市皆毗邻省会城市成都并与其构成了1小时交通圈，目前这8个城市正抱团发展。在四川2010年召开省内“C21四川城市发展市（州）长峰会”期间，有媒体做过调查，四川省内居民最想入住的城市前5名分别是：成都、绵阳、乐山、雅安和南充，成都经济区内的城市占了前4位。

值得一提的是，成都的高新区、双流县以及毗邻的眉山仁寿县、龙泉驿区以及毗邻的资阳简阳市等区域将组成四川正在筹划的天府新区，成都、眉山、资阳先前统一固定电话区号为“028”的举措开了个好头。

6 四川对外开放合作

四川这几年提出了建设西部综合交通枢纽，变“蜀道难”为“蜀道通”的发展战略。近年四川在这方面取得的成绩巨大，这两年新开工的铁路、高速公路、机场及港口建设等投资是过去几十年的总和，西部综合交通枢纽预计在2015年左右全面建成。此外，四川提出要破除盆地意识，敢于跳起摸高，建设西部经济高地，2011年进出口总额在500亿美元左右，连续两年大幅增长并继续保持西部第一；综合四川2010年的经济表现以及近两年经济增长速度看，四川将是西部大开发中的耀眼明星。在国际开放合作方面，四川提出要突出南向（南亚、东南亚）、加强东向（东亚、美洲）、畅通西向（中亚、欧洲），用离印度洋近的优势化解远离太平洋的劣势，变开放末端为开放前沿。2012年四川将开通经新疆和俄罗斯到欧洲的货运“五定”班列，货物运输时间将比走海路节约20天以上。2015年后，四川还将开通经云南、缅甸到印度洋深水良港皎漂港的货运“五定”班列。这些举措与重庆市提出的“一江两翼三洋战略”基本一致，都计划建设国际“陆铁海”贸易大通道。远期看，位于几大国际新兴市场地理中心的四川将充分享受到西部大开发和国家向西开放合作带来的好处。

在2010年西部国际博览会期间，四川有学者（省委政策研究室副主任李后强博士和四川大学南亚研究所教授杨文武）更是提出了构建四川与南亚合作的“三轴一环”的大格局的设想，具体是：“三轴”是指四川成都—孟加拉国—印度孟买，四川成都—缅甸—斯里兰卡科伦坡，四川成都—拉萨—尼泊尔—印度—巴基斯坦卡拉奇的三条轴线；“一环”是指由四川成都—广西北部湾—新加坡—科伦坡（斯里兰卡）—卡拉奇（或瓜达尔港）—新疆喀什贯通的一个椭圆环构成的空间体系。这“三轴一环”既是交通路线又是要素流向，既可以是水陆交通又可以是航空通信。总之，是水陆空加信息的四维通道。

此外，云南正在加紧建设面向南亚开放的桥头堡，国家发改委已于2010年赴云南调研，云南“建设面向南亚开放的桥头堡”于2011年5月已上升至国家战略层面；加之2010年新疆喀什、霍尔果斯成为经济特区，由此，中国“向西开放”战略已从理论走向实际操作。

2011年全国“两会”期间，四川在北京举行了题为“大开放的四川”新闻发布会，向世界明示四川即将迈进一个大开放大发展的新时代。

附：

四川特色优势产业简介

下面摘录2011年1月24日四川省第十一届人民代表大会第四次会议通过的《四川省国民经济和社会发展第十二个五年规划纲要（2011～2015年）》。值得一提的是，电子信息、油气化工、汽车制造是四川近年来大力发展的三大产业（这一点与重庆有些类似），食品饮料、现代中药是特色产业中的“特色”，这两个产业所涉及的资源丰富，距离市场半径小，产业形成集群发展态势，某些环节和子行业创业投资的门槛相对较低，机遇大，读者可重点关注。

第三篇　第九章　发展壮大特色优势产业

充分发挥我省特色优势产业的支撑带动作用，做强存量和做大增量并重，提高技术水平，壮大产业规模，延伸产业链，推动特色优势产业高端化发展，提升产业综合竞争力。

装备制造。加强以水电、火电、燃气为重点的发电设备研发制造，开发大型水电机组、大功率超临界和超临界循环流化床火电机组、重型燃气轮机组。发展重型装备、机车车辆、工程机械、数控机床、油气钻采、薄煤层综合开采等成套设备和关键零部件产业。开发航空、海洋等领域高端铸锻件产品。

油气化工。推进石化深加工及精细化发展，培育壮大石油化工、精细化工和橡塑深加工等产业链，建成四川石化产业基地及下游深加工产业集群。调整天然气化工产业结构，发展天然气制取高效复合肥、乙炔、氢氰酸、烯烃等。推进气盐氟结合，发展化工新材料。积极发展现代煤化工和磷硫化工。

汽车制造。重点扩大中高级乘用车生产规模，巩固提升载货汽车生产水平，培育壮大整车自主品牌，提高汽车关键零部件配套能力。积极发展电动汽车及混合动力汽车，推进压缩天然气（CNG）、液化天然气（LNG）汽车研发制造和推广应用。建设西部重要的汽车整车及零部件生产研发基地。

饮料食品。发挥川酒、川猪、川菜、川烟、川茶等品牌优势，推动农产品精深加工和综合利用，重点发展名优白酒、肉制品、粮油、茶叶、特色果蔬等优势特色产业，大力发展地方名优特食品，提升产品附加值，扩大市场占有率，发展壮大农产品深加工龙头企业，建设国家重要的农产品深加工基地。

现代中药。发挥我省中药材资源优势，以川产地道药材为重点，大力发展川产中药材和中成药大品种。加快中药新药、保健品开发认证，突破提取、分离、纯化等高新技术，支持中药企业加快发展，建设全国重要的中药饮片和中药现代化科技产业基地。

推进建材、冶金、轻工、纺织等其他传统产业技术改造和技术进步，大力发展新型建筑材料，振兴丝绸、苎麻等天然纤维织造工业，积极推进竹原纤维等天然纤维产品开发。加快淘汰水泥、铁合金、焦炭、电石、平板玻璃、化肥、造纸等行业的落后产能。抓好内江、自贡、攀枝花、华蓥等老工业基地的调整改造和资源枯竭型城市的转型，发展接续产业。提高建筑业技术和装备水平，培育具有工程总承包能力的大型建筑企业，加快传统建筑业向现代建筑业转变。

第二节 “蜀道通”

——千里蜀道一日还

2010 年 8 月 30 日，四川交投集团与国家开发银行四川省分行、中国银行四川省分行、中国工商银行四川省分行、中国建设银行四川省分行等 18 家金融机构在成都签署银企战略合作协议。四川交投集团将新获 5005 亿元授信贷款，其中对交投集团本部信用贷款授信额度达 780 亿元。

以上是四川省提出构建西部综合交通枢纽、破解“蜀道难”而具体实施的一个事件缩影，四川进出川的高速公路和省内的高速公路正在如火如荼地加紧建设。据悉，2000 年，四川高速公路通车总里程为 1000 公里，进出川快速通道只有成渝高速公路一条；而 2012 年，四川高速公路通车里程将达到 3800 公里，建成 12 条出川高速公路通道。其中，2012 年竣工通车的高速公路项目就多达 20 多个。2015 年，在李白曾感叹过的秦巴山区，四川将形成 3 条高速并行直通陕西的格局。四川近几年所着力打造的 12 条出川高速公路通道将在某种程度上化解 2011 年下半年开始的铁路建设低迷给四川带来的影响。

铁路方面，四川计划在 2010～2020 年期间，每年投向铁路建设的资金规模将在 200 亿元～500 亿元。截至 2010 年底，成都—遂宁—重庆、成都—南充—达州、成都—都江堰的 200 至 250 公里时速的快速铁路已经开通。与此同时，四川正在规划或已开工建设的快速铁路还有：成都—绵阳—乐山、成都—内江—重庆、成都—乐山—宜宾—贵阳、成都—汉中—西安、绵阳—遂宁—内江—宜宾、成都—昆明，这些快速铁路的设计速度均在 200 公里～300 公里/小时。2010 年还建成通车了宜万铁路（即百年前的川汉铁路），打通了联系华东和太平洋的快速通道；预计 2016 年成都就能打通途径攀枝花、云南昆明、瑞丽，缅甸腊戍，抵达仰光、皎漂港，直通印度洋的铁路。

2011 年，成都已经超过深圳成为国内仅次于北京、上海、广州的第四大国际航空客货运枢纽，航空旅客吞吐量为 3000 万级，而通过成都双流机场进出境的人数已经从

2010 年的 100 万大幅上升至 2011 年的 150 万左右。据悉，截至 2010 年底，成都双流机场已开通了国内航线 79 条、国际直飞航线 15 条，已初步形成覆盖欧洲、东南亚、南亚、东亚主要城市及国内大中城市的航线网络。其中阿姆斯特丹、东京、卡拉奇、马尔代夫、澳门等航线在中西部地区是少有的国际地区直飞航线；班加罗尔、加德满都航线是全国独有的国际直飞航线；成都方面还计划在未来 5 年内再开通 15 条国际直飞航线，届时总共将达到 30 条之多，通达国际城市 30 个以上。鉴于国外航空公司和国际媒体纷纷看好西三角经济区，特别是看好成都在中西部的航空枢纽地位，如果 2020 年前成都航空客货运通达的国际城市数量达到当今北京、上海或广州的水平，我们对此不应该感到奇怪。

四川建设西部综合交通枢纽当然少不了水运的建设和复兴，目前已建有宜宾港和泸州港；同时乐山港因离成都较近，故最近升级为“成都港”。除了上述三个港口之外，长江较大支流嘉陵江及其支流流经四川广元、南充、广安三市，现在也在新建港口。据称，岷江和嘉陵江渠化后可常年通航千吨级轮船，长江宜宾段和泸州段在三峡蓄水和航道整治后可常年通航 3000 吨级轮船。2011 年的消息显示：借助向家坝等水利枢纽工程，金沙江也有实现通航的可能。也就是说，四川水运的复兴计划将覆盖四川几大区域：川南、川东北、攀西地区（攀枝花和西昌）以及“成都港”辐射区域，涉及除川西北生态区之外的差不多所有区域。长江上游及其支流的这些港口有效地支撑了四川迅速发展的经济对物流提出的巨大需求。

随着四川西部综合交通枢纽建设的加快，“蜀道难”正逐渐变成“蜀道通”，从“难于上青天”逐渐变为“千里蜀道一日还”，这给想在四川淘金的人来说恰恰是提供了一张

"和谐号"动车组车票。但长期以来，人们对"蜀道难，难于上青天"这一"千古绝唱"记忆顽固，并由此认为巴蜀地区自古就很封闭，与世隔离。然而事实却非如此。史载"武王伐纣，蜀亦从行"，"武王伐纣，实得巴蜀之师"，说明早在商周时期，四川就与中原、西北有交通联系。至战国秦汉时，巴蜀与关中已开辟出了由汉中地区中转的南北数条古道。尽管蜀道的开辟工作自商周时期就已开始，但是米仓山、大巴山和秦岭的险峻地势以及山区频繁的自然灾害使得开辟并维护蜀道的确是一个世代工程，难怪到了唐代，李白仍发出"蜀道难，难于上青天"的感叹。所以古代巴蜀地区与关中以及中原地区的商贸流通主要是通过长江、嘉陵江、汉江等江河水运中转来完成。

1986 年，四川广汉三星堆出土了近千件铸造于 3000 多年前的青铜器，其造型独特，风格完全不同于古代巴蜀本土文化与中原地区的青铜文明。它们到底来自哪里？据考古专家及历史学家介绍，西亚的美索不达米亚是世界青铜铸造技术起源最早的地区，并由此向古埃及、巴尔干、古希腊、印度河方向发展、传播，三星堆出土的青铜器与世界这些地区青铜器风格一致、功能相同，在年代上也相对较晚，这充分说明古代巴蜀文明与古代近东文明的接触、交流在公元前 14 至 15 世纪就已经存在了。

汉武帝建元年间，张骞第一次出使西域时，曾在中亚的大夏（今阿富汗地区）看到来自今天四川的"邛竹杖、蜀布"，他询问得知，这些物品是由身毒（今印度）转运而来。张骞由此推知，从今天的四川西南方向必然有一条捷径，可以直接通达身毒，并向汉武帝作了汇报。汉武帝派出多路使者，终于确证巴蜀地区存在一条途径昆明、保山、缅甸等地抵达印度，甚至远达地中海、欧洲罗马的商道。这就是学术界普遍公认的"蜀布之路"（又称"南方丝绸之路”）。“南方丝绸之路”的存在是有铁的事实作为根据的：奥地利研究人员前些年从一具古埃及木乃伊（女性，30～50岁）的头发中发现了一块丝绸。这块丝绸与木乃伊同属公元前1080年至公元前954年的“二十一王朝”时期。这一发现表明，殷周之际的古埃及已同当时世界唯一的丝绸出产地——中国有了贸易联系。更确切地说，是与古蜀国通过“南方丝绸之路”有了贸易联系。因为当时中原与西域的商道——“西北丝绸之路”尚未真正开辟，埃及的中国丝绸只有通过“南方丝绸之路”的通道才能获取。

正是由于地缘的原因，“南方丝绸之路”上的云南，自然地成为沟通东亚中华文明与南亚次大陆印度文明的大陆桥，云南近些年提出建设“中国面向西南开放的桥头堡”的战略在很大程度上是有历史渊源的。另外，在秦朝灭掉古蜀国之际，古蜀国一些贵族逃亡到今越南河内地区建立了政权——安阳国。这说明当时西南地区联系中南半岛的通道是非常顺畅的，同时也说明广西近些年努力打造中国面向东盟国家经贸交流的大平台，也是有历史渊源的。贵州自古就是巴蜀地区通往东南亚、南亚地区的“南方丝绸之路”线路节点之一，2011年3月贵州省领导明确提出贵州省将整体融入成渝经济区。而四川的对外开放战略是“突出南向，加强东向，畅通西向”（“突出南向”意思是重点突出向南方的东南亚和南亚开放），重庆的国际贸易大通道是“一江两翼三洋”（“两翼”中的“西南翼”的线路走向大致相当于古代的南方丝绸之路）。基于古代历史上中国西南与世界形成的经贸联系和现代区域合作基础与前景，四川提出的“建设西部综合交通枢纽”战略或许可以放在更大的历史背景下和更广的地域范围内审视其长远战略内涵。

四川作为目前中国西南最大、同时是距离南亚印度和印度洋最近的经济体，其构建“西部综合交通枢纽”、破解“蜀道难”工程的目的是融入全球物流经贸。同时我们也应看到，以巴蜀地区为代表的中国西南其实远在先秦时代就开辟了著名的南方丝绸之路，通过牛、马等牲畜运送商品物资参与古代国际贸易。所以，李白“蜀道难，难于上青天”只是从一个侧面反映了古代的四川与关中和中原地区因为崇山峻岭阻隔所导致的交通困难，但远不是四川对外交通和贸易史全部的真实镜像。

第三节 “金三角”

——是中国白酒金三角

1 中国白酒金三角简介

四川近年来提出“联合”贵州打造“中国白酒金三角”的宏伟计划，意即：大力发展在地理位置上毗邻且呈三角形的宜宾、泸州和遵义三市的白酒产业，使这一带成为中国白酒的主产区和行业品牌的汇集地。事实上，这一区域已经呈现中国白酒金三角的雏形，在遵义有茅台、在宜宾有五粮液、在泸州有泸州老窖和古蔺县的郎酒。这三个城市不但有上述提到的白酒龙头企业，还有几十上百家中小型白酒酿造企业，大、中、小白酒企业你追我赶，产量和销售额不断赶超，整体呈现快速提升态势。这一“白酒”现象已成经济领域的“时尚秀”，并紧紧地抓住当地民众和政府的“心”。

“中国白酒金三角”区域内的龙头企业的一举一动，不但牵动着当地民众和政府的心，更牵动着全国民众和投资者的心。有着“中国经济的晴雨表”之称的央视 2011 年度黄金资源广告招标会在 2010 年 11 月 8 日晚间落幕，在争夺新闻联播、天气预报、焦点访谈、黄金剧场、体育频道等高收视率节目的广告播放过程中，中国酒类企业集体爆发：五粮液、茅台、泸州老窖和郎酒四家来自“中国白酒金三角”的白酒企业在央视广告招标中表现得分外抢眼。在“中国白酒金三角”的四川板块，还有几家白酒企业也投入巨额资金在央视搞品牌宣传，可谓“川酒集体出动”。底气何来？除了自身实力及已有的品牌优势以外，最重要的推力来自四川省政府提出的“打造中国白酒金三角”战略的陆续实施（“打造中国白酒金三角”战略只是一种形象的提法，这一战略基本包括了四川全省的白酒行业，当然重点是宜宾和泸州两地）。“中国白酒金三角战略”的实施对四川的好处很大，据统计，四川省目前共有超过 250 家规模以上白酒制造企业，这一数字每年以数十家的速度递增。全国白酒企业 100 强中，四川占据约 1/3；四川白酒产量也约占全国的 1/3，四川所拥有的全国性白酒品牌数量也超过全国总数的 1/3。四川白酒行业增长很快，统计资料显示，四川白酒行业在 2010 年底已经成为一个千亿元的产业。根据规划和预测，2015 年，四川食品工业将实现万亿元产业目标，那么白酒工业行业将一直是食品工业增长的龙头。笔者所知的四川重点发展的 4 个食品工业园中，前 3 个就跟酒有关：泸州酒业发展集中区、邛崃工业集中发展区、五粮液饮料食品工业园和广元中国食品产业发展重点园区。

四川白酒企业在省内分布广泛，宛若繁星，没有必要也不可能逐一叙述，笔者就简单地介绍一下中国白酒之都宜宾的白酒产业情况。宜宾地处三角交汇的核心地带（金沙江、岷江和长江），气候温润，雨量充沛，自然环境优越，物产丰富，自古以来就是四川白酒的最重要的酿造基地之一。五粮液作为中国白酒企业的“中华老字号”之一，1915 年获得巴拿马国际博览会金奖，正如五粮液广告所宣称的那样，“中国的五粮液，世界的五粮液”，五粮液白酒出口占据了中国白酒出口的半壁江山。五粮液 2010 年销售收入超过 400 亿元，规划至 2015 年其销售收入达到 1000 亿元；“五粮液”的品牌价值 2010 年是 520 多亿元，占据中国最有价值品牌的第 4 位。除了五粮液之外，宜宾还有一大批正快速发展并冲刺区域性或全国性品牌的二线白酒企业，如金潭玉液、梦酒、叙府、华夏春、竹海、金南福等，这些企业与五粮液一起正在加快宜宾白酒产业集群的发展壮大，2009 年宜宾市白酒产量占全国的 1/10，出口占全国白酒出口的 80%。宜宾酒业在全国酒业大格局中具有举足轻重的地位。

随着中国居民消费水平的提高以及国家扩大内需政策的实施，中国品牌白酒企业将迎来巨大的发展机遇。作为川、滇、黔结合部中心城市（或川南经济区、攀西经济区和南贵昆经济区结合部）的宜宾将以白酒生产为最大特色，向四川经济增长第二极奋进。

2 四川白酒行业的“六朵金花”

四川白酒行业的“六朵金花”从某种意义上说也是全国白酒行业的“金花”，它们分别是：五粮液、泸州老窖、郎酒、剑南春，水井坊、沱牌。五粮液这朵“金花”上面已有介绍，下面介绍其他“五朵”。

泸州老窖所在地的四川泸州具有跟宜宾媲美的酿酒传统和自然环境。泸州老窖拥有我国建造最早（始建于公元 1573 年）、连续使用时间最长、保护最完整的老窖池群，被誉为“中国第一窖”，以其独一无二的社会、经济、历史、文化价值成为世界酿酒史上的奇迹。1952 年，泸州老窖在国家首届白酒评比会上被评选为四大名酒之一，并确立了浓香型白酒典型代表的地位。1957 年，在酿酒专家陈茂春、熊子书等的努力和指导下，全面、科学地对泸州老窖酒的发酵机理、酿造工艺、生产流程进行分析、研究、总结，制定了中国浓香型白酒的行业标准。目前泸州老窖占据了国内浓香型白酒群体 70％的市场份额，奠定了泸州老窖在中国白酒行业中“浓香鼻祖”的地位。

郎酒同样坐落在四川的泸州市，具体是在该市的古蔺县二郎镇，郎酒与茅台、五粮液、泸州老窖一样，都是“中国白酒金三角”内的重要成员之一。相信读者对郎酒并不陌生，郎酒曾连续三年冠名“春晚”。虽然名气和个头比茅台要小，但由于同处赤水河畔，故有人把贵州茅台酒、四川郎酒形象地称为“姐妹花”。郎酒是中国“酱香型”白酒的典范。

剑南春在国内也颇具名气，其公司位于四川的绵竹市。剑南春品牌系列有：剑南春、剑南春·典藏、剑南春年份酒及其系列品牌东方红、金剑南、银剑南、剑南老窖、剑南福、绵竹大曲等 30 多个品牌。剑南春酒具有芳香浓郁、酒味醇厚、醇和回甜、酒体丰满、余香悠长等突出特点。剑南春在中国白酒领域给人印象最深刻的除了其优秀的白酒品质外，就是其花了 8 年时间创造的“挥发系数鉴别年份白酒的方法”，实现了对年份酒的科学鉴定。

水井坊素有“中国白酒第一坊”之称，前几年曾连续赞助（冠名）CCTV 中国经济年度人物评选活动而名声大噪，公司位于成都。“水井坊”品牌系列有：水井坊礼盒装（世纪典藏、风雅颂、公元十三等）、水井坊典藏装、水井坊井台装、天号陈、小水井、琼坛世家、往事等主要品种。

水井坊酒市场定位为中国高端标志性产品。

沱牌公司位于四川遂宁市射洪县，公司具有两大品牌："沱牌大曲"和"舍得"。在2010年由世界品牌实验室发布的《中国500最具价值品牌排行榜》，沱牌以90.88亿元人民币的品牌价值位列品牌榜第93位；舍得酒以20.77亿元的品牌价值位居品牌榜第365位。沱牌给人印象最深刻的主要有两个：一个是沱牌自主创新发明30多项酿酒专利技术，是国内酿酒行业的"专利冠军"；另一个是通过生态化经营，成功建立起了系统内的"生产者、消费者、还原者"的生态产业链。

3 中国白酒金三角商机

笔者并非白酒行业专业人士或专家，只能在此谈谈个人的拙见。笔者关注中国西部与东盟的经贸交流已有一段时间，观察到整个中国西南地区和东盟经贸交流活跃。为了更好地阐述四川白酒在东南亚等发展中国家的国际化问题，笔者先以重庆的摩托车为例。

重庆造的摩托车在东南亚、拉美和非洲很有市场，甚至占据了部分国家如缅甸80%的市场份额。出于市场日益饱和与利润日益微薄的考虑，现在重庆部分摩托车企业已转型造汽车，多是与国内汽车巨头合作。国内汽车巨头为什么选择与重庆摩托车制造企业合作？我想，不单单是为了寻求更低的成本生产地或者是抢占西部市场那么简单，汽车巨头们更看重的是重庆摩托车企业在广大发展中国家所开创的良好局面，汽车巨头想借摩托车企业在国外良好的品牌效应和市场联系进军东南亚、拉美和非洲等广阔市场。这些新兴市场在不断发展，摩托车10年后估计就会过时，那么紧接着，重庆汽车就可以很快地满足以前摩托车客户对私家交通工具变革的需求。

四川的食品企业其实可以从中学习很多东西，在 2010 年 10 月举办的第十一届中国西部国际博览会期间，印度食品加工业部部长萨哈就明确表示希望加强与四川在食品方面的合作。这提供了一个怎样的暗示？南亚和东南亚地区人口稠密，这些国家的居民对衣、食、住、行各方面的需求都在不断地增加或在不断地升级。以重工业为产业优势的重庆在这些国家主攻的是“行”方面，以食品轻工方面具有产业优势的四川完全可以主攻“食”方面。四川打造“中国白酒金三角”可以增强区域品牌的知名度，但要想在短期内迅速增加白酒消费在中国居民酒类消费的比例不太现实，挑战国外名酒短期内也很难实现。现在，国外洋酒正在大把地赚着中国消费者的钱，当然，这并不表示洋酒更适合中国人喝或者别的什么，更多的时候是给中国人提供了一种选择，这种选择涉及多方面：品位、文化、面子，等等。如今，中国经济及文化对东南亚、非洲等地的影响正与日俱增，四川的白酒完全可以搭乘这种顺风车开拓和培育这些地区的市场，笔者相信，结合当地的消费特点，生产出当地人认可的白酒完全是可以做到的。在本质上，白酒也是中国传统文化的一部分，与中医药、中餐、丝绸、茶叶、陶瓷、武术和古代哲学并称为最能代表中国传统文化的“八张名片”。因而，中国白酒进军和培育一些国外新兴市场完全可以与中国文化输出捆绑在一起，或者主打“文化牌”，让喝白酒逐渐成为这些国家居民的一种时髦行为，就像当年部分中国人崇尚欧美的文化和产品一样。从这个意义上讲，各大白酒企业的品牌文化应该集结向中国文化品牌方向转变。纵观其他 7 张能代表中国历史和传统文化的名片，除了武术和古代哲学外，其他名片均未擦亮，或者很难擦亮：中医药遭遇日本、韩国所谓的“东方医学”的严峻挑战；茶叶遭遇印度、斯里兰卡“品牌产业”的全面冲击；陶瓷品牌也遭遇意大利、西班牙的“后起之秀”的压力；丝绸如今演变成“纺织服装”，附加值低廉。从某种意义上看，白酒与中餐捆绑后，交际文化与餐饮文化集于一身，是最有前途的输出文化和输出商品的一种复合方式。但目前的问题是，品牌中餐企业还比较难以按照标准化或者连锁的方式在国外出现，即使近年来有不少中餐企业进军国外，如北京俏江南进军英国、重庆火锅企业进军迪拜。综上所述，白酒有可能成为现实条件下输出中国文化的一种良好载体，成为中国的一个文化品牌，正如法国葡萄酒那样。

“中国白酒金三角”战略或许是一个促进区域合作的利器。这里有两点：一是基于地缘关系、人文习俗以及产业互补性，贵州已决定全面融入成渝经济区，在与成渝经济区展开能源合作的同时，大力促进包括酒类食品等领域的合作。所以，“中国白酒金三角”战略得到了四川、贵州两地政府的高度重视，正是看中了政策的利好、酒类高档化以及白酒文化品牌的前景。2011 年 3 月四川组团到香港，香港风险资本比较青睐四川的白酒，包括四川的二线白酒；另外，重庆、湖北与河南等地的著名酒企也纷纷在四川成都邛崃名酒工业园投入巨资建厂，这一方面有原酒的原因，另一方面就是产业聚集的吸引力。二是“中国白酒金三角”与陕西合作潜力大，一方面是西凤酒可尝试借“中国白酒金三角”国际化路线外销，在国内白酒业竞争白热化的时候另辟蹊径发展壮大；同时“中国白酒金三角”可借西安乃至陕西的历史文化国际化路线外销，或者说西安在向海外输出历史文化的同时可尝试输出中国的酿酒、饮酒文化，这就好比韩国的影视剧在中国持续刮起“寒流”，连韩国的电子产品、餐饮和服装也跟着风靡中国一样。国家在“十二五”规划纲要中，明确并且重点地提出了要推进重庆、成都、西安的战略合作，既然是“战略合作”，那么合作的方式、层次、水平就都不一般，必须开启新思维、迈开大步伐。陕西一直认为文化产业是其未来全球竞争的最大优势，四川近年来似乎要把白酒产业打造成一个具有国际化前景的大产业，所以，同样的国际化需求，同样的愿景，也同时符合国家的战略需要，两者携手必将产生“核爆炸”！在未来一二十年里，“中国白酒金三角”具有与“中国能源金三角”同样高度的战略意义。

但我们也应该看到，西安乃至陕西的文化产品如影视剧似乎主要出口到亚、非等发展中国家并在这些地方产生了影响，而四川一线白酒企业如五粮液的国际化路线则是以欧美为主要市场，那么四川的二线白酒企业如想进军东南亚、非洲等发展中国家市场，似乎与陕西的文化产品合作的空间与可能性更大一些。据称陕西一些影视剧在某些国家收视率比较高，甚至可以说是掀起了收视热潮。

上述所说是一个大的背景，具体而言，“中国白酒金三角”内的白酒企业纷纷注重文化品牌建设，当然包括各种展示平台建设，例如水井坊要建水井坊博物馆，五粮液投资 50 亿元在建中国白酒文化街区；此外，五粮液集团与解放军总后勤部正联合筹拍大型电视剧《大酒商》，以提升五粮液品牌文化以及观众对“中国白酒金三角”内涵的认知度，因此，以白酒为主题的文化街区、工业园区和商贸中心在四川大放异彩。而在工业、自然和历史文化旅游方面，国务院发展研究中心企业研究所主任李国强早在 2007 年就提出应开辟“中国名酒金三角（泸州—宜宾—遵义）国际旅游专线”，认为这片“植被茂密、山青水绿、文化深厚”的名酒“金三角”应该好好保护和开发——真的是魅力无穷，潜力无限！

当然，四川每年都会为广大客商搭建各种商贸平台，比如在泸州、宜宾等地举办博览会或者论坛，或者在成都举办糖酒会。成都糖酒会全国闻名，自 2011 年起，全国春季糖酒会更是永久落户成都，彰显了四川酒类食品在全国的重要地位。四川食品行业 2015 年的产值预计超过 1 万亿，从产业规模和增长速度来看，白酒将以至少 1/4 的份额牵引四川食品行业在 2015 年达到 1 万亿的产值。

附：

四川的白酒企业、白酒品牌主要有：五粮液、剑南春、泸州老窖、郎酒、沱牌、全兴、国窖 1573、水井坊、舍得、五粮春、丰谷、江口醇、小角楼、金华福、蜀汉人、叙府、金南福以及文君酒，等等。

第四节 成 都

——一年成聚，二年成邑，三年成都

1 “成都”的古与今

“成都”二字的由来，据《太平寰宇记》记载，是借用西周建都的历史经过，取周王迁岐“一年而所居成聚，二年成邑，三年成都”，因此得名成都。

成都平原温润的气候和都江堰工程，使得古代成都平原的农业文明相当发达，加之历史上曾长期远离战乱和自然灾害，故而成都平原在唐宋时代非常繁荣。具体体现在人才辈出、蜀锦蜀刻（指丝绸和印刷术）相当出名、“交子”（古代钞票）率先于成都一带出现。由于自然条件的优越程度和经济文化的繁盛程度便有唐宋时期“扬一益二”的提法（“扬”代表扬州，“益”代表成都）。

成都的市花是芙蓉（成都简称“蓉”）、市树是银杏、市标为太阳神鸟。太阳神鸟金饰是 2001 年出土于四川成都金沙遗址的一张金箔，属商代晚期作品，经考证与古蜀历法等有关，现在这个图案展现在成都市市中心的天府广场。

2 成都行政范围与成都经济区

成都共有 12390 平方公里，主城区面积 843 平方公里，市辖区面积 1418 平方公里。

城区范围：青羊区、锦江区、金牛区、武侯区、成华区、高新区、温江区、新都区、龙泉驿区、青白江区、郫县、双流县。另外，成都管辖的郊县（市）还有新津县、蒲江县、大邑县、金堂县、彭州市、邛崃市、崇州市和都江堰市。这些区县共同组成了成渝经济区成渝“双核”中的“一核”。

按照媒体通常的划分，青羊区、锦江区、金牛区、武侯区、成华区、高新区等属于成都的第一圈层，温江区、新都区、龙泉驿区、青白江区、郫县、双流县属于第二圈层，新津县、蒲江县、大邑县、金堂县、彭州市、邛崃市、崇州市和都江堰市属于第三圈层。第一圈层主要是成都商贸、金融、商务和人口聚集中心，是成都目前的主城区，根据最新的人口普查，居住在成都主城区的人口（含流动人口）接近 600 万人。成都的第二圈层是成都各种工业开发区和各种大型工业企业较为聚集的地方。这一圈层的双流县和龙泉驿区分别聚集了新能源、新材料、电子信息和汽车制造等成都主导产业，是四川天府新区的两个重要板块）。成都的第三圈层是成都生态环境、旅游资源和农业林业较为优越和富集的地方，在第三圈层中与第二圈层毗邻的区域同样是未来10年成都工业的主战场。

目前，成都的第二圈层工业开发和城市建设都进行得如火如荼，特别是第二圈层的房地产开发已经成为成都市城市建设的主战场，成都正在建设的地铁网络基本都延伸到了第二圈层，故第二圈层有与第一圈层融和的趋势。第三圈层因为旅游资源富集、生态环境优越，得益于“全域成都”的规划和城乡统筹力度加大，成都第三圈层是成都“县县通快铁”的目的地，经过多年城乡统筹发展，第三圈层与一、二圈层的距离逐渐缩小；更为重要的是，城乡户籍几年后完全自由流动，从而使成都的第一、二圈层与第三圈层之间的各种要素呈现加速流动态势。

为了充分发挥成都平原城市群和产业集群的聚集与规模效应，打造成渝经济区成渝“双核”中的重要一核，成都跳出了本市行政区划范围的概念，与毗邻的德阳、绵阳、遂宁、资阳、眉山、乐山、雅安等几个城市合作建立成都经济区。正如下面所讲到的，成都平原城市群有同城化发展的趋势，同城化给普通居民带来了更多的选择。下面有必要简略介绍同城化进行的情况。

成都、资阳和眉山目前已统一了固定电话区号“028”。成绵乐城际铁路、成绵第二高速公路计划于2012年建成通车；成都、德阳、绵阳已经率先启动了同城化战略，这三个城市空间距离近（绵阳到成都的直线距离不到100公里，德阳到成都的距离更近），同处在宝成铁路和成（都）西（安）高速铁路交通线上；乐山在成都平原城市群中的地位也十分突出，长江支流岷江上的乐山港在成都平原城市群“城际”合作后地位已经上升为“成都港”（成都距乐山港只有百余公里的距离），乐山与眉山两座城市是成（都）昆（明）铁路和成（都）贵（阳）高速铁路的途径城市；雅安是成都进入西藏的“西大门”，已通车的成雅高速公路和正兴建的成雅铁路（川藏铁路的一段）使生态环境优越的雅安可能成为成都的后花园；遂宁目前则是成渝交通线上的节点城市和沪（上海）汉（武汉）渝（重庆）蓉（成都）铁路的节点城市，为成都平原城市群的“东大门”。简单归纳：遂宁、雅安、乐山、绵阳分别是成都平原城市群的“东”、“西”、“南”、“北”四座大门，在四川规划建设8个省内次级交通枢纽中，成都平原城市群占据了约一半的数量。次级交通枢纽的规划建设以及城市群内城市之间的合作，使城市群内的地级城市在2012年与成都的城际铁路交通时间全部压缩在半小时左右。另外，资阳的简阳市等区域纳入天府新区规划，2014年成渝客专通车后，与成都的城际交通时间约为一刻钟。

在社会事业方面，成都经济区城市合作取得了很大进展。根据新闻报道，自2010年10月起，成都、德阳、绵阳、资阳、眉山、乐山、雅安和遂宁等8市将实现城镇职工养老保险关系无障碍转移接续。同时，实施《成都经济区基本医疗保险合作协议》，8市医保定点医疗机构与定点零售药店实行互认，并纳入就医地医疗保险机构协议管理范围。也是从2010年10月起，成都经济区内的8市将联动管理城市，在城管执法、景观改造、生活垃圾、应急处置等多个领域，各城市将进行深度合作，重大事项共同“投票”决策。

3 成都的人口规模

2011年末成都市常住人口约为1400余万人，户籍人口约1100余万人，流动人口约300万人，预计到2020年，成都的常住人口将接近2000万人，本地户籍人口会达到1500万人左右。可以比照的是，2020年重庆主城区常住人口将达到1500万人，重庆一圈地区（指从重庆主城出发，汽车一小时车程范围）内聚集的城市人口将超过2000万人。成都（全市）和重庆（一圈）在2020年的城市人口规模跟目前的上海、北京等地的2000万级差不多。

4 成都的经济、产业和金融

2010年全市实现地区生产总值5500亿元左右，增长速度约为17%，未来几年预计将保持在15%以上的经济增长速度。2010年，成都人均可支配收入超过2万元。2010年全年完成全市财政总收入超过1000亿元，地方财政一般预算收入近500亿元。民营经济发展较为迅速，全市民营经济实现增加值2010年约2000亿元，成都是西部民营经济较为活跃的地方。成都是全国重要的商贸城市之一，外资零售业进入数量居全国第3。目前成都有超过190家世界500强企业，100家以上的全球研发中心；胡润川渝地区富豪榜中有一半居住在成都。

目前，成都特色优势产业有：电子信息产业，生物医药产业，化学化工产业，家具和鞋业制造产业，动漫和传媒产业，会展产业，航空航天产业，旅游业等。

现阶段，成都仍然是西部地区的金融中心，城区内遍布国内外大大小小的金融机构的区域总部、支行和营业网点；证券方面，交易规模和活跃程度居全国第7位，中西部第1位（2010年）。

5 成都对外开放合作

成都作为西部大开发的重要引擎城市，越来越多地受到国内外的关注，很多国内外企业选择以成都作为据点，拓展中国西部市场；或者把成都作为未来欧亚大市场的中心城市之一，设立中国总部、西部地区总部或西南地区总部和研发中心。因为成都具备对外开放合作的良好条件：

区位优势、人才济济、政策优惠、交通方便、政务透明、成本低廉，等等。与此相对应的是，2011 年 7 月，美国财经杂志将成都列为“全球最佳新兴商务城市”（进入榜单的中国城市还有重庆，全球共 15 个入选）。

目前，在成都设立领事馆的国家比较多，有美国、德国、法国、韩国、泰国、巴基斯坦、新加坡、斯里兰卡、菲律宾、爱尔兰、越南等，数量居中国内地第 3，中国第 4。在对外交通方面，虽然有所谓的陆路“蜀道难”，但基于成都作为目前西部地区中心城市的地位，仍充当西部门户，故国际上已有不少城市开辟了至成都的国际客货运航线，特别是东南亚、南亚、中东和欧洲航线正在陆续开辟或航班加密；未来也将陆续开辟多条美洲、拉美客货运航线。

欧盟项目创新中心（成都）是欧盟国家在中国唯一的项目创新中心，有很多中欧政府交流、项目对接，都是通过这个平台搭线的，是欧盟中小企业进军中国的窗口，这个窗口于 2006 年设立，在中欧中小企业交流方面发挥了巨大作用。而 2010 年设立的新川创新科技园也必将引领更多的企业和研发机构落户成都，探索创新科技园园区开发运营模式，示范西部。位于西南的成都，虽然不靠海不沿边，但依靠其长期形成的实力，在西部对外开放合作中仍然走在前列。

成都 2010 年全年实际利用外资达 60 多亿美元，位居中西部第一位，接近 2008 年全年中国西部地区利用外资的总和。实际利用外资规模仅次于广州。外贸方面：未来几年，随着大量的以外销为主要目的的 IT 终端产品和消费类电子产品制造基地相继落户成都并建成投产，成都的外贸进出口总额将大幅增长，有可能成倍地增长。

6 成都的长远发展目标

近年来，成都把建设“世界现代田园城市”作为其历史定位与长远目标，大概分三步走。

1. 用5至8年建成中西部金融中心，是投资环境最优、居住环境最佳、生活配套最好的初步世界现代田园城市。

2. 用20年左右的时间总体大部分构建好世界现代田园城市，并成为世界级三线城市，比肩休斯敦。

3. 用30年左右时间完全打造成世界级现代田园城市，并成为世界级二线城市，比肩巴黎。

随着中国经济在世界经济中地位的陆续抬升，以及西三角经济区日益与珠三角、长三角、环渤海一起被提及，成都的目标可能提前实现。

附：

无论是“扬一益二”，还是“天府之国”之称，成都近些年获得了不少美誉，现摘录如下，以飨读者：

1. 2010年10月，美国著名财经杂志《福布斯》发布了未来10年全球发展最快的10个城市，中国的成都、重庆、苏州和南京4个城市上榜，其中成都和重庆分别摘得冠亚军。《福布斯》称，这些内陆城市成为中国沿海大都市如上海、香港和深圳的很好的替代者。中国大胆的城市多元化战略给予了内陆城市丰富的土壤，以成都为例，四川省的航空、铁路和公路的发展贯通了内陆城市与沿海及世界。《福布斯》盛赞成都新建筑林立，发展走向高科技，计算机生产巨擘戴尔（Dell）、软件业公司思科系统（Cisco）

都在成都设立办公室。在报告中有这样一句话：“没有到此，谁也不会想到内陆城市中还有这样的大都市。”重庆上榜理由是：很多外国大型公司如福特、微软、惠普等涌向该城市，商业发展前景可观。

2. 2010年10月，中国著名调查咨询机构零点研究咨询集团发布的“最安逸的中国城市榜”显示，北京因为治安好和首都地位等成为中国最安逸城市。杭州因为气候宜人，名列第2。成都生活休闲环境良好，位居第3。

3. 2010年8月，全球知名的民意测验和商业调查/咨询公司盖洛普咨询公司发布了中国（大陆）国际形象最佳城市，上海、北京、成都、南京分别位列前3位；其中成都与南京并列第3位。

4. 2010年10月，在南京开幕的“2010中国（国际）休闲发展论坛”上，成都在众多参选城市中脱颖而出，再度荣登“中国十大休闲城市”排行榜，并排名第2；同年7月出炉的中国十大潜力宜居城市排名中，成都同样以其休闲夺得第5，前4名分别是：上海、大连、北京、广州。

5. 2010年9月，全球IT信息巨头环球资源旗下商业管理杂志《世界经理人》杂志公布的一项“中国最具发展潜力的二线城市”调查显示，苏州、杭州和成都综合排名位列前3名。这一城市排名，依据之一是受访者直接选出其心目中最具发展潜力的二线城市，依据之二是受访者所在企业的二线城市迁移行为和计划，对这些信息及其所包含的各项具体因素进行分析，综合城市对诸条件的满足程度而排定次序。根据受访者的直接选填，苏州、重庆、杭州和成都在最具发展潜力的二线城市中位列前4；而由受访者公司已迁移或计划迁移的目标二线城市中，成都则排名第1，之后是重庆、苏州、杭州、厦门。

6. 2010年《财富》（中文版）在中国选出了5个最适

宜退休城市，依次是：青岛、杭州、成都、大连、无锡。

7. 2007年11月17日开幕的“第五届中国投资环境论坛”上，世界银行官员称成都是中国内陆投资环境的标杆城市；同年，《财富》（中文版）的商务城市调查显示，成都与上海、北京等10个城市被评为“中国最佳商务城市”。

8. 2011年8月，中国台湾电机电子工业同业公会公布了《2011中国大陆地区投资环境与风险调查：十二五规划逐商机》的报告。报告显示，在众多城市中，成都对台商的吸引力名列第2，仅次于上海。

9. 2010年2月，联合国教科文组织授予成都“美食之都”称号，成为亚洲的第一个世界“美食之都”，并被联合国教科文组织正式批准加入该组织的“创意城市网络”。

10. 2011年9月，成都获得由国务院新闻办公室、文化部和国家旅游局指导，中国国际广播电台主办的“2011中国城市榜——全球网民推荐的中国文化名城”第2名的好成绩，仅次于北京。这次评选活动共获得全球网民576.131万投票，境外网民投票数量占65.84%。

11. 2011年11月，由中国会议酒店联盟组织编写的《中国会议蓝皮书》显示，国际会议举办城市前6位是北京、上海、成都、南京、杭州、大连。成都是中西部地区唯一的专门设立政府博览局的城市。

此外，成都近些年还获得了很多大学毕业生和青年白领的青睐。

第五节　世界500强爱上成都

——已200多家了

1 世界500强

随着2008年金融危机的爆发，在世界范围内兴起了新一轮产业转移的高潮。在国内，由跨国公司主导的产业转移主要发生在中国的东部沿海城市和中西部内陆城市之间，这种产业转移一方面是为了寻求更低廉的成本，同时也为了在西部大开发背景下开拓广大中西部市场，转移的产业既包括了与物流有相当依存度的制造业，也包括了与物流无多大关系的软件与现代服务外包产业。成都凭借其良好的区位条件和丰富的人才资源，在承接这两种产业转移时都表现得相当耀眼。根据统计，截至2011年12月，落户成都的世界500强已有200多家。预计5年后，成都将真正成为一个名副其实的国际化大都市。

2 成都总部经济

拥有如此多世界500强区域总部和研发制造中心的成都，适时地打出了“总部经济”这张牌。据《2009～2010年中国总部经济发展报告》显示，成都的总部经济发展能力位居全国第5、西部第1。目前，成都主城区各行政区都在争相打造总部经济聚集区，概括起来有如下几类：

青羊工业总部基地：带动金融、法律、会计、咨询等相关知识型服务业迅速发展，实现多方共赢、区域经济受益的良好局面。该区域内有西南财经大学。

武侯区人南科技商务区：将人民南路科技商务区打造成中央商务区，重点引进国际国内大企业、大集团在区域内设立营销总部、研发总部、行政总部，使人南科技商务区成为总部经济聚集发展区。该区域的地理优势是毗邻成都高新区南区，另外区域内有许多外国驻成都的领事馆。

金牛高科技产业园西区：规划建设为工业总部经济园，重点引导金融证券、文化传媒、高新科技、中介服务、商贸休闲等产业及相关企业总部入驻，促进园区研发、生产、销售等相关产业发展，有效延伸产业链，发挥引擎效力。金牛区内有为数众多的各型工业企业和各种大型商贸市场，发展工业总部经济园和高科技、商贸休闲是产业转型、“腾笼换鸟”的内在需求。

成华区龙潭总部经济城：按照“生态城区、现代成华”发展定位，实施“1413”产业发展战略，积极探索传统总部经济发展方式和规范，推动工业基地向现代总部新城转型，形成了具有成都特色的总部经济发展模式，其全力打造的龙潭总部经济城，是成都市唯一的总部经济试验区。龙潭总部经济城近年来备受瞩目，总部经济发展迅速。特别是建设生态城区的目标很有吸引力，这与2011年世界园艺博览会所在地西安浐灞建设生态金融新区的目标类似。另外，成华区作为成渝经济区的桥头堡，龙潭总部经济城已吸引了“渝商总部基地”落户。

双流依托航空港总部经济园区：大力推进航空物流、现代商贸、总部经济园区建设，现代服务业集聚效应初步显现。依托双流国际机场大力发展航空物流、现代商贸和总部经济等生产性服务业。由于双流机场的扩建以及天府新区的规划实施，位于天府新区核心区的双流似乎决心花更大力气发展临空总部经济，以服务于双流，服务于天府新区。

3 总部经济的魅力

美国学者 J. O. 威勒分析了美国 20 座大城市的资料，发现有 60%的城市在制造业转移出去之后，保持了持续繁荣的局面，主要原因是城市实现了产业服务化和总部化，也有学者称“逆工业化”（Deindustrialization），这实际上就是实现了城市的总部经济化。成都在走“逆工业化”道路的同时，也在走“工业化”的道路。通过产业链“向下”引进现代制造业，产业链继续“向上”引进先进的生产性服务业，“两腿齐动”的成都将跑得更快，总部经济也将更发达，对周边区域的辐射和带动作用也就更强。

4 区域金融中心

2010 年 7 月 8 日，成都市出台的《成都市金融产业发展规划（2010—2012 年）》提出：到 2012 年，成都成为西部金融机构集聚中心、金融创新和市场交易中心、金融服务中心。全市金融机构数量达到 200 家、金融从业人员达到 20 万人。其中，全市金融业增加值占服务业增加值的比重达到 16%，占地区生产总值的比重达到 8%；至 2015 年，成都初步建成西部金融中心。所以，成都在未来数年将继续保持西部地区金融中心的地位。有一条信息可以作为旁证：官方发布的 2010 年全国各省区市证券交易额排名中，四川省排名第 7 位（排名前 6 位的全为沿海省市），而成都的证券交易额占据了整个四川省的大头。2011 年 9 月，由深圳独立研究咨询机构——综合开发研究院发布第三期 CDI 中国金融中心指数报告，报告对全国 29 座城市进行了中国金融中心综合竞争力评价排名，成都成为升幅最大的城市，从 2010 年第二期第 19 位上升到第 9 位，并位居中西部之首。

成都提出金融产业发展规划与目标的重要依据有三个：一是金融危机之后，全球金融服务外包产业向劳动成本更低、聚集效应更强的地区转移，成都顺应了这一趋势，并牢牢地把握这一机遇，通过大力发展金融服务外包产业、吸引国际金融服务外包巨头的到来，促使金融产业的发展势头更加迅猛、空间更加广阔。因而，成都近期工作重点之一就是大力发展第三方金融外包服务业、电子支付类金融业务等新兴金融业，为促成目标的实现，成都规划了第三方金融外包服务园，预计 2012 年投入运营，引进金融外包或相关配套服务企业 20 家以上，初步形成金融外包服务企业集聚发展态势；到 2015 年，成都有望成为中西部的金融服务外包中心城市。二是金融危机后，实体产业加速向西部地区转移，成都在承接产业转移过程中表现抢眼，融资需求大增，资金融通量增大。三是国际及中国东部地区金融机构看好成都金融业的发展前景，纷纷在成都设立金融分支机构，一些投资机构也相继跟进。

得益于良好的总体发展态势，成都各行政区争相打造成都的“金融中心”，这里主要介绍发展势头较好的几个：青羊区、锦江区和高新区。

2010 年 6 月 28 日，成都青羊区出台《中央金融商务集聚区产业发展规划》。截至 2010 年 6 月，该区金融机构已达 142 家，特别是骡马市—天府广场一线，聚集了金融业总部型机构 90 余家，占成都全市金融机构总数的 60%以上。据统计，2009 年青羊区的金融业增加值为 68.81 亿元，占 GDP 的比重为 17.5%，占第三产业增加值的比重为 22.8%。在成都市五城区中比较，2009 年金融业增加值总量及占 GDP 和第三产业增加值的比重均排名第 1，在西部仅次于重庆渝中区，但该区未纳入成都市金融中心规划，金融企业多自发聚集而成。

成都市锦江区东大街位于锦江河畔，起于西部最大的春（春熙路）盐（盐市口）商圈，止于东部城市副中心，全长5.2公里。2007年，成都市锦江区东大街被成都确立打造为“西部华尔街”。据悉，东大街截至2010年6月已云集了全市80%的外资银行和外资保险机构、国际知名专业服务和咨询策划机构，是成都市金融机构种类最全、数量最多的区域。锦江区在四川全省《西部金融中心建设规划（2010～2012年）》中规划为金融总部商务区、金融产业集聚区，为成都未来的“金融中心”，与重庆渝北区的江北嘴、西安浐灞生态区的浐灞三角洲一起成为各自城市的“金融中心”，并引领成都、重庆、西安成为相应辐射范围内的“区域性金融中心”。有媒体报道，正是基于东大街是未来“西部华尔街”的预期，地产巨擘香港九龙仓将累计投入270亿元人民币助推未来的“西部华尔街”。2011年上半年，金盛人寿、法国美兴、韩国SK集团、德国费森尤斯等世界500强企业进驻成都东大街。东大街累计聚集近90家世界500强企业，占成都全市的45%左右。

成都高新区主要规划为成都市金融后台服务业集聚区，也即上面提到的“第三方金融外包服务园”，该服务园是成都建设中国中西部金融服务外包中心城市的重要载体。目前，多家银行都已在高新区“天府新城”建立了后台或数据备份中心。随着第三方金融外包服务业、电子支付类金融业务的开展，成都高新区金融业将驶入发展快车道。

当前，成都的外资银行、外资保险机构数量为中西部第一，为中国“外资金融”第四城。同时，成都金融业的发展离不开人才的支撑，成都的金融人才供应也比较充足，有全国知名财经院校——西南财经大学等。由于西部地区的成都和重庆都在争相打造西部地区的金融中心，所以笔者在这里有必要简单介绍一下重庆。近年来，产业基础相对雄厚的重庆正试图通过营造良好的金融生态环境，建设长江上游的结算型金融中心。提出到2015年，金融业GDP要达到重庆GDP的10%，这一目标大有迎头赶上并超越成都的味道。事实上，重庆已经涌现出一批杰出的熟悉金融工作的高级党政人才，使得重庆建设长江上游地区金融中心这一目标成功的可能性很大。笔者认为，如果重庆能够吸纳足够数量懂外语的复合型金融高级人才，那么重庆的金融业或将与成都比肩，甚至超越。所以，成都为继续保持西部金融中心地位所做的努力正面临来自身边重庆的巨大压力，只有分外重视才能永保优势。现在看来，不同城市之间金融业的“你追我赶”给金融人才、中小企业和创业人士、外来淘金者们提供了很好的选择机会和融资环境，这或许是与我们普通老百姓有一定关联的地方。

第六节　成都东西南北四大热点新城

2007年，成都首次提出“全域成都”理念。成都初步规划出了“一区两带六走廊”的“全域成都发展格局”（即“一区”指中心城区和二圈层，“两带”即龙泉山和龙门山旅游发展带，“六走廊”即中心城—华阳—正兴、中心城—双流—新津—蒲江、中心城—温江—邛崃、中心城—郫县—都江堰、中心城—新都—青白江—金堂、中心城—龙泉驿）。2008年，经过完善，成都打破摊大饼的形式，重点规划建设成都南部、东部、北部、西部四大新城，每一座新城再各自确定一个核心发展区，并确定了相应的产业发展主题。

上述就是成都四大新城的来源，这些区域目前正在成为成都的新兴城区。2010年，四川提出要建设“天府新区”再造一个“产业成都”的战略，新区选址2011年确定为成都、眉山、资阳三市的交接区域，从地图上看，南部新城将受益最大。当然，其余三大新城都会受益于“天府新区”的规划和实施，读者均可加以重点关注。

1 成都东部新城

1. 成都东部新城规划及简介

东部新城在成都确定的13个市管产业功能区中的定位是：重点发展以文化创意产业为主的现代服务业和城市商业副中心。其规划范围西至沙河，北至成渝高速五桂桥段及成洛路，东至绕城高速，南至老成渝路三环路内段及成龙路南侧规划建设用地，涉及成华区沙河堡片区、锦江区三圣乡片区及龙泉驿洪河、十陵部分区域，面积约41平方公里。据悉，东部新城的发展目标是：以文化创意产业为主要特征，将文化产业与城市形态完美结合，融合智能化和低碳环保理念，具有独特的城市风貌和文化韵味，充分展示创意设计的“城市中的城市”（是指在大城市内区域相对独立，具备完整的城市功能的区域），建成成都最好、全国一流、国际知名的文化创意新城。

成都东部新城又被称为“成都东区”或者“成都东村”，特别是“成都东村”这一名称很是契合成都“世界现代田园城市”的定位，同时也很契合成都市对东部新城的文化创意方面的定位，听起来极具田园风格和诗情画意。成都东部新城距成都双流国际机场约有半个多小时车程，交通及区位条件优越，特别是成都东客站（成渝、达成、成绵乐等城际线上的动车规划在此始发或停靠）就位于成都东部新城内，且成都东客站将与地铁 2、4、7 号线共同构成对外快捷的交通联系。在自然生态环境方面，成都东部新城内有面积近 2000 亩的青龙湖和水量充沛的东风渠，是成都市中心城区范围内（绕城高速内）难得的大面积生态湿地，且该区域地处成都平原与龙泉山脉之间的浅丘区，地貌特征丰富，是成都生态环境较好的地区之一。“成都东村”是成都发展文化创意产业的良好载体。据悉，成都是全国第二批文化体制改革试点城市和全省文化体制改革的重点城市，成都市将文化创意产业作为战略性新兴产业中的发展重点，特别制定了文化创意产业发展规划，“成都东村”自然就肩负了发展壮大成都文化创意产业的光荣使命。

根据之前媒体报道和政府公示文件，“成都东村”在城市形态上总体规划了“一环、两轴、三岛、一中心”的整体空间格局。目前已规划设计了传媒大厦、智慧岛、博物馆岛、创意娱乐岛、十陵生态区、当代艺术谷地、城市商业副中心等重要区域和节点。“成都东村”的设计规划是国家级设计大师、世界建筑协会联席主席、清华大学教授庄惟敏与英国籍国际著名设计大师查理·萨泽兰倾力合作的成果，两位大师均表示十分看好“成都东村”未来的发展前景。

政府相关规划文件显示，“成都东村”的文化创意产业发展将以国际化、创意化、数字化为导向，重点发展传媒、影音娱乐、动漫游戏、文博艺术四大领域。具体是：

（1）传媒业：抓住“三网融合”带来的产业发展机遇，以传媒内容制作与传播为核心，引进国内外影视内容制作机构，融和线上与线下，跨界整合泛娱乐和创意内容，通过传统媒体和新媒体进行立体放送，建设现代传媒基地、内容集成与播控中枢、三网融合试点体验区，打造传媒产业聚集区。

（2）影音娱乐：以影视制作现场参观、经典电影场景体验、影视衍生品消费为重点，发展影视、演艺、旅游及相关衍生娱乐产业。建设影视主题体验与制作区、数字电影中心、民族风演艺基地，举办户外国际音乐节，打造整合影视及衍生娱乐内容，融和民族与国际的泛娱乐制作与体验群落。

（3）动漫游戏：以整合制作与传播、虚拟与实体等环节和领域为重点，建立动漫联盟和虚拟社区，打造国内领先的网络游戏虚拟与实体融合，实现可持续、大制作、高利润的创意联盟。

（4）文博艺术：依托丰富的民间藏品资源，以民办博物馆和艺术原创为重点，建设多功能复合博物馆中心和画廊艺术街区，打造集展示、教育、交流、服务为一体，凝聚历史底蕴与当代精神的顶级博物馆中心和艺术街区的文博艺术共生体。

2. “成都东村”的发展商机

根据规划，在未来三至五年内，“成都东区”将形成音乐资源集聚、衍生产业接入、多元文化互动和新媒体产业发展的世界级、规模化数字音乐产业聚落和创意文化体验园区，推动整个音乐产业链的重构，将成为成都文化新品牌。目前，中国移动无线音乐基地、食画餐吧、熊猫电音、国家音乐创意产业基地、大陆飞翔小剧场、哈雷公路音乐部落、法国 SODA 酒吧等众多文艺商家正在陆续落户之中。

2010 年 11 月初，韩国三大企业集团之一的 SK 集团与成都签署《成都市东部新城项目投资意向协议》，协议投资 128 亿元。SK 集团在蓉设立中国西部业务运营管理中心，统筹 SK 集团下属各产业和事业单位在中国西部区域的规划和发展，成都则成为该集团在中国第一个综合性国际传媒创意内容产业基地。SK集团将和中国保利共注资254亿元，依托“成都东村”发展文化传媒产业，打造世界级传媒创意产业基地、三网融合示范产业基地、文化产业人才基地和传统现代文化融合基地。SK集团将在“成都东村”建设中国最大的演艺娱乐内容集成平台、国内最具影响力的造星基地。中国保利集团将涉及舞台艺术、现代艺术品创作与交易、文博旅游等多个文化创意领域，还将打造保利艺术中心、保利艺术品交流中心、艺术家聚集中心和中国西部最具影响力和带动力的文博旅游基地。东部新城发展文化创意产业不但吸引国外大企业集团的眼球，本土的成都传媒集团也欲大展拳脚。据了解，成都传媒集团目前已经启动建设总投资逾50亿元的成都东区音乐公园项目、总投资30亿的大魔方城市综合体、总投资逾40亿的悦榕熊猫国际风情小镇等5个重大产业项目。“成都东村”的文化创意产业定位以及成都新客站的投用，也吸引了两大上海地产巨鳄前来投资。2011年8月，上海绿地集团牵手“成都东村”，将利用几年的时间在此打造一座超过400米的超高层城市综合体，成为未来成都地标性建筑之一。2011年下半年，“成都东村”还与上海长峰集团启动了一名为“西部首席城际CBD”（成都新客站龙之梦新城）的项目，该项目总投资超过100亿元，占地面积近300亩，一次性整体规划建设的商业物业面积超过200万平方米。

近年来，随着“超女”等选秀节目的逐步增多，成都日益成了全国重要的区域性“选秀”基地之一，“成都东村”则逐渐成为成都市内输送种子选手最多的地方，因为“成都东村”内有四川音乐学院（简称“川音”）等著名艺术院校，艺术文化氛围浓厚，人才济济。2010年举办的“2010年度国际流行音乐教育成都论坛暨国际流行音乐万科金色领域大奖赛”上，国际流行音乐院校年度大奖永久落户成都东区。随着韩国SK集团和中国保利集团等商业与艺术地产的跟进，成都将从“选秀之都”向“造星之都”，更向“流行音乐之都、数字音乐之都”蜕变。

成都具有孕育文化艺术良好的土壤，近年来涌现的畅销书年轻作家有相当大的比例来自成都，来自四川，音乐领域更是人才济济。相对于中国的其他地方，成都为什么在文化艺术领域有众多优势？估计这跟成都人比较休闲的生活方式不无关系。成都平原自古富饶，生活在这里的人们性情不急躁，同时成都非常具有田园城市的气息，这种城市气息完全可以满足文人和艺术家对安静环境和思考空间的需要，浓厚的文化氛围和浓郁的田园气息是激发才子佳人们灵感和创作的金钥匙。众所周知，欧洲的文化氛围比较浓厚，同时到过欧洲和成都的读者朋友可能会惊讶地发现：在文化艺术追求、崇尚生活体念方面，成都和欧洲多少有几分神似。这也可以解释为什么在主要面向外籍人士的调查结果中，成都是仅次于北京排名第2的中国文化名城。

《文化产业振兴规划》以及国家对金融业支持文化产业的意见出台，使得全国各地的文化企业一方面搭上了文化企业改制的春风，另一方面搭上了国家大力发展文化产业的春风。文化企业的发展壮大，也就是我国内需市场的扩大，是政府、企业和个人都愿意看到的结果。中国现在已经是经济大国，国家现在的思路是也要做文化大国。其实，“家电下乡”、“汽车下乡”、“推进城镇化”、“4万亿投资”是扩大内需的举措，大力发展文化产业更是扩大内需的最重要的举措，加之文化消费是最低碳的消费。随着人们生活水平的提高，对文化艺术的需求将更加强烈，对文化内容和形式的需求也将丰富灵活，嗅觉敏锐的文化企业在这一过程中捕捉到了很好的商机。例如，动画片《喜羊羊与灰太狼》制作成本仅600多万元，但销售收入达到近10亿元的规模，并衍生出几十亿元的产业链来。再如，成立才几年的民营图书公司“磨铁图书”2009年销售收入已达6个多亿，其发起人和运作团队皆为年轻人，2010年还获得了近亿元的风险资金注入。文化企业的改制、兼并重组、新创设等事件经常在中央新闻联播及地方新闻联播中播放。另外，文化产业在以制造业闻名的重庆也得到了很好的规划和发展，政府在针对微型企业创业的各种扶持政策中，也多次提到要优先扶持文化创业，充分说明了文化产业大发展时代已经来临，文化行业创业风暴已经到来。

成都东部新城，或许将以某种方式再现西安曲江新区的成功，这种城市新区的成功将在很大程度上帮助天下文人及掘金人士成就一个文化人生、创意人生和财富人生！

2 成都南部新城

1. 成都南部新城简介

南部新城即正在建设中的天府新城（也叫国际城南），南部新城定位为成都的科技商务城。为什么定位为科技商务城？首先，成都市高新区南区、天府软件园和2010年成立的新川创新科技园（新加坡—四川创新科技园）等产业功能区就位于该区域，区域内电子信息、生物医药、科技金融方面的高新企业众多，高科技人才聚集，所以南部新城是“科技城”。其次，该区域有成都市目前最大的会展中心——世纪城新国际会展中心，该中心是已经成功举办了的第十一届中国西部国际博览会的主展场；该区域还有功能复合、体量巨大、具有国际水准的新世纪环球中心这一划时代的商务地标。众所周知，成都是中国的会展名城，而围绕会展中心已经形成了南部新城会展经济圈。近年众多含商务和商业业态的“城市综合体”项目落户成都，总面积超过 2000 万平方米，其中约有一半落户在成都的南部新城，从这个意义上讲南部新城是名副其实的“商务城”。此外，成都市政府南迁的目的地也是南部新城。随着天府新区选址的确定，南部新城不光是成都市的南部副中心，或者成都市的新中心，更是覆盖成都、资阳、眉山三地的天府新区的核心新城。换句话讲，经过差不多 10 年时间精心打造的南部新城有点类似于同样经过 10 年时间精心打造的重庆北部新城，前者将马上蜕变成为天府新区的核心新城，后者则已经是两江新区的核心新城。

四川省对天府新区的规划定位是形成以现代制造业为主、高端服务业集聚、宜业宜商宜居的国际化现代新城区。笔者认为，南部新城将主要体现高端服务业聚集和宜业宜商宜居这两个特点，天府新区另外两个核心区龙泉驿区和双流则更多地体现现代制造业聚集和宜业宜商宜居这两个特点。

2. 成都世纪城与新世纪环球中心

从“世纪城”的名字可以看出该区域非同一般，世纪城将作为成都南部新城的核心区域来打造。该区域目前已建成并投入使用的有成都世纪城国际会展中心，地理位置：西临人民南路南延线天府大道，北靠成都市区外环线。由于成都近年来会展档次和频率逐步变高，该中心目前已经成为成都对外宣传的“窗口”，加之附近规划有新领事馆区，因而被当地媒体形象地称为“成都离世界最近的地方”。世纪城国际会展中心由成都会展旅游集团巨资打造，在城市新区打造大型的会展中心不是成都独创，但大型国际会展中心对城市新区开发的带动作用将是相当巨大的。西三角经济区另外两个城市西安和重庆都充分认识到了这一点。西安在曲江新区和浐灞生态区均建设有大型的会展中心或会议中心，重庆在两江新区建设了悦来国际会展中心，都极大地带动了城市新区土地的整体开发和城市新区的初步成型。成都会展旅游集团还在紧邻成都世纪城国际会展中心的位置规划建设了一个大型的城市综合体，目前正在建设中的这个城市综合体占地1300亩，包括“全球最大单体建筑”——新世纪环球中心、占地800亩的新世纪城市中央广场以及国际首席建筑大师扎哈·哈迪德设计的作品——新世纪当代艺术中心三大部分，涵盖商务、商业、会议、娱乐、餐饮、主题乐园、酒店、文化艺术等多种业态，在功能上与成都世纪城国际会展中心相互支持，空间形态上形成了城南的“双子星座”，该城市综合体2011～2012年建成并投入使用。值得一提的是，世纪城内目前有龙湖世纪等地产项目，该项目其周边聚集了金融中心、IT总部基地、总部基地、酒店区、传媒区、政务区、涉外领馆区、公园区等功能板块。2011年，世纪城及周边核心地段的写字楼或住宅销售价格在成都处于第一梯队中的“最高者”行列。

世纪城，目前已经变成了成都的标志性建筑群，它以其宏大的规模、完备的设施、优美的环境、深厚的文化内涵，成为成都一张重要且不可多得的城市名片，更有人认为是城市现代建筑中最闪亮的一张名片。

有人称新世纪环球中心为成都未来10年的商务领跑者，此话不假！

3. **新南天地商圈**

新南天地商圈位于成都火车南站片区和成都高新区南区，是成都南部新城比较成熟的大型商圈。该商圈以大型商业卖场为主，汇聚了凯丹广场、欧尚超市、宜家家居、迪卡侬、富森·美家居国际城南商城、苏宁广场等商业巨头，尚有多个商业卖场项目正在陆续兴建中。根据规划，成都高新区将把“新南天地”打造成服务于高新区和南部新城的百亿级新商圈。

3 成都西部新城

1. 西部新城规划

西部新城具体涵盖了温江区、郫县、高新西区，以及双流、金牛区、青羊区、武侯区一部分区域，主要定位为“成都西部新中心、精密机电制造基地、特色文化休闲旅游产业中心”，包括了 3 个次区域中心：“郫筒次区域中心”、“犀浦红光次区域中心”以及“温江次区域中心”。3 个次区域中心主题各不相同：郫筒次区域主题为创意产业，犀浦红光次区域则主要突出大型商业建筑和商业办公建筑，以紧临高新西区的优势打造成该区域的商贸和办公中心；温江次区域中心除将建设高端商务办公区会议会展外，还将形成集现代娱乐中心、新型会展旅游产业、欧洲风情小镇、温泉疗养、水域休闲度假为主题的旅游产业带。

西部新城交通便利，目前有高速公路、快速通道及高速铁路，此外还规划了地铁 4 号线和 2 号线分别连接温江和犀浦，地铁 2 号线在犀浦与高铁同站换乘可达郫筒次区域中心。其实，西部新城的三个次中心类似于 3 个组团，各组团间通过快速交通彼此联系，组团与组团之间间隔有农田、绿化、河道等生态隔离带，这种规划和设计非常符合成都“世界现代田园城市”的定位，这种“次中心”的规划能够很大程度上避免交通拥挤。笔者的大学生涯曾在高新西区的某高校度过，经常穿梭于 3 个次区域之间，感觉交通极为方便快捷，这种新城内的“次中心”有点类似于东莞市内靠得比较近的几个镇，城镇虽不大，但经济和商业发达，生活轻松方便，没有身居大城市市区中心的那种压抑感觉。试想一下，一个次区域却有高品质居住小区和国际大卖场，附近也有大片工厂和大量公司区域总部，那简直就是一个非常适合工作和生活的地方。难能可贵的是3个次区域之间规划和保留了大量田园风光，这不是在北京、上海和广州能经常碰到的。

2. 成都至都江堰高铁

成都至都江堰高铁是四川省灾后恢复重建第一个铁路重大项目，将有力推进灾后铁路恢复重建，加快推进西部综合交通枢纽建设。都江堰是“5·12”汶川特大地震中的重灾区，同时成都通往汶川的道路也要途径都江堰，所以该铁路的终点定在了都江堰。为了开发相关旅游资源，该铁路于都江堰境内的一条分支延伸到了青城山。快铁的魅力是无穷的，快铁沿线的犀浦、三道堰、红光、安德、崇义、聚源、青城山等小镇因高铁而迅速崛起，其中较抢眼的是犀浦镇。

犀浦镇之所以抢眼，与历史上形成的独特优势是分不开的：首先，犀浦镇在老成灌路的交通线上，由于犀浦镇紧临高新西区，有西区大道连通成都市区，成都的饶城高速在犀浦镇设有立交桥和出入口，成都至都江堰铁路在犀浦设站，该车站为都江堰铁路沿线站点中最大的一个，成都规划建设于2012年10月通车的地铁2号线在犀浦对接。其次，犀浦镇周围聚集了十几所高校：西南交大犀浦校区、四川外语学院成都学院、成都纺织专科学校、四川理工大学新华学院、电子科技大学成都学院、电子科技大学清水河校区、成都中医药大学高新校区、四川大学锦城学院、西华大学等，该区域是成都高校最为密集的区域之一，在校师生达20多万。加之高新西区及最近落户该区域的富士康，为犀浦镇平添了大量的人气，包括白领和蓝领。再有就是成都市2008年出台的“西部新城”规划，明确了犀浦作为区域次中心的地位。最后，不得不提的是，犀浦居住环境优良，处在成都市区至成都市黄金旅游资源所在地的青城山和都江堰的交通路线节点上，成都人天生爱休闲，犀浦所在的位置左右逢源，居民可选择在附近高新西区市区上班，同时也可乘高铁去青城山和都江堰旅游，摇摆在两地的时间在 20 分钟左右，基于对休闲生活方式的向往以及价值增值的预期，犀浦在 3 个次区域中心中的优势将变得更强，媒体的报道和实际查看更加证实了人们对该区域的预期是正确的。

犀浦镇的餐饮娱乐商机及区域内潜在的创业潜力。犀浦镇在未纳入“西部新城”规划建设之前就是个不乏热闹和繁荣的大镇，随着规划的出台和快铁的拉动，这里很快俨然成了一个都市新区。人气的不断聚集所带来的餐饮娱乐消费需求是刚性和直接的，一个人不论身处何地，也不论他是老板、学生、蓝领还是白领，吃喝玩乐是少不了的，虽然一个人的消费量有限，但是当几十万人或者五六年后百万人都在一个大致的地方生活和消费，那么这种消费量往往就很大，涵盖的商机领域也是很广泛的。犀浦镇的火锅、小吃和夜市比较出名，特别是“水煮鱼（片片鱼）”系列是许多当地人的最爱。这主要得益于一种消费模式：聚集几个人，每人交点钱，就可以不限量，不限时间地吃片片鱼（青菜不计价，酒水计价），这个模式在物价日益上涨的时代确实是挺不错的。

上面提到的餐饮基本上都是指大众消费，大众消费热闹也是一个地方日益旺盛的表现。正是基于对日益旺盛的人气，近些年来，一些商业地产商也纷纷布局犀浦和毗邻的高新西区，仅举几例：（1）犀浦西城首席商业广场：商业面积达 15 万平方米。（2）犀浦镇还将投资 10 亿元建设一个建筑面积达 80 万平方米的特色餐饮发展区。（3）总建筑面积达 180 万平方米、有上万个停车位的商业综合体——龙湖时代天街。（4）占地 200 余亩的合力达金汇项目。（5）总建筑面积达 35 万平方米的新希望西区商务家园。

(6) 保利香槟国际以及中海国际购物公园等大型商业项目。

得益于快铁经济的拉动，不光是犀浦镇镇内闹市区涌现出大量商机（这种商机估计早已有企业和个人闻风而动，抢占了根据地），而且还有一块商机是大家仍在关注中的。为什么只是关注呢？因为，在某些地段快铁与老成灌路“4改8”（车道）以及郫县政府2009年宣布对快铁沿线进行重新规划建设，这些重新规划的具体落实和调整都需要一定的时间，所以快铁沿线及老成灌路沿线的商机尚待检验和发掘。

犀浦镇在行政区划上大致属于郫县管辖，而郫县境内一共有21所高校，这些大学共储备了约20万师生，这些高校的师生不但带来巨大的消费力，同时也蕴藏了大量智力资源，这对于想联合或利用学校的知识储备、仪器设备、（学）校地（方）联系来创业的读者来说是一个很好的暗示。在成都“一区一主业”里边，对郫县的规划和定位是“重点发展电子电气设备产业区、川菜产业基地、教育培训基地、国家级乡村旅游示范区”。据了解，郫县境内的21所高校于2010年10月成立了“成都大学城校际联盟”（注：由学生团队发起，专业公司参与的“成都大学城网站”也于2010年同时成立）。该联盟的宏观目的是：联动“校地企”、“产学研”三方合作交流，营销郫县城市品牌；同时联盟的组建，为各高校师生交流合作搭建了平台，为大学生参与社会实践创造了机会。但最重要的是该联盟的主旨和成都“一区一主业”规划对郫县的定位有相当大的契合。例如四川大学锦城学院已经发起了“布谷鸟行动”，与花园镇涌泉村结对，学院派出专家团队帮助涌泉村利用现有的玫瑰园打造爱情庄园，营造“七夕”、“金婚”的文化氛围。

据郫县县委宣传部相关人士介绍，“布谷鸟行动”将通过一学院和一企业、一村庄结对的方式，通过“产学互动”创意村庄、经营村庄、营销村庄，以建设一批“文化村”、“特色村”、“体验经济村”。成都给自己定位为“世界现代田园城市”里面所潜在蕴藏的商机可以在郫县、温江和都江堰等地得到最集中的体现（在成都“一区一主业”规划里面享有“国家级乡村旅游示范区”定位的犀浦和郫县就是西部新城核心区，另外两个分别是温江区和都江堰市）。自然，“西部新城”有别于其他 3 个“新城”的特色和最具吸引力的地方可能就在于此。

创业者利用学校人才和智力资源以及当地政府的扶持完全大有可为，关键就是看读者以什么方式契合到当地已有的各种项目之中，或者引导当地人才、资金等资源或政府规划和政策向自己设想的项目靠拢。

另外，在成都“一区一主业”里面享有“教育培训基地”定位的也只有郫县。特别值得一提的是，川菜产业基地也位于成都的西部新城，以郫县豆瓣为代表的食品生产企业生产了大量的特色调味品和川菜系列产品。

介绍了这些可能的潜在的商机，读者或许会问，这些商机有多大的现实性和可行性？一个铁板钉钉的事实是：富士康已落户成都，远期总投资规模达几十亿甚至上百亿美元，带来3～5 万中高层管理者、10～20 万新移民。富士康项目在成都的具体位置就在郫县境内的犀浦和德源镇一带。最开始有媒体报道说富士康成都基地是富士康重庆基地的补充，事实上不是这样，富士康成都基地是有其上规模的核心业务内容和远期规划的。例如 2011 年出货了上千万台 iPad 平板电脑，远期尚有大块头的光电显示项目规划。

至于犀浦或郫县的房价，2011 年均价为 6000 元/平方米左右，相比成都 2011 年房价均价要低 1/3。基于对突出的交通优势的认识和对未来产业发展、人口聚集的良好预期，以犀浦和高新西区为代表的西部新城房价有大幅提升的空间。

以上主要以犀浦镇为例简单介绍了一些情况，读者如有兴趣不妨通过网络或实地查看等多种方式对犀浦镇及西部新城其他区域加以了解，或者求证自己需要的有价值的信息。

4 成都北部新城

1. 北部新城规划

成都北部新城在成都市确定的13个市管产业中定位为现代商贸综合功能区，重点发展以国际商贸为主的现代服务业和城市商业副中心。规划范围北至香城大道，西至成彭路及斑竹园镇区西侧，南至三环路，东至川陕路凤凰山段及宝成铁路，涉及成华区凤凰山片区、新都区大丰、斑竹园部分区域以及金牛区天回部分区域，以“198”地区和绕城高速公路为界分为南北两部分，总面积约64平方公里。北片区以农贸市场、商业零售和教育培训等产业功能为主，南片区以贸易总部、电子商务、研发设计、财经资讯等产业功能为主。

事实上，成都北部新城地理位置的确定和产业定位与成都主城区推行“腾笼换鸟”战略和实行产业升级计划有莫大关系。长期以来，成都的传统大型商贸市场多集中在城北的金牛区一带。自然地，成都北部新城的选址和产业定位是基于金牛区的批发市场升级北迁的结果。关于成都商业及商贸城的现状与发展前景在《成都——中国西部及欧亚大陆商贸之都》中介绍，所以这里关于成都北部新城的论述更多地集中在区位条件、区域价值以及商住地产等方面。

2. 北部新城的区位条件与区域价值

根据媒体报道的情况来看，北部新城的开发重点是成都绕城高速内外的金牛区和新都区两大区域。北部新城的规划范围是一马平川的平地，便于修建大型的商贸场馆和配套大型的物流设施。经过近些年的建设，北部新城具备了交通的比较优势，北新干道等交通干线的通车，使得北部新城与主城区没有距离感。另外，作为成德绵城市发展带上的最重要区域，北部新城将是成都与德阳、绵阳等大城市同城化的桥头堡，是建设成德绵城市带的先导区。

成都北部新城正因为是以现代商贸功能综合区作为其产业定位，所以对外商业联系上比较广泛，适合发展商会总部经济，聚集起五金机电协会、浙江商会、机械行业协会等商会总部（这些商会以前在成都金牛区商贸市场就业已形成）。目前，新都区已成功为北部新城新都部分引进了北欧知识城、哥本哈根商学院中国校区、国际机电总部、商贸物联港、西部医药贸易中心等项目，并举办了“知识经济时代的机遇”中国西部现代商贸跨越式发展峰会，峰会围绕“成都北部商圈西部知识商贸蓝本”展开讨论，提出了“知识十商贸”的北部新城发展理念，理念基础源于丹麦哥本哈根商学院在新都设立中国校区以及商学院与新都区共建的北欧知识城项目。

未来几年，成都北部新城的区域价值将在两点得到体现：一是成都、德阳、绵阳同城化以及产业合作带来的好处，二是北部新城以发展商贸高端产业和流通高端作为现代商贸综合功能区的发展导向，这种导向作用具有变革和升华意义。如果北部新城的现代商贸功能能够达到“中国中西部地区国际批发贸易高地、跨国采购分拨枢纽、电子商务创新基地、大宗商品价格发现中心和成都商业副中心”这样的目标，那么其区域价值将是无可限量的。商住地产方面，北部新城以及新都区房价在成都4个新城中算是中位（2011年），是一块“价值洼地”。

第七节 天府新区

——整合提升成都经济的三驾马车

2010年成都经济实现了近18%的GDP高速增长，主要得益于有三驾马车并驾齐驱：高新区的科技商务和电子信息，经济开发区的汽车产业，双流航空港的新能源。我们可以看到，这三大区域近年来热度不减、精彩不断、劲头不衰。特别是2011年下半年，四川省确定了以成都高新区、经济开发区、双流县和资阳的简阳市、眉山的仁寿县等区域组建面积达1000余平方公里的天府新区的规划方案。拟动员一切力量，努力将天府新区打造成为一个现代制造业为主、高端服务业聚集、宜商宜居的国际化现代新城区，达到再造一个“产业成都”、引领四川经济大发展的目的。

天府新区的区位和交通条件也相当优越：将于2012年通车的成绵乐城际铁路以及2014年通车的成渝城际铁路均贯穿其中，可分别连通仁寿和简阳；成昆铁路、老成渝铁路也贯穿天府新区；成都新机场可能选址简阳，2015年天府新区将具备两个机场；成都地铁连通了龙泉驿区（经开区）和双流县；成都至简阳（途经龙泉驿区）、成都至仁寿（途经双流县）的多条快速路使天府新区内各主要组团之间交通非常便捷；2012年将建成通车、2～3小时可抵达长江黄金水道的成都—自贡—泸州高速公路从天府新区核心区穿越。这些密集的新区内外交通网络将使四川天府新区似可具备与重庆两江新区相媲美的交通物流条件。

由于高新区目前的发展空间有限，天府新区或将以高新区南部的新川创新科技园作为开发起点和重点。即便如此，天府新区 2010 年 GDP 总量是西部几大开发区如两江新区、西咸新区中最大的一个，原因是天府新区是整合提升了成都经济的三驾马车，我们来进一步了解一下。

1 成都高新区

1. 成都高新区基本情况介绍

成都高新区筹建于 1988 年，1991 年被批准为国家首批高新技术产业开发区，2000 年被批准为中国亚太经济合作组织（APEC）科技工业园区，2001 年成为中国西部第一个通过 ISO14001 中国认证和英国皇家 UKAS 国际认证的区域。规划面积约 130 平方公里，分为南部园区和西部园区，其中两个园区内分别建有一个国家出口加工区。南部园区位于成都市南，规划面积 95 平方公里，是正在建设中的“天府新城”，重点发展科技创新、软件研发、总部经济和现代服务业，努力建设成为国际化的科技商务新城。西部园区位于成灌高速路两侧，规划面积约 35 平方公里，重点建设成为以电子信息、生物医药和精密机械制造产业为主体，功能配套完善的综合产业园区。

当“高新区”这一名称涉及区位和指向概念时，一般就指高新南区；高新区西部园区一般就直接称“高新西区”。近年来，高新西区的电子信息产业在重点建设的三大类产业中脱颖而出。高新南区内的生物医药研发、软件和服务外包、金融服务以及总部经济等发展态势良好，城市建设更是如火如荼，是“天府新城”的核心组成部分。

2. 成都高新区的地位与实力

2006 年，北京、上海、深圳、武汉、西安、成都 6 个城市的高新区被科技部确定为全国首批 6 家创建“世界一流高科技园区”试点区；经过近年来的快速发展，成都高新区已脱颖而出。

（1）2010 年 9 月，在厦门举行的第三届“世界创新与投资促进平台发布会暨国际园区合作论坛”上，成都高新区荣获 2010 年度“中国最具投资潜力经济园区”称号，位居全国各高新区第 3 位，居中西部开发区之首。

（2）2010 年 9 月，科技部公布的国家高新区评价结果中，成都高新区综合排名列全国 55 个国家高新区（含苏州工业园区）第 4 位（前 3 位分别是：北京中关村、上海张江、深圳高新区），其中可持续发展能力仅次于北京中关村，排名全国第 2。

（3）2010 年 10 月，国务院批准四川设立成都高新综合保税区，新设立的成都高新综合保税区是对现有四川成都出口加工区、成都保税物流中心（B 型）进行整合扩展而成。规划面积 4.68 平方公里，位于成都高新区西部园区和南部园区。成都高新综合保税区成为西部第二个综合保税区。

附带介绍：

1. 成都天府软件园

（1）成都天府软件园简介

作为中国 10 个软件产业基地之一的成都天府软件园，总规划面积 220 万平方米。2010 年底建设面积共 110 万平方米，已经投入使用 79 万平方米。另外一个建筑面积超 110 万平方米的天府 Village 也正在规划建设中，一期 10 万平方米于2011年5月建成，二期45万平方米、三期50万平方米将于2012年陆续建成投用。天府Village由成都天府软件园有限公司统一运营，两者共同构成了成都的"天府软件园"。

天府软件园内2010年底已聚集了超过120家的软件和服务外包企业，其中全球软件业前20强中有11家落户、全球服务外包业20强中有5家落户于此。2010年底，软件园内从业人员超过2万人，其中50%以上的为外省员工。2012年后，随着天府软件园三期的建成，园区总建筑面积将达到120余万平方米，实现300家企业、5万名软件人才的规模，从而成为目前国内规模最大的单体专业软件园区；有人预计：到2015年，成都高新区内的软件从业人员至少达到20万之众。成都现阶段已成为继北京、上海、深圳、大连后国内第五大软件和服务外包基地。2010年，国家工业和信息化部评选了6个"国家软件与信息服务公共服务示范平台"，成都天府软件园位列其中，也是西部唯一入选的软件示范园区。

其实，天府软件园只是成都高新区的一个缩影，统计资料显示，成都高新区共有软件和服务外包企业近600家，从业人员超过10万人。近几年来，成都高新区积极引导软件和服务外包新设企业向天府软件园落户聚集。思科、IBM、SAP、NEC、新电、华为、阿里巴巴、马士基、诺基亚、西门子、育碧、腾讯、WIPRO、NIIT、DHL、宏利金融、完美时空等国内外名企相继落户。成都的动漫游戏产业也崛起迅速，据介绍，成都的网游研发能力位居全国前3位，从业人员已上万人。政府规划：2012年，成都的游戏动漫业销售要达到100亿元。

天府软件园根据已有产业基础和未来发展趋势，提出重点发展数字游戏动漫、信息安全技术、新一代移动通信等三大特色产业。对于动漫游戏的快速发展，成都正搭建一个网络游戏专业运营平台，涉足回报率最高的网络游戏运营环节，所赚的钱反哺本地企业做大做强。

在人才引进和培养方面，天府软件园所在的成都高新区非常注重专业研发人才的引进，截至2010年底，成都高新区已累计为82家企业6000名软件人才发放奖励9600余万元。对年薪10万元以上的软件人才，按照个人所得税20％～100％给予奖励；对引进的博士和高级工程师给予3.6万元安家补贴和个人所得税奖励。在培新方面，成都市政府对三维动画设计员、游戏设计员、计算机程序设计员等市场高新急需人才的职业培训也有1500～2000元的补贴。

众所周知，软件行业是一个人才流动率比较高的行业。但成都软件行业的人才并不热衷于“跳槽”，这跟成都舒适的生活环境不无关系。另外，成都有成都信息工程学院、电子科技大学等专业院校，人才供应相对充分。同时，成都可以吸引整个中西部的人才，上面提到有50％的软件人才来自省外就是最好的证明。加之人才成本比沿海低、政府服务高效、政策优惠，在第三波软件和服务外包产业转移中，成都在国内拔得头筹。软件产业转移额外青睐成都，充分证明了成都的“软实力”。

（2）相关商机

众多国内外企业纷纷在成都设立软件开发机构和呼叫中心，对合格人才的需求与日俱增。市场培训需求量大，目前，软件园多依靠自己搭建的培训中心、企业培训中心或依托与电子科技大学、成都信息工程学院、西南交通大学等培训平台对员工进行相应培训。但各个企业的需求是有一定差别的，而政府的培训资源有限，且难以照顾全面。这给相关的培训机构或企业提供了一些很好的细分培训市场的机会。

另外，众多的软件、游戏开发企业开发成果和个人开发成果均需要转化和运营，这给相关的中介机构提供了运营环节方面的商机。收入不错的软件开发人员和呼叫中心的从业人员生活多单调枯燥，如何丰富他们的生活或满足他们多样化的物质和精神需求，有待商家用心发掘。

2. 新川创新科技园

(1) 历史回顾

1995 年，时任新加坡总理吴作栋访华时提出，新加坡希望在中国选择 5 个省进行合作试点，推动新加坡与这些省的经贸合作。四川便是其中之一，也是中国西部唯一省份。

1996 年，新加坡—四川贸易与投资委员会成立，这也是迄今四川省与外国国家政府建立的唯一高级别经贸促进机构。

14 年来，新川双方在投资、贸易、物流、旅游、航空、金融等方面合作成效明显。截至 2009 年，新加坡累计在川投资实际到位金额近 12 亿美元，投资项目总数 400 余个，新加坡是四川省主要外资来源地之一。

2009 年，四川对新出口进口在四川对东盟国家中分列第四和第一。四川省与新加坡在节能环保、新一代信息技术、生物医药、新能源、新材料等战略性新兴产业和物流、金融、信息、电子商务、建筑规划、服务外包等现代服务业领域有许多合作共赢的机会。2010 年 4 月 22 日，新加坡淡马锡公司把内部年会放在了成都召开，四川敏锐地意识到：这是一个机会！2010 年 4 月 26 日，四川省领导会见该公司执行董事兼总裁何晶女士。

2010 年 9 月 2 日，中共四川省委书记、省人大常委会主任刘奇葆，四川省委副书记、省长蒋巨峰在成都与由新加坡总理公署部长、新加坡—四川贸易与投资委员会顾问林瑞生和新加坡国防部政务部长、新加坡—四川贸易与投资委员会主席顾蔡矶率领的新加坡高级政经代表团举行会谈，商议有关事宜。

2010 年 9 月 15 日，四川省政府与新加坡政府在新加坡签署了《新川创新科技园合作协议》。这是新加坡在中国西部合作开发建设的第一个大型产业园区。

2010 年 9 月 17 日，四川省政府和中国驻新加坡大使馆在新加坡共同举办千人规模的四川—新加坡贸易与投资合作推介大会，川新双方企业现场签约 14 个项目，涉及贸易与投资总额 55.4 亿美元。据了解，新加坡多位政府和商会高层出席了会议。新加坡吉宝企业、仁恒集团、维信集团、星狮集团、凯德置业、亚洲电力、华侨银行、大华银行、星展银行、万邦集团等新加坡大企业，马来西亚和昌集团、金狮集团及壳牌、花旗银行、仲量联行等 50 多家知名企业高层也出席了会议。

(2) 新川创新科技园简介

四川与新加坡共同合作建设的创新科技园位于成都高新区南区扩展区，该园区起步区面积为 10 平方公里，未来达 35 平方公里（成都此前已把原本属于双流县的 35 平方公里土地调整到高新区）。新加坡开发财团与成都高新投资集团将作为项目开发实施主体，按照“政府推动、企业主体，商业模式、市场运作”和“亲商、亲民、亲环境”的原则进行开发及运营管理。为了能够推进新川创新科技园建设发展，新方的淡马锡控股公司、吉宝企业有限公司、胜科工业有限公司与腾飞公司 4 家企业已经组建了新加坡四川投资控股有限公司。

新川创新科技园的主要目标是：依托成都高新区现有产业基础和开发条件，整合提升现有资源、产业优势，吸纳聚集跨国公司、创新研发机构、科技企业孵化器和加速器，以建成中国西部高科技产业创新发展的集聚区，成为具有中新合作的标志性园区。

根据新加坡总理公署部长、新加坡—四川贸易与投资委员会顾问林瑞生的介绍，园区将通过高新技术转化和应用，建成一个集现代制造业、现代服务业、现代生活于一体，工业化和城镇化相结合的园区，“成为四川和新加坡两地政府和企业都感到骄傲的一个平台”。其中，现代制造业就是以发展低碳经济为核心，将节能环保、电子信息、生物工程等作为主要产业，发展科技含量高的制造业；现代服务业是借助新加坡的先进经验，将现代金融、现代物流等生产性服务业作为发展方向；现代生活则是进一步推进成都的现代化建设，建设节能型城市、智能化城市。

（3）新川创新科技园的意义

2010 年 9 月 16 日，率团在新加坡访问的刘奇葆拜会新加坡总理李显龙时，李表示，新川创新科技园是新川合作的新起点。新加坡政府将积极支持新川创新科技园建设，按照“企业主导、政府支持”的原则，与四川一道积极探索建立适合四川和中国西部的园区发展模式。

通过与新加坡合作建设新川创新科技园，吸引世界500强和知名跨国公司，打造高端产业和产业高端聚焦区，引导国际国内产业更多向四川转移。利用这一平台，引进新加坡的资金、技术和管理，科学开发、深度开发四川和西部的丰富资源。

如果说苏州工业园当年影响了东部，那么新川创新科技园将进一步促进西部地区开发开放，不仅要为成都规划的天府新区建设做出示范，推动西部经济发展高地建设，还将辐射整个西部，最终成为具有广泛国际影响力的标志性园区。

（4）资料补充

苏州工业园：是中新两国政府间重要的合作项目，1994年2月经国务院批准设立，同年5月实施启动。园区地处苏州城东金鸡湖畔，行政区域面积288平方公里，下辖三个镇，户籍人口27万，其中，中新合作开发区规划发展面积80平方公里。苏州工业园区具有十分优越的区位优势，它地处长江三角洲中心腹地，位于中国沿海经济开放区与长江经济发展带的交会处，距上海仅80公里。该园区省级以上高新技术企业早已突破100家，尤其是在IC、TFT—LCD、汽车及航空零部件等方面形成了具有一定国际竞争力的高新技术产业集群，并成为中国最大的液晶面板出货基地和芯片封装测试基地，大型客车和芯片产能均居全国前3位。到2010年底，累计上交中央和省市各类税收远远超过500亿元，创造就业岗位超过50万个。

天津生态城：2007年4月，温家宝和新加坡总理吴作栋共同提议，在中国北方水质性缺水、不占耕地等资源约束条件下，共同建设一座生态城市，并做到能复制、能实行、能推广，起到示范性作用。同年11月，两国政府签署了合作框架协议。2008年9月28日，中新天津生态城正式开工。天津生态城项目注重环保、低碳，希望创造出一个绿色环保城市，同时在经济上也具有可行性。中国的未来将从如何保护水资源的清洁和充足、保持环境绿色环保，并避免过度利用能源等新方法中受益。

此外，另外两个中新合作项目广州知识城和吉林食品工业园也分别于2010年7月和2010年9月动工建设。

需要说明一下：苏州工业园和天津生态城属于国家政府间的合作项目，广州知识城、吉林食品工业园、成都新川创新科技园则属于新加坡政府指导下的新加坡民间和中国地方政府间的合作项目。

2 成都双流航空港开发区

1. 成都航空港开发区规划与简介

成都航空港开发区在产业功能上被成都市政府确定为新能源产业功能区，产业规划：重点发展以太阳能、核能、风能为主的新能源产业。由于2010年笔记本电脑代工巨头仁宝集团入驻该区域的公兴镇，所以现在重点发展产业除了新能源以外，还增加了电子信息产业这一项。该产业功能区规划范围包括双流县西航港街办、黄甲、公兴部分区域，面积约30平方公里。

双流西航港经济开发区的新能源产业基地是国家级的新能源基地，在成都市政府“十二五”规划中，该基地的新能源产业2015年的销售收入要上千亿元，成为成都三大千亿产业园区之一。

由于成都双流新能源基地的快速发展，2010年上半年，成都市先后被科技部、国家发改委批准为“国家新能源装备高新技术产业化基地”、“新能源产业国家高技术产业基地”。成都航空港开发区目前已引进了天威新能源、中光电阿波罗、核动力研究设计院、香港IRE控股、四川大唐能源等近40个新能源项目，协议投资700多亿元（其中天威新能源项目总投资额125亿元、汉能双流薄膜太阳能电池研发制造基地总投资210亿元、香港IRE控股新能源项目70亿元、通威1GW多晶硅深加工35亿元、桑乐太阳能5亿元）。2012年年底项目全部建设投产后，销售收入将突破550亿元以上，2015年销售收入则要达到1200亿元，2017年达到2000亿元。届时双流新能源产业的工业增加值将超过整个工业增加值的60%。相当于要在5～7年内，再造一个双流工业。

2010年底，开发区内新能源龙头企业有天威新能源、新光硅业、汉能集团、川开集团等，该开发区新能源行业内的著名企业还有南玻集团、新源圣光（太阳能），瑞迪机械（民用核能），成都佳电、腾中重工（风能）等。新能源产业呈现“多个研发中心聚集、多条技术路线并进、多种品类产品产出”的发展格局。可以预见，成都新能源产业功能区将发展成为国内新能源技术最全、产品品类最齐、产业链条最长、研发与检测实力最强的新能源产业开发区之一。

说到研发与检测，成都双流新能源基地已与国内外研发机构展开了广泛的技术合作，具体有：天威新能源工程技术中心及院士工作站揭牌，与澳大利亚新南威尔士大学光伏中心成功签订合作协议。成都新能源产业研究院（采用理事会模式运作，由理事单位、研发服务平台及专业运营管理服务公司三大功能模块组成）与四川大学签署合约，共建成都太阳能材料与器件工程中心、太阳能热发电工程中心。在检测方面，天威新能源配备国际最顶尖的光伏检测与实验设备。政府层面也非常重视推进相关研发和检测平台的尽快搭建，成都市政府于2010年提出要加快建设以国家光伏产品质量监督检验中心、国家级硅材料工程技术中心等“五中心三平台”为主导的产业研发机构，全力打造国家级新能源产业基地。

2010年6月，中国工程物理研究院（简称中物院）成都基地落户双流县东升镇，双流县境内的新能源产业面临新的技术服务机遇。

成都双流新能源产业功能区是成都市确定的13个市产业功能区之一，是成都产业发展的“三驾马车”之一，成都市政府历来寄予厚望。在2010年9月29日～10月1日举行的中国（成都）新能源国际峰会暨展览会期间，成都市副市长白刚明确了成都新能源产业的布局和发展重点：

按照既定规划，以双流县为新能源产业核心发展区，新津县、龙泉驿区、郫县—高新西区为配套发展区，突出发展太阳能、核能、风能装备制造和新能源汽车、半导体照明应用产品，积极发展储能装置、智能电网、生物质能等关键技术研发、核心部件及相关装备制造及应用，做大做优新能源配套产品链，加快建设国家级新能源高技术产业基地，推动新能源产业跨越式发展。

双流航空港开发区所在地的双流县可谓机遇不断，2010 年 5 月，成都市出台了《成都市物联网产业规划》，确定高新区和双流县为物联网发展的两大建设园区。目前双流规划了面积 3.5 平方公里的物联网产业园区，计划用两到三年时间建成国家级物联网产业研发制造示范应用基地。作为成都市乃至四川省物联网产业的重要承载区域，双流县在 2010 年 10 月举行的 2010 中国（成都）国际物联网峰会上公布了“感知双流”建设方案，将率先在感知水务、感知医疗、感知物流、感知城管、感知电网、感知环境、感知农业等领域试点物联网技术运用。

2. 成都双流临空服务业

作为国内旅客吞吐量排名第 4 的成都双流国际机场，围绕机场发展临空服务业具有得天独厚的优势。2009 年 2 月，双流县将原双流现代商贸集中发展区管委会、临空总部经济管委会、牧马山新城建设管委会合并为双流县临空服务业管委会，全力打造以临空服务业为引领的成都重要的现代服务业基地。重点发展物流、商贸、商务、地产、总部经济等临空服务产业集群。2009 年 7 月 14 日，中国民航总局国际司副司长武洲宏在中国西部机场推介会上表示，“中国航空业下一个十年发展重点在成都地区”。根据民航总局计划，全国航线网络将依托北京、上海、广州和成都双流四个枢纽机场形成。而据国际机场协会研究调查数据，每年 100 万航空旅客运输量将产生 1.3 亿美元的经济收益和增加 2500 个就业岗位。可想而知，双流临空服务业的发展将产生巨大的经济效益。正是基于良好的临空经济基础和尚待发掘的巨大潜力，“2010 国际空港城市临空经济（成都）发展峰会”于 2010 年 11 月成功举办，并产生了巨大的影响力。

成都国际航空枢纽综合功能区从微观上讲是为了从第三产业层面与第二产业层面的新能源、IT 制造一起构筑双流未来的经济支柱，从中观方面讲是与高新区一起服务于四川的天府新区建设，从宏观层面讲就是打造中国西部连接欧洲、非洲及中东等地区的国际航空门户枢纽、西部地区临空经济龙头。该功能区总用地规模 38 平方公里，区域内集地铁、高速公路、城际铁路和航站楼于一体，交通条件优越。根据相关规划，成都国际航空枢纽综合功能区将大力发展航空物流、航空制造及维修、临空总部、临空商务等与航空有关的生产性服务业。

3. 捕捉双流新商机

就像成都在很大程度上可以聚集中国西南地区的人气一样，双流则可以聚集整个成都市和成都经济区的人气。为什么这么讲？因为一两年后当你来到成都双流机场，你将一改对成都交通日渐拥堵的传统认识，就在 T2 航站楼地下一层，成（都）绵（阳）乐（山）城际铁路和通往市中心的地铁线在此无缝交会。双流打造临空服务业的底气不但来自良好的航空物流条件，而且还来自即将聚集起的巨大人气。特别是成（都）绵（阳）乐（山）城际铁路串起了很多旅游景点，包括著名的峨眉山和乐山大佛。以前，成都毗邻城市的居民要前往双流搭乘飞机，往往头一天下午就要赶到成都市区并住上一晚，而 2012 年后这一状况将得到极大改善。成都周边的乘客可以轻松前往机场，多余的时间可能会花在双流购物、观光和会客上，所以人气旺了商机自然就增多了。成都双流县城还有几所著名大学，是成都大学布局较为集中的两个区域之一。

从 2011 年上半年成都新开楼盘的数量和区域分布情况以及过去一年成都二圈层新推土地的面积的地域分布情况来看，从 2010 年下半年起，双流进入了一个城市的大建设和大开发阶段。为什么会有这么大的转变？相信跟双流最近被规划确定为天府新区的核心和枢纽区有相当大的关系。这让笔者联想到了在 2011 年 8 月，重庆两江新区的渝北区板块推出了好几个片区的近万亩土地，而开发商唯独对悦来片区青睐有加，原因就有 2012 年国庆节重庆悦来国际会展中心将建成投用。

双流县曾长期作为中国西部百强县的第 1 名，过去的机遇主要体现在工业领域。那么从 2011 年起，第三产业将迎来其发展的历史性机遇。城市建设、房地产和商业零售、餐饮等领域的商机将大量地呈现出来。

3 成都龙泉经济开发区

1. 成都龙泉经济开发区规划与简介

2008 年成都确定了 13 个市管产业综合功能区，确定成都经济技术开发区（简称“经开区”）作为汽车产业综合功能区的核心区域，重点发展以整车研发和生产、关键零部件制造为主，配套发展汽车商贸、会展、娱乐等相关产业。功能区向东与资阳开展区域合作，建设以汽车配套产业为主的区域产业合作区。规划范围西至绕城高速路，东至东二路，南至成渝高速铁路，北至成南高速路，涉及成都经济技术开发区和龙泉驿区城区、西河、黄土、洛带以及洪安部分区域，面积约 161 平方公里。在成都 13 个市管产业综合功能区里面，龙泉汽车产业综合功能区是除了天府新城高新技术产业区和“198”生态及现代服务业综合功能区之外的第三大市管产业综合功能区域（龙门山、龙泉山生态旅游综合功能区除外）。龙泉汽车产业综合功能区是成都目前产业经济发展的“三驾马车”之一，是近年来成都倾力支持的对象。

真正把成都“经开区”汽车产业推上舆论“风口浪尖”的是近年来吉利集团与成都传出的“绯闻”，绯闻的焦点是吉利集团收购沃尔沃品牌后，沃尔沃中国工厂的选址和落户问题。2011 年 2 月底，吉利集团高层正式对外发布了沃尔沃中国工厂的选址地点，成都和大庆是沃尔沃两大生产基地。其中成都工厂先期建设和投入运营，计划 2013 年达到 10 万辆的产能。沃尔沃项目入驻成都，将对成都汽车产业技术升级和走向产业高端起到不可估量的作用。

吉利集团把豪车项目放在中国西部，凸显出中国西部地区在西部大开发纵深推进和后金融危机时代大前提大环境下，对汽车产业所具有的巨大吸引力。所以，近年来成都汽车产业呈现出快速发展的局面，这一方面得益于成都市在这方面具有良好的投资环境和产业集群与配套基础，另一方面得益于金融危机后汽车制造基地逐渐由东部向西部转移的大趋势，或者说汽车行业的新增产能更多地被放到了中西部。正如德国大众集团亚洲区总裁及汽车集团董事会成员 Jay Kunkel 所表示的那样，“随着制造成本的增加，中国西部地区将是汽车业发展新的投资区域”。随着中国汽车消费需求的日益旺盛，未来每年的新增产能将以数千万辆计。统计数据显示，2010 年全年，中国汽车产销量均超过 1800 万辆。中国工信部装备工业司副司长王富昌 2010 年 9 月 5 日指出，预计到 2020 年中国汽车保有量将超过 2 亿辆。同时在 2010 年 9 月举行的全球汽车论坛上，2004 年诺贝尔经济学奖获得者、美联储经济学家 Edward

Prescott 预测，2020 年中国汽车产销将超过 4000 万辆，到 2030 年时中国汽车产销将达到 7500 万辆，那时中国人口将达到 15 亿左右，人均汽车保有量会达到千人 800 辆，会达到美国现在的水平或者更高。一直到 2040 年，中国还将继续增加汽车保有量。至于到 2030 年是否会达到 7500 万辆的规模，国内汽车行业高管和专家意见有分歧，但有一点是肯定的，那就是汽车制造会向低成本的地区转移。中国西部的汽车制造业将迎来快速发展的机遇期，重庆、四川、广西和陕西等西部省市区是汽车新项目设立的理想目的地，成都龙泉汽车产业综合功能区无疑将成为汽车新生产项目的理想且重要的载体之一。

成都决心要把“经开区”建成“西部第一、全国一流、世界知名”的中国现代汽车产业新高地。截至 2011 年 8 月，成都“经开区”已聚集起如下项目：年产 45 万台轿车的一汽—大众成都基地和年产 60 万台 EA211 发动机项目、年产 5 万台整车的四川一汽丰田、年产 20 万台整车的吉利高原汽车、年产 10 万台轿车的沃尔沃成都基地等 10 个重大整车制造项目。预计到 2015 年前后，成都“经开区”将形成约 150 万台的整车生产能力，这其中又有相当大比例为中高端车型。

此外，成都“经开区”还聚集起了神钢挖掘机等 7 个工程机械整机生产项目。其目标是努力打造汽车制造、汽车配套、汽车贸易 3 个千亿产业集群。在汽车运动娱乐方面，建设赛车场，举办中国·成都国际汽车精英赛和成都国际汽车节，打造相应的国际汽车赛事品牌。

2. 成都龙泉经济开发区的潜力与商机

龙泉驿区 GDP 总量仅次于双流县，人均 GDP 位居全省第 1，近 5 年的地方财政收入年均增长率超过 60%，2010 年全区地方财政收入达到 100 亿元。有专家预计在

2015 年到 2020 年之间，龙泉驿区可能进入中国 10 强区（县）。随着四川省规划建设天府新区、成都城市东扩、地铁二号线的通车以及龙泉驿区汽车、休闲产业（乡村旅游和龙泉山旅游等等）的崛起，龙泉驿区未来的发展潜力非常巨大。

在整个成渝经济区中，龙泉驿区位条件非常优越。龙泉驿区向东，可与资阳展开汽车产业方面的合作；同时在旅游方面，可与简阳三岔湖展开合作。成都龙泉驿区与重庆北部新区甚至可以展开跨行政区划的汽车产业合作。成渝直线高速公路——成安渝高速的修建，使得龙泉驿区距离重庆北部新区更近（线路：龙泉驿—简阳—资阳—安岳—大足—璧山—沙坪坝—北部新区，设计时速 120 公里，双向六车道，250 公里，2012 年通车）。事实上，这条高速公路正逐渐成为一条汽车和电子信息产业的万亿工业走廊。当然，跟双流县一样，第三产业将明显受益于工业的蓬勃发展和天府新区的规划实施，在未来数年间将涌现出大量的商机。

从以上介绍可以看出，由成都高新区、双流县和龙泉驿区等重要板块构成的天府新区是目前中国西部地区功能和实力最强、潜力与空间最大、起点及规划最高的超大型国家开发开放新区。在国家的大力支持下，四川省立志于把天府新区建设成为高端产业之都、世界大美之城，在美丽富饶的天府之国再造一个“产业成都”和一个“宜居大城”。

天府新区的定位是：“一门户、两基地、两中心”。具体是：内陆开放门户、高技术产业基地、高端制造业基地、西部高端服务业中心、国家自主创新中心。产业方面，在已有的基础上，着力打造三个万亿级产业：电子信息、装备制造、现代服务。城市方面，以天府新城为核心，在天府新区范围内布局30来个城市组团，每个组团容纳人口20万，共容纳城市人口600万，最终形成高端化的城市业态、田园化的城市生态、特色化的城市文态、现代化的城市形态。由于产业是立城之本，故下面以板块为线索，为读者呈现天府新区大概的产业规划及布局。

4 天府新区的产业与布局

天府新区以成都高新技术开发区（南区）、成都经济技术开发区、双流经济开发区、彭山经济开发区、仁寿视高经济开发区及龙泉湖、三岔湖和龙泉山（简称“两湖一山”）为主体，主要包括成都市的高新南区、龙泉驿区、双流县、新津县，资阳市的简阳市，眉山市的彭山县、仁寿县，共涉及3市7县（市、区）37个乡镇和街道办事处，总面积1578平方公里。

与以上地理空间相匹配，天府新区共发展八大产业，其分布是：

- 空港经济开发区以新能源产业为主导，重点发展光伏、风电与核电装备（双流县）；
- 双流信息产业区以电子信息与科技研发为主导，重点发展集成电路、软件服务与物联网（双流县）；
- 新川创新科技园以科技研发为主导，大力发展信息服务、服务外包和总部办公（高新区与双流县）；
- 成眉战略新兴产业区主要从事新材料、生物医药、节能环保产业及科技研发（成都市新津县和眉山市彭山县）；
- 成都经济技术开发区以汽车研发与制造、航空航天装备、工程机械制造为主导（龙泉驿区）；
- 东山科技产业区以科技研发为主导，创新发展信息服务、中试孵化、总部办公等（双流县）；
- 南部现代农业产业区以农副产品深加工、现代农业科技研发、生物技术为主导（双流县）；

● 仁寿视高经济开发区以农副产品深加工，机械、电子制造为主导（成都市双流县和眉山市仁寿县）。

此外，天府新区的简阳板块主要与成都市龙泉驿区展开产业协作，同时依托三岔湖等旅游资源与成都的龙泉湖、龙泉山脉共同打造国际旅游度假胜地。

天府新区既是一座产业之城，同时也是一座生态之城，这体现在其科学的用地规划：城镇建设用地占40%，农田、水利等各类生态用地占60%；城镇建设开发用地中，产业用地占50%左右，配套用地、生活用地各占25%。在天府新区相关规划中，“绿廊”、“绿锲”、“田园”等词汇“大行其道”，且成都向来以建设世界现代田园城市为其历史使命和长远目标，相信未来的天府新区将是一座“大美之城”、“宜人之城”。

天府新区对外的干线交通和新区内组团间交通都将是高标准的，这是由其定位和区位决定的。定位上面已经有谈到；就区位而言，天府新区在成都主城区以南，同时也在四川重要城市德阳、绵阳以南。天府新区以北的物资与长江上游的泸州港、宜宾港、乐山港双向流动都得经过天府新区，这就要求道路的规划一定是着眼长远。为了给产业、物流腾出巨大的空间，天府新区未来将以地铁、轻轨、公汽等公共交通为主，同时利用组团发展的模式来避免人流拥堵和物流不畅。

天府新区布局在成都主城区以南，有效地缩短了天府新区与长江上游沿岸港口城市的时空距离，如通过2012年将通车的成自泸高速公路，天府新区到泸州的汽车交通时间就只有2～3小时，将明显促进成都经济区与川南经济区的融合，使四川的区域经济得到整合提升。

如果说重庆的两江新区是西部大开发第二个10年的开

篇之作，那么四川的天府新区将是西部大开发后20年的巅峰之作。“巅峰之作”的意思主要是指天府新区的产业发展、城市建设、区域带动呈现的是一种“集中爆发”、“高歌猛进”和“强劲有力”的状态。这种状态有别于西部内陆省份之前在沿海招商引资时的“一对一”状态，“一对一”状态看似能提供个性化服务，但在与沿海投资者谈判时往往筹码不足，因而所提供的个性化服务往往是高成本和低效率的。但天府新区建设的大规模启动有力地改变了这种局面，现在的局面是“批对批”，各政府部门联合办公以应对蜂拥而至的海内外投资商，低成本且高效率。与这种“巅峰状态”相适应的是：大批的产业项目和城市建设项目的集中开工！例如2011年12月25日，天府新区总投资2000多亿元的150个产业和市政项目集中开工。所开工的项目不但规模大，而且质量高，呈现出了高端化、现代化、一体化、生态化、人文化几大显著特征

高端化——成都轨道交通材料产业园、沃尔沃成都生产基地、一汽大众核心配套项目、成都生物医药科技研发和产业化中心项目、成都卫星电子通信材料项目、成都西南新材料产业基地项目、物联网高端制造基地等项目。充分体现天府新区注重高端产业和产业高端的产业发展精神。

现代化——5万吨多晶硅副产品四氯化硅综合回收循环利用项目、成都高新国际低碳环保产业孵化器等项目。引领西部低碳崛起。

一体化——西南新材料产业基地、新材料产业功能区产业研究院、现代物流基地、新材料功能区配套设施等项目。集研发、制造、物流和生活为一体。

生态化——成都市府河防洪总出口建设项目、江安河示范段整治工程、万安镇南干渠市政公园工程等项目。这些项目与后续的诸如“两湖一山”等项目共同构筑起天府

新区的生态空间载体。

人文化——位于成都市中心城区东南方向的天府新区较少分布有人文古迹（而成都市中心城区的西面和北面集中得最多），所以其建设当中对成都的历史文化遗存不会有任何影响，这或许是天府新区对城市历史文化的一种间接贡献。另外，鉴于成都是一座有着数千年历史的文化名城，天府新区将不可避免地“复制”成都老城区的人文“基因”。可以肯定地说：天府新区不但是一座产业新城，还会是一座文化地标！

天府新区的“快速起步”和“集中爆发”在2011年底成为世界财经界和实业界关注的焦点，而天府新区的“持续发展”和“科技创新”能力将深刻影响西部20年。据测算，天府新区2015年GDP将超过2500亿元，2020年将超过6500亿元。届时将成为中国西部聚集人口最多、建成面积最大、经济总量最高的一个开发开放新区。

附：

2011年12月25日集中开工的部分项目列表

城市	项目名称	项目位置	投资额（亿）	面积（亩）
成都	新川创新科技园起步区建设项目	高新区中和组团	150	4700
成都	生物医药科技研发与产业化中心项目	高新区中和组团	50	500
成都	卫星电子通信材料项目	新津成都市新材料产业功能区	30.3	800
成都	西南新材料产业基地项目	新津成都市新材料产业功能区	30	1000
成都	物联网高端制造基地项目	双流成都市物联网产业园	30	415

续表 1

城市	项目名称	项目位置	投资额（亿）	面积（亩）
成都	西南粮油加工基地项目	新津县金华镇	22	1253
成都	银河总部经济项目	龙泉驿区大面镇	12	480
成都	经开区汽车产业科技孵化园项目	成都市经济技术开发区	10	260
成都	德国博世底盘项目	成都市经济技术开发区	8.8	190
成都	电子信息创新孵化基地项目	双流县公兴电子产业园	6.7	209
成都	5万吨有机硅密封材料生产基地项目	新津成都市新材料产业功能区	6.5	280
成都	西南塑钢型材和塑料管材生产基地项目	新津成都市新材料产业功能区	5	224
成都	太阳能电池片项目	双流成都市新能源产业功能区	5	100
成都	天府生态建康城项目	双流天府新城	260	1950
成都	数码科技城项目	双流天府新城	150	2900
成都	天府新城 RBD 高端商务区项目	双流天府新城	100	1600
成都	天府美食嘉年华项目	双流天府新城	56	1000
成都	西藏航空成都基地	双流空港高技术产业功能区	35	120
成都	现代物流基地项目［普洛斯投资管理（中国）有限公司］	新津物流园区	10	1000
成都	金控金融后台服务中心项目	高新区大源组团	5.2	71
成都	公共保税仓出口监管仓项目	双流空港高技术产业功能区	4	483
成都	国航大修维修机库项目	双流空港高技术产业功能区	3.5	100

续表 2

城市	项目名称	项目位置	投资额（亿）	面积（亩）
成都	蓝顶当代艺术基地项目	双流天府新城	2.7	120
成都	中储货物仓储分拨中心项目	双流空港高技术产业功能区	1.8	156
成都	中和组团市政基础设施及农迁房建设项目	高新区中和组团	77.9	2550
成都	红星路南延线项目	天府新区	39.3	5150
成都	天府新区轨道交通起步项目	龙泉驿区、高新区天府新城	38.32	81
成都	新材料功能区近期启动骨干道路项目	新津成都市新材料产业功能区	13.4	2649
成都	空港高技术产业功能区9条骨架道路项目	双流空港高技术产业功能区	11.45	980
成都	高等职业技术学院项目	双流天府新城	8	491
成都	迎宾大道南一、二段道路（含电力隧道）项目	双流天府新城	7.5	1385
成都	天府大道A、B段项目	双流天府新城	5.1	420
成都	新材料功能区配套设施项目	新津成都市新材料产业功能区	12.3	800
成都	成都高新综合保税区双流园区铁路专用线项目	双流空港高技术产业功能区	4.6	498
成都	北京大学附属实验学校项目	龙泉驿区大面镇	4	90
成都	华阳污水处理厂二期工程	双流县天府新城	1.1	45
成都	成都市排洪总出口延伸整治工程	双流天府新城	5.8	89.5
成都	府河防洪总出口建设项目	高新区中和组团	4.1	780
资阳	三岔湖环湖路	三岔湖区域	14.36	2000
资阳	数字化展示中心	新民乡	0.8	6.5

续表 3

城市	项目名称	项目位置	投资额（亿）	面积（亩）
资阳	资阳丹景 110kv 输变电站工程	新民乡	1.01	6.84
资阳	三岔湖燃气输配工程	新民乡、丹景乡	0.17	6
资阳	有线广播电视双向网建设	天府新区三岔湖区域	1.5	—
资阳	通讯网络工程	天府新区三岔湖区	1.3	27.7
资阳	三岔湖旅游服务设施	天府新区三岔湖区域	1	213.5
资阳	文化旅游体验服务设施	新民乡	0.8	38.1
资阳	起步区次干道	新民乡	14	78.5
资阳	丹景生态移民家园	丹景乡	6.8	103.4
资阳	三岔湖水环境综合治理	三岔湖区域	7.5	—
资阳	滨湖公共空间（莲池公园）	新民乡	5.22	474.4
资阳	三岔湖区域自来水厂	三岔镇	3.85	100.6
眉山	西部新材料商贸中心	仁寿县视高镇	10	194.91
眉山	鑫和科技有限公司项目	仁寿县视高镇	1.2	95
眉山	视高经济开发区电子信息产业园项目	仁寿县视高镇	9.2	1150
眉山	尼克机械密封旋喷泵化工专机生产线项目	仁寿县视高镇	5	250
眉山	石油、天然气复杂地层高密度加重剂、超低渗透油气藏增产开发设备及消耗材料项目	仁寿县视高镇	1	50
眉山	成都川都线缆有限公司项目	仁寿县视高镇	0.36	46.62
眉山	仁宝集团项目	仁寿县视高镇	45	1600
眉山	精典科技项目	仁寿县视高镇	0.72	60

续表 4

城市	项目名称	项目位置	投资额（亿）	面积（亩）
眉山	四川中恒信达环保科技有限公司项目	仁寿县视高镇	1.4	123.1
眉山	四川四通欧美环境工程有限公司项目	仁寿县视高镇	0.78	98
眉山	视高经济开发区电子产业园大道项目	仁寿县视高镇	3.50	80
眉山	成都天府大道南延线仁寿视高段项目	仁寿县视高镇	8.3	1675
眉山	视高大道项目	仁寿县视高镇	5.4	540
眉山	视高新城快乐新村	仁寿县视高镇	0.45	50
眉山	视高配气站及场镇供天然气建设	仁寿县视高镇	0.8	35
眉山	林德气体项目	彭山县青龙片区	7500 万美元	80
眉山	香港丰年华新材料项目	彭山县青龙片区	3.2	120
眉山	巴斯夫化学建材项目	彭山县青龙片区	2	43
眉山	青龙物流中心项目	彭山县青龙片区	25	2000
眉山	五金机电产业园项目	彭山县青龙片区	32	2770
眉山	四川金叶化肥有限公司易地技改项目	彭山县青龙片区	1.374	67
眉山	节能环保设备制造项目	彭山县青龙片区	1	55
眉山	太阳能面板、LED、LCD 及尖端电子玻璃深加工项目	彭山县青龙片区	0.8	41
眉山	特种工业涂料生产线项目	彭山县青龙片区	0.6	50
眉山	年产 20 万吨硅酸钠生产线项目	彭山县青龙片区	0.4	20
眉山	彭祖山旅游综合开发项目	江口镇	100	27.5

续表 5

城市	项目名称	项目位置	投资额（亿）	面积（亩）
眉山	黄龙生态宜居城·复地项目	牧马镇	120	7 平方公里
眉山	青龙起步区道路基础设施项目	彭山县青龙片区	4.25	560
眉山	龙都新苑项目	彭山县青龙片区	5	360

5 第十二届中国西部国际博览会

第十二届西博会已于 2011 年 10 月在成都成功举办。吸引了全球 105 个国家及地区的政要、国外重要商协会组织负责人、世界 500 强和境内外知名大企业高管等各类嘉宾和客商近 8 万人参会。

统计资料显示，第十二届西博会共签约投资项目 1500 余个，投资金额近万亿元；实现贸易成交 2500 亿元。投资项目签约及贸易合同成交金额均创历届西博会之最。四川共签约投资项目 6000 多亿元。

四川凭借天府新区和成渝经济区的规划实施，在本次西博会收获颇大，例如属于天府新区重要组成部分和成渝经济走廊重要节点的简阳市签约投资额较上届大幅度攀升。

由于西博会已经成为世界了解西部、西部走向世界的最重要平台，重庆的两江新区、陕西的西咸新区和四川的天府新区在 2011 年 10 月同时登陆了第十二届西博会。相信第十三届西博会也将继续成为读者了解西部，同时全面了解成都和天府新区的重要窗口。

第八节 成都房地产

——杭州的享受，成都的价位

成都是一个适合消费、休闲和旅游的城市，因此成都的房地产市场也深深地打上了这方面的烙印，并以之为最大特色，2011 年比较火热的商业地产就是一个最好的证明。房地产是一个热点问题，一个牵扯无数中国人神经的敏感问题，也是一个不容易用一两句话就说得清楚的话题。由于房地产机遇因“天时、地利、人和”而不相同，一篇文章难以详尽地阐述，故本文重点介绍成都的旅游地产和商业地产商机。

四川是全国的旅游大省，成都、大连、杭州是联合国教科文组织确认的中国最优秀的 3 个旅游城市。细心的读者都会发现，不管在大连还是在杭州，旅游地产和商业地产均十分繁荣，杭州的房价更是挤进了“京、沪、深”为引领的中国第一房价梯队。在产业结构、居民消费特点多少与杭州有些类似的成都，房地产市场或许在未来 10 年内将重现杭州的楼市火暴情形。读者可能会对这样的观点心存质疑，作为“三无”人员又想在成都置业的笔者当然也希望成都楼市不要那么火，但事实摆在那里，谁也逆转不了。成都作为目前中国西部的中心城市，包括房地产在内的第三产业相对发达，楼市在西部的“吸金”效应无人能敌。你也许不是成都人，你的钱也许不是在成都挣的，但你却愿意在成都花钱旅游、购买奢侈品，甚至希望在成都买房定居。成都“吸金”效应的另一个特点就是：内外资多喜欢进入成都以房地产为代表的第三产业，特别是对于在成都开展大面积的“造城运动”情有独钟。例如：海峡建设投资公司投资数百亿元建造成都海峡城；亚洲商业地产巨擘香港九龙仓自2005年布局成都以来，已累计投资超过300亿元，其在成都储备的土地数量和已开发的物业销售额均占其在中国内地总量的1/3；印尼力宝集团投资200亿元人民币与成都郫县合作打造“成都力宝东盟城”大型城市综合体。

近一两年来，落户成都的商业地产更多的是以房地产与商业地产的融合产物“城市综合体”的形式出现（这里所谓“城市综合体”是将城市中的商业、办公、居住、旅店、展览、餐饮、会议、文娱和交通等城市生活空间的三项以上进行组合，并在各部分间建立一种相互依存、相互助益的能动关系，从而形成一个多功能、高效率的综合体）。2010～2011年间已开工的成都“城市综合体”累计超过2000万平方米。

如果说外资企业多侧重于商业地产项目，那么内资企业对成都的旅游地产项目则有一定的喜好。成都旅游地产的兴旺缘于成都丰富的旅游资源、市民休闲的生活方式及成都世界现代田园城市的历史和长期定位。为了打造“世界现代田园城市”和实现“城乡统筹”，成都以“全域成都”的概念来全面统筹成都第二、三圈层发展，从交通层面解释就是每个区县不但要有连接主城的高速公路或快速通道，还都要通快铁，2015～2020年间成都将实现“县县通快铁”的目标。2010年，成都郊区旅游资源最为富集的都江堰已经通了快铁。

成都所在的平原地带是所谓的“川西平原”，但成都往西并非“一马平川”似的辽阔平原，从成都中心城区往西直线距离50～100公里的地方，就是“川西平原”与“川西高原”的过渡地带。这些过渡地带气候多样，高山垂直分布的四季风光尤为吸引人，从雪山到平原可在数小时内转换。从某种意义上讲，这种自然风光和生态多样性是老天赐给旅游地产界的一份“厚礼”，也是大自然对想在成都以西三圈层郊区居住的白领阶层的一份特殊礼物！

杭州市区因为有西湖，所以铸就杭州的宜居品质全国一流，房价也飙升至全国第一梯队。成都的市区虽然没有大型的自然风景区，但成都的第二、三圈层却是一块旅游资源非常丰富的地方，二、三圈层良好的生态环境给“宜居成都”做了最好的注解。同时，快铁的贯通使得整个大成都成为一体，成都因此具备了与市内有大型湖泊的杭州、市外有美丽海滩的大连相媲美的潜力与能力，但成都的房价相对杭州、大连等美丽城市的房价而言是比较低的，正所谓“杭州的享受，成都的价位”！

第九节 成都北部商城

——中国西部及欧亚大陆商贸之都的雏形

成都曾长期作为古蜀国的政治、文化和商贸中心，是当时中国几大文明中心之一。秦朝兼并古蜀国后，成都被作为秦朝西南地区的经济文化中心来发展，使得到了秦汉时期，成都的城市扩张规模和商业发展水平仅次于当时的首都咸阳和长安（今西安），在唐宋时代也有“扬一益二”（“扬”指扬州，“益”指成都）的说法，唐宋以后的元明清时期，除了朝代更替时期战乱对成都造成较大重创外，成都地区总体上处于移民大开发大发展的状态。

成都自古拥有都江堰工程，“水旱从人，不知饥馑”，物产丰富，加之有巴山蜀水阻隔，偏安一隅，农业、商贸业保持了长期的繁荣和相对稳定状态。值得一提的是，成都自先秦时代就开辟了南方陆路丝绸之路，成都商品闻名于当时的身毒（印度）和大夏（阿富汗），故历史上的成都在古代的世界贸易版图上就已经占据了相当重要的位置。时光辗转到了今天，四川省政府所确定的“突出南向，加强东向，畅通西向”的对外国际开放格局，意味深长：既有复兴历史繁荣之意，也有紧抓国家“向西开放”战略机遇之意。

从地图上看，成都处于中国西南腹心地带，是广袤的欧亚大陆上的明星商贸城市，近年来空运建设成绩斐然，被誉为中国西部地区面向欧洲的航空门户，具有打造成中国西部及欧亚大陆商贸之都的潜力。基于这种判断，本文选取了部分大项目与读者分享。

1 成都国际商贸城

成都国际商贸城的投资主体是伊厦成都国际商贸城股份有限公司，该项目于 2007 年开始建设。

项目占地约 2090 亩，建筑面积 245 万平方米，建成后，6 万个商铺共包含 17 个大类，48 个行业，43 万多个商品品种，建成后预计从业人员近 20 万人，年总交易额将超过 1000 亿元；经营规模相当于成都 6 个荷花池商圈。项目建设目标：定位成为中国西部地区规模最大、现代化水平最高、竞争力最强的商品贸易中心，立足成都，辐射中西部，影响东南亚和中亚；媲美“义乌”。

目前已拥有十分便捷的交通，国际商贸城项目紧邻绕城高速进出口，经北新干线（北新大道起点为一环路二道桥路口，向北延伸与二环、三环、绕城路均有接口）可直达市区，经绕城高速可通成雅、成渝、成乐、成南、成绵、成灌等高速公路。地铁 1 号线延伸在建项目紧邻北新干线一侧设立出入口。

物流配送：该区域附近有占地 6600 亩的新都现代物流中心以及亚洲最大的青白江铁路集装箱物流中心。

成都国际商贸城将实行分块分区经营，主要包括中药材、日用品、文体、玩具、皮具箱包、工艺品、针织用品、五金、电子电器等。2009 年中已有成都荷花池中药材专业市场入驻；成都国际商贸城一、二、三期日用品市场在 2011 年陆续投入使用，整个项目在 2015 年前全部建成投入使用。

店铺产权管理：所有商铺只租不售。成都国际商贸城采取统一管理、统一经营的办法，所有商铺由市场管理公司全程管理。并对所有商家实行诚信经营星级评级制度。

就像中国许多地方围绕大型商品市场形成加工制造基地一样（如围绕中国最大的中药材市场——亳州中药材市场，亳州聚集了很多中药材加工企业，目前全国近 1/3 的中药饮片出自亳州；再如义乌国际商贸城周围也聚集了许多小商品生产制造企业，并且都取得了相当大的成功），伊厦成都国际商贸城股份有限公司牢牢把握这一趋势与机遇，规划引导部分优秀商户向小商品的制造环节延伸。成都国际商贸城已经获得成都市大力支持，是成都、四川两级政府的重大商贸流通项目。成都国际商贸城将以青白江、金堂、彭州作为加工配套基地，完善小商品的加工产业链，带动成都及周边省市小商品制造业升级。有了市场，又有制造，届时，将催生非常多的“成都造”商品品牌，而这些商品不但辐射西部，还可以直接通过完善的销售网络，直接发往世界各地。成都造“小商品”可以克服沿海土地、人力资源、水电资源等瓶颈的制约，满足国内外新兴市场的需要。成都历来以轻工业、商贸、高科技为其主要的产业特色，如果能融入一些创新元素和科技含量，那么成都造“小商品”完全可以大展拳脚。事实上，伊厦成都国际商贸城股份有限公司的管理高层非常精明。据报道，该商贸城将有两幢大楼命名为“日用品研发创业中心大楼”和“动漫产业大楼”，目的就是鼓励创新。成都的一些创新创业人才，交纳物业管理费后都可以免费入驻成都国际商贸城的大楼，搞发明创造，为“成都制造”的小商品提档升级。“动漫产业大楼”不是一般意义上的搞动漫开发，而主要是引入大量的中介机构，中介机构主动购买新出或流行的动漫相关版权，再通过加工，设计出适用于商品制造的创新型产品，然后再卖给国际商贸城的商家或转型为小商品制造商的工厂企业家，由他们来负责制造，在成都北部第三圈层的彭州等地形成一条完整的产业链。

成都是西部传统的商贸中心，商贸业发达，但之前受困于众多专业交易市场处于成都中心城区，各专业交易市场发展空间十分有限，市场设施设备陈旧，且部分市场多自发形成，缺少系统规划，所以虽然成都的商贸业繁荣，但相对沿海来讲，水平却不高。成都传统的商贸市场往往给人以“小、散，乱”的印象，这极大地制约了成都商贸市场的发展，同时也制约了成都城市空间的拓展与城市水平的提高。所以成都市政府希望借助将中心城区众多交易市场外移的机遇，改造和提升传统市场的经营方式和经营水平，以适应西部大开发战略深入推进和区域竞争的需要。成都国际商贸城提出要做中西部地区现代化水平最高、竞争力最强的商品贸易中心，而现代化和竞争力需要现代交易方式——电子商务来实现。伊厦成都国际商贸城股份有限公司信息技术分公司自主研发的基于成都国际商贸城实体市场的唯一官方全程化电子商务平台就是实现这一目标的良好工具。该平台具有产品展示、信息发布、供需交流、服务咨询、新闻资讯、视频语音、全景技术、即时通信、订单处理、在线支付、在线物流、SNS 等功能，为成都国际商贸城大型综合 B2B 商业门户网站。具体地讲，成商网（www. ysccc. com）是实现商户与国内外采购商音频、视频互动的一个良好平台，具有上述提到的电子商务多种功能模块。

2 成都全球家具建材 CBD

成都市政府在 2006 年将成都新都区家具工业集中发展区正式命名为“成都家具产业园”，园区总投资 180 亿元，其中制造基地 40 亿元以上，2010 年年中已有 65 户知名家具及配套企业签约入驻，已有 58 家投产，年产值达 50 亿元。园区核心项目“全球家具建材 CBD”总占地面积达 3500 亩，投资 120 亿元，投资主体为广州的香江集团。该项目建筑面积将达 500 万平方米，于 2013 年全部建成。项目建成后，将超越目前国内已经形成的广东乐从、江苏蠡口、河北香河等家具集散中心，成为中国第一、世界一流的市场集群，将与意大利米兰、德国科隆、美国高点看齐，力争成为“全球家具第四极”。

雄心勃勃的投资计划背后往往以骄人的市场业绩为支撑。四川近年来家具产业迅猛发展，尽管遭遇金融危机和楼市调控的双重压力，但依然高歌猛进，2008 年全省家具总产值达 316 亿元，2009 年达 441 亿元，2009 年四川家具产业增速达到 40%，2010 年超过 500 亿元。得益于良好的自然资源、人力资源和西部大开发政策及正确定位和抱团经营等优势，四川家具产业从 21 世纪初的年产值不到 20 个亿、从业人员不到 5 万人，到 2009 年产值突破 400 个亿、从业人员突破 80 万，再到 2010 年达 500 个亿，从业人员近百万。在产值和队伍壮大的同时，产业集群和产业规模也上了一个大台阶。

2010年7月3～6日，第十一届成都国际家具工业展览会暨第四届国际家居文化艺术节如期举行（八益家具城），短短4天的时间里，共有17万人次到场，现场成交额约63亿元，同比增长350%，超出预期成交额43亿元。甚至2011年第十二届成都国际家具工业展览会暨第五届国际家居文化艺术节展位已被参展商们预订一空。2011年家具博览会期间，中国家具业总裁论坛也移师成都，这标志着四川家具行业的发展获得了行业的肯定。

四川家具产业近年来的大发展很大程度上得益于其正确的定位和经营策略的改变：一线城市家具行业竞争激烈，四川家具则以全国二、三线城市为开发重点。在金融危机和国家楼市调控的双重压力下，一线城市家具市场趋于疲软，而二、三线城市楼市相对一线城市楼市较健康，楼市带动家具行业稳健增长。以前四川家具进入外地市场很难，原因在于没有掌握恰当的方式，单打独斗对于本来就竞争激烈的市场根本不起任何作用，其他省市的大卖场往往设置很高的门槛，而四川家具企业的实力之前普遍较弱，所以四川家具在省外市场的拓展受到了很大的限制。但近些年来，四川家具企业往往以抱团的形式出现在国内的二、三线城市甚至一线城市，谈判能力抗风险能力显著增强，进而四川家具在市场方面就有了很好的表现，市场的良好表现又推动四川家具逐渐形成一种区域品牌，实现良性互动。另外，四川品牌家具联盟内各成员企业也逐渐认识到商业模式也需要变革，这种变革就是从传统的商业销售转变为商业运作，主动出击国内市场，从传统的进驻卖场转变为经营以家具为主的商业地产CBD，同时带动餐饮、娱乐等行业的发展，从交纳高额的入场费到自己变为卖场主人，以充分实现自己利益最大化。

2010年9月23日，四川品牌家具直销中心在杭州红星美凯龙亿丰店正式开门营业，该中心占地2万平方米，汇聚实木、现代、欧式、软体等近10个品类，涵盖帝标、先驱、港府太子等60多个品牌。该案例就是一个成功的品牌家具抱团出击一线城市的示范。

小知识

成都武侯区是成都传统家具市场和家具城的主要集中地，该区基于此种优势将建成一个成都市高端家具展销中心和家具企业总部基地，成都双流县是面向全国众多家具厂商的高端家具展销大平台，而本文提到的成都新都区则是未来涵盖制造、物流、展销等功能的综合性“中国家具之都”。

3 成都万贯五金机电城

作为第十一届中国西部国际博览会分会场之一的万贯五金机电城位于成都市金牛区金府路与三环路之间的沙西跨线桥处，东接沙（湾）路西（延）线，西傍茶店路，北依三环路，南靠金府路，与火车北站相邻，同西门车站相望，占地面积约500余亩，融机电贸易、机电展览、机电信息交流、物流配送、金融投资、办公、酒店等于一体。成都万贯五金机电城还是中国西部五金机电博览会的永久会址（全国工商联五金商会承认）。

在2010年10月25日开幕的“十一届中国西部国际博览会万贯分会场暨第六届西部国际五金机电博览会”的开幕式上，全国首个五金机电行业全程电子商务平台——

"全球生资网"正式启动。"全球生资网"是集专业电子商务运营和实体生资市场管理为一体的电子商务平台，业内人士称之为"五金机电行业的'淘宝网'"，该电子商务平台耗资上亿元，该平台在西博会上的亮相是当届西博会上的一大亮点，来自全球的采购商们表现出十分浓厚的兴趣。根据统计资料，此次五金机电博览会成交额超过 100 亿元。

位于彭州市濛阳工业集中发展点的万贯濛阳服装产业园也是万贯集团的大手笔，该项目占地 3500 亩、总投资达 30 亿元，这还不算该集团的大块头，真正的"大块头"计划已在第十一届西博会开幕前夕浮出水面。媒体资料显示：万贯欲投资千亿启动"造城"计划，打造一个以全球化、现代化和田园化为核心的西部最大五金机电一体化综合产业城，这个产业城规划占地上万亩，可容纳企业 2000 家以上，并且该产业城将以制造为主（这跟成都国际商贸城项目想引导相关企业和商家进入制造领域的思路有一定相似的地方）。万贯集团将为产业园入驻企业提供尽可能多的生活与服务配套。所以规划中的这个"大块头"将是一个繁华的工业小镇。该项目目前已进入规划和选址阶段。

万贯集团的目标是：东有"永康"，西有"万贯"。

4 成都商贸市场"集中营"地带的商机

成都是中国西部传统的商贸中心，2009 年社会商品零售总额超过 2000 亿元，2010 年这一数字则超过 2500 亿元。成都 100 个商品市场 2009 年的商品交易额为 1019 亿元，可见成都商贸市场相当活跃，但"100 个商品市场"背后的含义是虽然总量不错，但水平较低。位于成都中心城区内的商品交易市场"散、乱、小"的落后状态和制约城市发展空间的突出问题未得到明显改善与解决。成都市商务局于 2010 年 6 月 22 日举行新闻通气会，主题是中心城区商品市场调整工作。根据规划，3～5年内，成都中心城区在册的100个各类商品交易市场将全部迁移到绕城高速以外：争取在3年内完成荷花池片区、五块石片区、盐市口片区、红牌楼片区的商品市场调整调迁；5年内完成金府路片区、八里庄片区、西门车站片区、川藏路沿线的商品市场调整调迁。确定金牛区、青白江、双流、龙泉驿四个商品市场集中发展区，其中日用百货、医药、五金机电、家具、塑料、皮革和服装、小商品主要在成都北部的金牛区和新都区聚集。

北部商贸集中发展区即以成都国际商贸城为龙头项目，经营商品类型以日用品、医药和五金机电（小型）类为主，规划总占地面积约215公顷。青白江市场集中发展区：经营商品类型以建筑装潢、金属材料、五金机电（大型）和载重汽车为主，规划总占地面积约200公顷。龙泉驿市场集中发展区：经营商品类型以化工塑料（总投资20多亿元的中塑·成都国际贸易中心落户在了新都区的木兰镇）、汽车配件、纺织品和废旧汽车拆解为主，规划总占地面积约420公顷。双流市场集中发展区：经营商品类型以食品、高档家具、电子电器、品牌服装和汽车整车销售为主，规划总占地面积约235公顷。

机会往往在调整和变革中产生，成都市计划在3～5年内（时间从2010年算起）将上百个商品交易市场搬迁到中心城区之外，其中蕴含着很多商业机会。据笔者观察，在国家楼市调控的背景下，擅长资本运作的沿海“炒××”团部分人士开始“炒铺”，每当一个新市场即将建成，“炒铺团”开始评估，如果认为未来升值潜力不错，不管是租用还是购置，他们依仗雄厚的财力和丰富的资本运作经验，阔手订下许多商铺，等一段时间人气聚集后，他们就转租或出让，从中获取暴利。成都、昆明、重庆、西安、乌鲁木齐等西部大城市常可看到他们的身影。特别是在2010年，“炒××”团无孔不入：农产品、中药材等等，但炒作上述物品会引起政府和人民相当大的不满，唯独“炒铺”不会遭受国家政策调控和人民的不满。

有充足的理由认为西部的下一个10年定当比上个10年发展更快，一是国家已把扩大内需作为拉动经济增长的长期动力，而这方面西部有相当大的潜力可挖，国家会更加重视西部；同时，为了从根本上扭转东西部差距的继续拉大，国家开始构建面向西部的若干条国际陆路贸易大通道，已经动工的就有经新疆喀什到巴基斯坦的铁路，远期可能穿过伊朗和土耳其到达希腊等欧洲国家，还有中国昆明到缅甸仰光和印度洋皎漂港的铁路。如果这些国际陆路贸易大通道能够如期畅通，那么我们再把西部看成对外开放的“末梢”就是个错误，就西南而言，西南地区的国际区域合作重点将是整个东南亚和南亚，甚至西亚。具体到成都，上文提到的正在建设并且部分投入使用的国际商贸城将不止服务四川或者中国西部地区，还极有可能会辐射到东南亚、南亚和中亚等地区。如果说广州等地是世界级的商贸中心，那么成都可能就是区域级（东南亚、南亚和中亚）的商贸中心。

这种分析应该可以在成都目前火热的造城（商业中心）和国际卖场、品牌店大规模涌现中得到印证。对于造城计划，不但中国的企业家乐此不疲，连中国香港特区、印尼等地的外资热情度也很高：近年来，外资流入成都商业地产和服务业的比例很高，而涌入重庆的外资多流入制造业。所以，成都作为西部的商贸中心的地位是受到国内外投资者充分肯定的。

对于普通人，想在成都商业布局变革中谋取到商机，有挑战，也有很大的希望。首先，成都商贸业正在转型提升并延伸产业链条，表现在两个方面：一是大力发展电子商务和设计，使商贸经济电子化；而另一方面是大力延伸到制造领域，其延伸模式之一是：交易市场先行，生产捆绑跟进，园区整合聚集。作为普通人，在某一细分领域搞中介服务，投资小，收益快。作为有头脑的创新者和有实力的创业者，资源整合和模式创新往往可在此轮成都商贸市场调迁、转型中实现财富的迅速增长。

当然，潜伏的商机还有很多，限于篇幅限制不再一一介绍，有兴趣的读者不妨通过实地调研、分析，相信定会有所斩获。

附：

1. 成都一些重要的展会

成都是中国五大会展名城之一（北京、上海、广州、大连和成都），蓬勃发展的会展业对成都商贸业的发展升级起到了非常显著的作用。在成都举办的比较有名的展会主要有：中国—欧盟投资贸易合作洽谈会、亚欧救灾能力建设研讨会、世界电子竞技大赛总决赛、春季全国糖酒商品交易会、中国西部国际博览会、中国医疗器械博览会、成都国际汽车展览会、成都国际家具工业展览会、全国图书博览会、中国体育用品博览会、中国国际软件合作洽谈会、全国药品交易会和中国国际会展文化节。

同时，近两年兴起的还有新能源、物联网、循环经济、新材料、IT技术、电子商务、非物质文化遗产保护等研讨会或行业峰会。

2011年，成都各类会展活动共拉动消费超过400亿元。

2. 成都几大商圈的空间形态

中央商业圈：春熙路—盐市口—红星路片区和骡马市—玉带桥—顺城街片区。6 个次商圈：沙湾—犀浦、光华—金沙太阳城—新城西、红牌楼、天府新城、猛追湾—建设路、钢管厂—锦华路。

成都的中央商业圈和 6 个次商圈近年来云集了大量奢侈品品牌，其数量接近北京和上海的规模，销售额与杭州处于同一水平。成都日益完善的奢侈品品种、舒适的购物环境及快乐的购物体验能够有效地吸引省内其他城市和四川周边顾客前来购买，有效地支撑了该行业。

这些商圈与布局在成都北部区域（金牛区、新都区、青白江区和彭州市）的各类大型商贸城一起，共同构成了欧亚大陆商贸之都的雏形。

第十节　成都电子信息产业

——城市变轻，腰包变鼓

1 简单介绍

进入 21 世纪后，成都电子信息产业的发展是以 2003 年英特尔的落户为标志性事件。金融危机的到来，使得国际产业和沿海产业转移呈现加速态势，中国的西部地区逐渐成为众多企业产能新增或转移的目的地。素有“西部中心城市”和“西部支点”之称的成都市在这一轮大规模的产业转移中表现抢眼。其中，在沿海布局 IT 制造业向西部的急速转移成了所有产业转移的“开路先锋”。世界五大品牌电脑（苹果、戴尔、惠普、宏碁、联想）生产基地悉数布局成都和重庆两地。其中苹果交由富士康公司代工，富士康成都基地正在建设数十条苹果最畅销的 iPad 平板电脑生产线，年产能数千万台。戴尔和联想则分别于 2010 年 9 月和 2010 年 10 月相继落户成都，笔记本代工巨头仁宝集团和纬创集团也相继落户成都双流县。到 2012 年成都可形成 1 亿台的电脑产能，其中，平板电脑（iPad）约 7000 万台，笔记本电脑和台式电脑约 3000 万台。

另外，惠普于 2008 年落户重庆，2010 年 12 月宏碁落户重庆，华硕电脑也于 2011 年落户重庆，重庆的笔记本电脑产能规划是 1 亿台。2011 年，已落户重庆的笔记本电脑代工企业有台湾的广达、英业达、和硕、纬创、仁宝和富士康等企业。

而落户武汉的电脑制造项目主要是世界几大品牌的台式电脑项目，武汉将打造世界上最大的台式电脑基地。武汉与重庆、成都共同瓜分了电脑制造业从沿海转移至内地的巨大蛋糕。只是成都以平板电脑为最大产能，重庆以笔记本电脑为最大产能，武汉则以台式电脑为最大产能。

2 布局成都的几大巨头

1. 英特尔

2003 年 8 月 27 日，英特尔公司首席执行官贝瑞特在成都宣布：注资 3.75 亿美元，在成都高新区投建一座大型芯片封装测试工厂，这是英特尔第 5 个全球制造基地。2009 年，英特尔将其在上海一半以上的封装测试业务产量转移到成都。截至 2010 年底，英特尔在成都的投资已达 6 亿多美元。英特尔成都基地在英特尔的全球战略和布局中占有非常重要的地位：成都英特尔芯片封装测试的中心与英特尔哥斯达黎加的服务器中心、英特尔马来西亚的台式机中心等形成英特尔全球布局的鼎足局面。英特尔成都基地的芯片产量累计已超过6亿片，为成都贡献了超过50亿美元的进出口总额。英特尔芯片的一些最重要的创新产品也越来越多地放在成都试生产或首发，例如在2010年国庆节后推出的第二代英特尔酷睿处理器系列。

英特尔成都基地位于成都市的高新西区，员工约3500人。英特尔自落户起就一直是成都市高新区对外招商引资的一张亮丽名片，更是成都市对外宣传或展示产业发展的一张必打名片，同时也一直充当成都出口状况的“风向标”。2011年以前，外省区市的人士如果第一次到成都，都会发现这样一个现象，就是成都的抑或四川省的一些主流媒体对英特尔的关注和报道比较多。进入2011年，随着戴尔、联想、富士康等项目的陆续投产以及产能释放，这些IT巨头对成都出口贡献逐渐超越英特尔，对成都产业经济的贡献突出，因而成为媒体集体关注的焦点。

2. 戴尔

中国是戴尔全球第二大市场，目前在国内主要的机构有：厦门的两个工厂和运营中心，上海的全球产品设计中心，大连的国际服务中心，新建的成都中心（集制造、客服和销售功能于一身的运营中心）和分布在全国11个省市的销售中心。戴尔成都中心2011年投入运营后员工总数超过3000人，加上厦门中心和其他分支机构，戴尔在中国的员工总数约1万人。和戴尔厦门中心主要服务国外市场的情况不同，成都中心初期将主要服务于中国快速增长的西部市场，未来将逐渐发展到服务整个中国市场和全球市场。戴尔成都中心这样的市场定位，是基于以下一个统计数据：咨询机构IDC预计，至2014年中国西部对计算机产品需求的年增长率将达到21%，西部市场将是继东部发达市场后

PC 消费的另一个重要中心。

戴尔项目位于成都市高新区，投资上亿美元，除部分高端产品由自己制造外，其余交由同步落户成都的仁宝集团等代工巨头来完成。戴尔素以优秀供应链管理而闻名全球，这次集制造、客服和销售功能于一身的运营中心落户成都，必将对成都本地 IT 制造业经营理念和管理方式带来革命性的变化。美国知名财经杂志《福布斯》2010 年发布的未来 10 年发展最快城市研究报告中，成都名列第 1，给出的原因就有“吸引了像戴尔这样的高科技企业”，可见，戴尔的落户对成都的意义在某种形式上可以等同当年英特尔在成都的落户。据报道，戴尔之所以落户成都，除了成都作为西部的“中心城市”、具有“西部支点”的吸引力外，最重要的有三点：一是戴尔认为成都投资环境优良，服务高效，与戴尔有相同的文化和价值观；二是成都高校林立，人才储备丰富，完全可以满足其对技术型和服务型两种人才的需求；三是成都员工的幸福感和稳定性都较强，这十分有利于戴尔的长远发展。

2011 年，TCL 成都通讯研发中心在成都的天府软件园建成并投入使用，TCL 通讯公司负责人曾表示非常看好成都这座“人才富矿”。由此看来，戴尔及 TCL 落户成都给成都的 IT 和通信人才提供了就业机会。

3. 联想

2010 年落户成都的还有联想集团。联想于 2010 年 10 月宣布在成都投资 1 亿美元建立产业基地，集结生产、研发、销售运营 3 个中心。该产业基地将实现 1000 万台产能，计划成立千人左右的研发团队，并将主要针对移动互联网产品进行研发，该产业基地位于成都高新区。国内外大企业选择在成都设立“基地”或“中心”的另一个最重要目的就是想利用成都作为“西部支点”的作用，整合西部的销售市场，联想也不例外，作为在中国PC市场占有率最高的厂商，继续加深产业渠道向城乡市场延伸的进程显得很有必要。联想选择在成都设立产业基地，主要将满足其快速市场增长所带来的产能提升需求，所以不仅仅是要在中国西部布点那么简单，在联想掌门人柳传志的眼中，成都基地是联想集团全球布局战略中的一环（目前联想的制造和物流基地主要设在中国的北京、上海、广东惠阳以及墨西哥、美国、波兰、印度、马来西亚、日本和澳大利亚等地）。那么，联想成都基地的重要地位可使柳传志“在成都，观全球”。

联想集团除了电脑业务以外，同时也在构建“五大分舵”布局。“五大分舵”分别为联想集团、神州数码、联想投资、弘毅投资和融科智地。其中，联想投资专注于中小型企业进行战略性风险投资；而弘毅投资则主要投资成熟行业中的成长企业，重点关注建筑材料、医药、汽车零配件、传媒、消费品等行业；融科智地从事房地产开发。2010年10月29日，联想控股董事长兼总裁、联想集团董事局主席柳传志表示要将旗下“五大分舵”全部带到成都。“下来以后，这些公司都将和四川省进行对口联系。四川大量的中小企业、大农业都是我们关注的。”这充分印证了某位经济学家的一句话：“西部的最大机遇莫过于把国内外优势资本与西部的特色优势产业结合起来。”由此，如果说联想集团落户成都是成都市主动对接的话，那么联想集团旗下的“五大分舵”则是“不请自来”。

从2010年落户成都的几大巨头来看，有一半以上的企业不但选择投入巨资建立产业基地，还对成都进行综合性投资，以牢牢把握西部大开发和产业转移背景下的“成都机遇”。

4. 仁宝

台湾仁宝集团是世界上最大的笔记本电脑代工企业，

2009年营业额是204亿美元，列世界500强第431位，目前在华最大生产工厂在江苏昆山，拥有4.5万名员工。仁宝强调专业设计、专业制造，其客户主要有宏碁、戴尔、联想、东芝等品牌企业。2010年，随着其合作伙伴戴尔、联想相继落户成都，仁宝也决定在成都设厂。仁宝成都基地预计总投资5亿美元，根据规划，2012年年底实现产能1000万台，2013年产能翻番达到2000万台以上。成都基地生产的产品包括笔记本电脑、All－In－One PC一体机电脑、PAD平板电脑、电视、显示器、移动通信、无线网通等电脑及电子3C相关产品。仁宝成都基地位于成都双流西航港经济开发区（成都高新综合保税区双流园区），具体地址是双流县公兴镇。另外，在成都武侯区设立西部总部项目。

仁宝的游走路线与品牌电脑的布局路线基本保持一致。众所周知，由仁宝代工的笔记本电脑占据了国际笔记本电脑市场的较大份额，其位于昆山的制造基地近几年每年的工业总产值均在千亿元以上。这次跟随品牌商在成都布局的项目体量可能没昆山的那么大，但预计成都项目投产后，每年的工业产值也将达到好几百亿元的规模，远期则有望达到上千亿的规模。笔记本电脑对航空运输有很高的要求，这也可以解释为什么其布局成都双流西航港经济开发区的原因。2011年新调整设立的成都高新综合保税区分A区和B区，其中A区是以前的高新西区和出口加工区外加富士康项目用地整合而成，B区则专门为仁宝和纬创等代工商而设，可见成都市政府对仁宝这个世界笔记本电脑代工巨头的重视程度。

5. **富士康**

大家都知道富士康是全球最大的电子行业代工巨头，是中国历届“出口冠军”，目前在大陆拥有约100万员工，其董事长郭台铭计划在未来20年内将在大陆的用工规模扩大到150万人。富士康已在全国布局了近20个工业园区，成都基地可谓是其中的一个“大块头”。

根据笔者的观察，富士康成都基地将重点发展两方面的产品：一是消费型的电子产品，如代生产苹果公司的畅销平板电脑iPad，一共建设几十条生产线，年产能几千万台（远期规划1亿台），这是目前正在实施的部分；二是光电显示的相关产品，投资额巨大，目前正在作前期工作，该项目已列入四川省的“省1号”工程，一旦开建，将是个上千亿的产业项目。上述两个项目皆落户成都的高新西区及与高新西区毗邻的郫县德源镇区域。

6. RIM公司（黑莓）

全球第二大智能手机制造商——RIM公司（黑莓）于2010年底在成都设立商业及个人用户体验和服务中心，成都是继该公司登陆“北上广”后的下一站。据报道，黑莓在全球无线信息化技术方面处在“很前沿”的位置，黑莓将与成都开展如下方面的合作：企业的OA系统、工作审批流程、应急需求响应、邮件推送、日程管理、电话、短信等企业或个人及时和全面的解决方案。

契合到成都及四川实际，黑莓和成都市政府最重要的合作估计要算建立应急体系方面了。2008年“5·12”汶川特大地震期间，通信的中断给人员救援和预警次生灾害方面带来很大困难。黑莓将以其先进的技术在灾难应急、火警、公共事件等领域与成都合作，开发全球领先的应急系统。保证即使在其他通信网络全部中断后，黑莓的应急系统与相关产品仍然可以发出信息并保证通话。经历过汶川地震、玉树地震、南方雪灾、旱灾、洪灾、泥石流、火灾等自然灾害后，政府、企业和个人对灾害预警、灾备的需求日益增加和增强，例如中国电信四川分公司就投入数十亿元建立西部灾备基地，为企事业单位系统提供数据备份、恢复服务以及更高级功能的各种单项或综合性的灾备服务。灾备或许会崛起成一种产业，这种产业是政府异常关切的，预计黑莓在四川的发展前景将是“广阔而光明”的。

作为以智能手机闻名的制造商，黑莓手机的娱乐性和功能性为大家所关切。根据媒体报道，黑莓将来或许会与中国移动无线音乐基地（成都）合作，以增强黑莓手机的音乐、娱乐等功能。

7. 阿里巴巴

2009 年 6 月 29 日，成都高新区与阿里巴巴集团在成都签署了《“阿里巴巴西部基地”项目投资合作协议》。根据协议，阿里巴巴在成都投资 1 亿美元建设“阿里巴巴西部基地”。阿里巴巴集团旗下所有的子公司，包括阿里巴巴、淘宝网、阿里软件、支付宝、雅虎口碑等，都将在这一投资框架中与成都对接，并将促使管理数亿美元投资额度的阿里巴巴投资公司在西部寻找更多的成长性企业。这是一项涉及阿里巴巴集团所有主业的综合性投资业务，就像笔者在上面介绍的联想集团一样。阿里巴巴落户成都，对成都当地乃至整个西部地区的经济发展具有重要的推动意义，成都一直希望能够像杭州等城市一样，利用电子商务推进产业升级和发展现代服务业，而阿里巴巴是中国第一个 B2B 电子商务模式网站，集团旗下有中国最大的网上购物商场淘宝网、中国最大的第三方电子支付公司“支付宝”等各家子公司，其业务范畴覆盖了网络交易的各个领域。对于阿里巴巴来讲，成都也是其全国布局的重要一环，只不过在其布局计划中，成都没有计划那么早，规模也没那么大，但成都方面对发展电子商务进行了科学、全面和系统的研究，成都市政府也向阿里巴巴表达了发展电子商务的诚意。在市场和感动的共同驱动下，阿里巴巴提前布局成都，并明确成都是阿里巴巴集团的“西部基地”。对于布局西部，阿里巴巴集团董事局主席兼首席执行官马云有如下感言：“如果有一天我年纪大了，想到我们在中国西部的布局能帮助这里经济成长，使西部企业能够通过电子商务走向全世界，我会感到非常骄傲。”虽然成都电子商务的发展情况要好一些，但整个四川目前处于阿里巴巴发布的电子商务发展状况第二梯队里面，西部许多省份目前还处于电子商务发展状况第三梯队。所以，综合来看，阿里巴巴集团提前布局成都，亲自培育市场，从而带动整个西部电子商务的跨越式发展，凸显了阿里巴巴集团强烈的社会责任感。

目前，成都高新区与阿里巴巴联合共建的四川成都淘宝创业园已经开园，服务并孵化中小型网商或网络创业者。淘宝网还与成都市温江区人民政府、共青团成都市委联合创办了淘宝网温江创业园。成都市政府为了大力发展电子商务，对入驻成都淘宝创业园的商家给予奖励政策，即销售额达到相应等级就给予相应等级的资金奖励。

阿里巴巴落户成都是一个标志性事件。此外，落户成都的电子商务项目还有：京东商城西部总部和京东研究院；卓越亚马逊全国客服中心和西部运营中心。携程、慧聪、新蛋等的西部运营中心和区域总部。

8. NIIT公司

2010年6月25日，全球领先的IT人才培训公司暨亚洲最大的IT教育培训机构NIIT公司（印度国家信息技术学院的简称——编者注）宣布其成都天府软件园旗舰培训中心（NIIT成都服务外包软件学院）正式成立。这是继IBM成都大学生实训基地、赛灵思FPGA创新中心等项目之后，成都高新区引进的又一国际级软件及服务外包人才培训项目。

软件与服务外包产业也是近年来成都重点发展的新兴产业，这一点在本书相关章节中已有讲到。大家都知道，虽然印度的制造业水平总体上不如中国（制药和纺织除外），但软件和服务外包产业的发展水平可谓世界一流，以此为重要内容的服务业对GDP的贡献超过了50%。印度是世界第二大信息类科技大国，拥有上百万IT专业人才，诞生了像维布络这样的国际软件业巨头，该公司是全球最大的IT服务、业务流程外包和产品工程公司，全球雇佣了数十万IT员工。四川作为中国离印度最近和最大的经济体，与印度在发展软件与服务外包方面的合作潜力巨大。2010年2月成都已开通了至印度“硅谷”班加罗尔的航线，航程仅3个多小时（注：印度35%的IT人才在班加罗尔，班加罗尔IT业产值占整个印度的1/3，许多世界知名企业都在班加罗尔设立了办事处）。近一年来，成都市市长、四川省省长先后访问班加罗尔，邀请更多的印度IT企业落户成都。而印度一些IT巨头也相应表示，将立足成都开拓他们的在华业务。

话题回到NIIT公司，该公司落户成都不是一时冲动，既然印度靠发展以软件和服务外包为核心的第三产业取得了巨大成功，那么以建设“世界现代田园城市”为长期目标的成都完全也可以借鉴或者复制印度的成功模式，政府的决心在那里、城市定位在那里、区位条件在那里、比较优势在那里，所以笔者认为成都借鉴印度模式应该可以取得成功，也就是说，相对印度在软件和服务外包领域所取得的成功，成都在这方面的潜力其实还很大，软件和服务外包领域吸纳的人才还将增加。目前，印度一些软件行业巨头已表现出了在成都成立公司或合资公司的浓厚兴趣，这可以视为国际软件与服务外包产业向西部转移或聚集的一个重要信号。基于这样的背景，亚洲最大的 IT 教育培训机构 NIIT 公司落户成都就不足为怪了。

总体上看，成都具有发展成继北京、上海、深圳、大连之后的软件业全国第五极的巨大潜力。

3 其 他

2010 年 11 月，成都 IT 市场价格指数监测站落户武侯区“科技一条街”。该监测站是继中国电子商会北京中关村、深圳华强北两个监测站之后的全国第三个 IT 市场价格指数监测站。

台湾华科事业群于 2010 年 12 月 6 日与重庆市政府签订协议，台湾华科将在重庆永川区建立电脑电路基板西部总部和生产基地。而在 2010 年 12 月 9 日，台湾华科事业群选择在成都建立西部总部基地。

2011 年，曙光在成都建立国内第一个商业化运营、第一个为政务服务的云计算中心。与此同时，中国电信确定上海、广州和成都为其全国三大“云计算”基地，其中成都基地辐射范围覆盖整个西部。

目前，“云计算”是一个较热的概念，成都已适时出台了相关规划。

可以看出，成都已经具备大力发展电子信息这一相对低碳且附加值较高的产业集群基础，形成了建设“世界现代田园城市”和“轻型城市”、“智慧城市”的大产业支撑。

成都大力发展电子信息产业所涌现的商机，最大的莫过于再做产业配套。电子信息的产业链很长，在某个环节或某一领域下苦工夫是可以有所作为的。然而，围绕企业布局地点，搞餐饮、商店、住宿、娱乐、中介服务等，机会也是相当多的，只不过在这方面的竞争一般都比较激烈而已。

第十一节 “再造一个都江堰灌区”与农业“钱”景

都江堰是四川最著名、影响最大的水利工程，也是举世闻名的中国古代历史上的大型水利工程，它始建于公元前256年。都江堰引岷江之水灌溉川西平原，控灌面积目前约为千万亩，兼具城镇供水、防洪、环保等多种功能。都江堰工程对川西平原（成都平原）的重要性，可用一句话来概括：没有都江堰，就不会有“天府之国”的美誉。

事实上，自清朝“湖广填四川”以来，四川除川西平原以外的许多地方都被大规模开发，人口也随之迅速增多，特别是人口稠密、地貌总体上属于丘陵或浅丘类型的川东北和川南的广大耕地更是哺育了四川近2/3的人口，但是这些地方历史上却并未修建能有效覆盖全域的水利工程和有效的灌溉系统，大部分地方都处于“看天吃饭”的境地，粮食产量多年来未取得较大的进步。正是基于这种突出矛盾，四川近年来逐渐由粮食自给省份步入粮食需外调的省份。也正是基于这种矛盾，近年来中共四川省委把“再造一个都江堰灌区”作为事关全省长远发展的大事来抓。2010年和2011年，连续两年创造了每月开工一个大中型水利工程的速度，按照这个速度，四川规划至2016年共完成82个大中型水利工程、再造一个“都江堰灌区”的目标一定能够实现，2011年中央一号文件直指水利，国家决心大力发展水利这项农业最基础的设施建设，水利建设中央与地方出资比例由二八开变为五五开，四川决定把“再造一个都江堰灌区”的目标提前至2015年完成。四川水利规划建设是十年目标，国家“十二五”期间完成一个“都江堰工程”，国家“十三五”期间再完成一个“都江堰工程”，所以“再造一个都江堰灌区”只是形象提法，2011～2020造的是两个而不是一个，大致相当于要基本完成对川东北、川南的有效灌溉。川东北和川南地区的龙头水利项目分别是亭子口水利枢纽和向家坝水利枢纽，分别利用嘉陵江和金沙江的水源。

四川希望未来5年能够完成新增有效灌溉面积1000万余亩，这一目标占国家“十二五”期间全国新增4000万亩有效灌溉面积的1/4，可见四川水利建设力度之大。水利建设与农业财富的关系，已经从都江堰工程的修建与“天府之国”美誉的得来之间的关系得到了充分的说明。所以，本节开头以论述“再造一个都江堰灌区”作为农业“钱”景的开篇。

四川除成都平原外，皆为山地和丘陵，所以文章以水利设施较为健全、贴近大城市消费市场的成都农业作为阐述对象。

事实上，这里所指的“农业”包括了林业，特别是成都第三圈层的部分县市森林资源丰富，有待很好地保护和开发。农业与林业同时得到很好的发展，是成都统筹城乡、建设世界现代田园城市的重要目标，也是重要手段。

1 成都林业与花卉

成都坚持把园林绿化建设纳入统筹城乡经济一体化之中，创立了在城乡过渡带非建设用地上建设“都市后花园”的崭新模式。同时，近郊“以绿地促效益”，大力发展花卉、苗木和乡村“农家乐”（如成都的温江区和龙泉驿区）；远郊“以森林聚人气”，大力发展探险、漂流等生态旅游

（如大邑县和彭州市）。

另外，这两年成都家具行业发展势头迅猛，四川的家具品牌在省外市场拓展顺利，所需原材料告急，政府补贴千万以鼓励种树。可以预见，随着产业转移及西部大开发新10年战略的实施，川渝地区的城镇化将加快；同时，四川家具在全国的知名度也将逐步上升，市场占有率将逐步提高。在成都周边种树做长期投资应该是一项不错的选择。

成都建设“世界现代田园城市”步伐的加快，也明显带动了温江区花卉苗木产业的发展，拥有良好生态环境的温江区因而成为“成都的后花园”，“住在温江”成为一种时髦。

2 成都的农业

2010年8月，成都市正式被批准为国家现代农业示范区，成为全国首批国家现代农业示范区中唯一的副省级城市整体推进的创建单位（即全域成都适合发展现代农业的地方都在示范区范围内，而其他副省级城市往往只划定一个区作为国家现代农业示范区），这可视为国家对成都正在进行的城乡统筹工作的进一步支持。

根据成都市的规划，成都国家现代农业示范区将主要发展蔬菜、水稻、生猪、水产四大主导产业，到2015年，全域成都的现代农业规模化、集约化、标准化、品牌化生产和经营程度将有较大提升；农林牧渔业年产值将达到530亿元以上，农民人均年纯收入达到1.3万元以上。

规划具体指出：2011～2015年的5年内，建设城市蔬菜规模化、规范化、标准化、品牌化生产基地100万亩以上，外销蔬菜基地130万亩以上；建设水稻规模化、规范化、标准化、产业化生产基地200万亩以上；大力发展制种育苗、良种良繁，坚定不移地走产业高端发展之路。同时将生猪标准化规模养殖比重由60%提高到80%以上；建设特色水产养殖基地和重要商品鱼基地，养殖水面达到15万亩以上。

目前成都农业院校有：成都农业科技学院（在成都温江区）、四川农业大学都江堰校区和温江校区（四川农业大学总校在四川雅安，2013年成雅铁路修通后两地通车时间30分钟，大致相当于西安到杨凌西北农林科技大学和重庆主城到荣昌西南大学荣昌校区的距离）。此外，四川同时获批国家现代农业示范区的还有南充和雅安，不过面积只相当于一个区县，规模没有成都那么大。

成都所建设的“世界现代田园城市”，跟读者以前所接触到的“国家园林城市”、“国家花园城市”或者“国家森林城市”等概念不一样。成都所追求的“世界现代田园城市”是城市布局组团化，而不是集中连片化（“摊大饼”）。具体讲就是要构建“多中心、组团式、网络化”的城乡空间布局，城、镇、村之间以田园隔离，形成“大城小镇嵌田园”的整体风貌；要求“显山、亮水、露田”，营造宜人的城乡环境，展现田园风光和自然之美，体现“城在田中”和“园在城中”，可以说“世界现代田园城市”是城市建设的最高境界。

成都建设“世界现代田园城市”，农业与林业因此就被赋予了更多的含义和内容。农村也不仅仅是为城市提供蔬菜、肉品或粮食等传统意义上的商品，还要提供一种“田园式”的生活画卷和城乡融为一体的生活方式，“都市农业”有其独特的内涵和地位。因此，成都为了大力发展现代农业，出台了一系列鼓励扶持政策，下面列举一些。关于最新的鼓励政策与信息，有兴趣的读者不妨查阅相关资料或咨询相关部门。

1. 成都市对连续3年每年规模化种植商品粮油1000

亩以上的各类投资主体，给予每亩 100 元的一次性奖励；

2. 对通过欧盟或中国良好农业规范认证的 500 亩以上的水果基地，给予每亩 50 元的一次性补贴；

3. 对在成都龙泉山脉非植被恢复区新发展成片的桃、枇杷 1000 亩以上的，给予每苗 2 元的种苗补贴；

4. 对在成都龙泉驿、双流、金堂、青白江建立水果示范园区，面积达到 2000 亩以上的，给予每个核心示范园区 10 万元的一次性补助；

5. 对规模化标准化生产示范基地和有机茶生产基地，给予委托贷款、担保贷款及 1 年期贷款 30%～50%的贷款贴息；

6. 对规模流转土地 3000 亩以上用于建设规模化标准化猕猴桃种植基地的业主，帮助实施抵押贷款，并给予 1 年期 30%～50%的贷款贴息；

7. 对使用成都市主推的食用菌优良品种，给予企业购买菌种资金总额 15%～20%的良种补贴；

8. 对在市级产业功能区、城乡统筹和建设世界现代田园城市示范带上开展水果生态产业试点的企业，予以优先立项，并给予 50 万元经费支持；

9. 对市级枇杷、桃资源圃建设，给予每个资源圃 30 万元的一次性补助；

10. 对通过欧盟良好农业规范认证或出口备案的猕猴桃基地，给予每亩 500 元的一次性奖励。

成都所出台的农业鼓励措施与补贴力度可能相对于沿海发达地区显得稍微弱一些，这或许跟地方财力有很大关系，不过成都正在努力缩小这种差距。我们已经看到，成都在农业领域的政策措施在中西部地区算得上是最得力的一类。成都市作为全国首批国家现代农业示范区中唯一的副省级城市整体推进的创建单位，有城乡统筹对农业支持的独特优势。所以，成都农业及林业发展所蕴藏的商机可能更多地来自“世界现代田园城市”和“城乡统筹”两张王牌所蕴含的真意以及成渝统一大市场。

值得一提的是，成都农业还蕴藏了一个潜在经济增长点。这个潜在经济增长点的成功打造，一方面跟成都正在进行的城乡统筹改革有一定关系，但最主要的还是跟商业模式创新有巨大关系。具体见附录“2. 四川中药——一个未被充分认识的商机领域”。

附：

近期所出台的文件《成都现代农业发展投资指南实施细则》中关于《项目选择》部分的内容摘录

第三条　粮油产业投资项目的选择

第 5 款　水稻：主要在邛崃、蒲江、大邑、崇州、彭州、都江堰、金堂、新津等近远郊区（市）县建设优质水稻规模化、集约化生产示范基地；主要在彭州、崇州、新都、郫县等区（市）县建设规范化、标准化水稻制种基地，打造全省杂交水稻制种中心。

第 6 款　“双低”油菜：主要在温江、崇州、双流、新津、大邑、邛崃、蒲江等近远郊区（市）县发展“双低”油菜规模化、标准化生产基地和制种基地；在温江区建设处于国内先进水平的油菜科技研发平台。

第 7 款　主要在上述区域发展国标一、二、三级精制、免淘、袋装优质米系列产品和以优质米为原料的方便食品加工，稻谷的综合利用加工，“双低”油菜子色拉油、精制调和油系列产品加工，以及红薯、马铃薯深加工。

第四条 畜禽产业投资项目的选择

第8款 生猪：在近远郊无规定动物疫病区（市）县建设成都市优质生猪生产出口基地；主要在大邑、邛崃、双流等县（市）建设纯外血优良种猪繁育基地。以邛崃、蒲江、大邑、崇州等县（市）为中心，建立生猪精深加工和猪鬃、猪皮、猪血、肠衣等副产物加工产业集群，打造“川猪”屠宰加工出口基地。

第9款 小家禽畜：主要在双流、新津、崇州、彭州、郫县、青白江等区（市）县建设肉鸡生产基地；在双流、彭州、邛崃、崇州、新津、蒲江、大邑等县（市）建设水禽生产基地；在大邑、双流、彭州、新都、金堂等区（市）县建设禽蛋生产基地；主要在新津、蒲江、大邑等县建立兔养殖基地。主要在崇州、大邑、新津、新都、彭州、双流等区（市）县建设小家禽畜良种繁育基地，打造全省小家禽畜种源基地。主要在崇州、新津、双流、彭州、大邑等县（市）发展禽肉、禽蛋、兔肉精深加工和羽绒、兔皮等副产物加工。

第10款 牛羊：主要在金堂、邛崃等县（市）发展奶源基地，在远郊区丘陵山区发展肉牛、肉羊生产基地。

第五条 蔬菜（食用菌）产业

第11款 蔬菜：主要在双流、彭州、郫县、新都、新津等区（市）县建设常年性、高标准的城市蔬菜基地；在彭州、都江堰、蒲江、郫县、金堂等区（市）县建设优质外销蔬菜基地；在龙门山脉、龙泉山脉一带发展反季节蔬菜基地；在邛崃、崇州、蒲江、大邑等县（市）建设秋淡蔬菜生产基地；在龙泉山脉丘陵地区建设二荆条辣椒标准化生产基地；在彭州、温江等区（市）建设优质大蒜基地；在大邑、龙泉驿、青白江等县（区）建设标准化榨菜基地。主要在新都、都江堰、郫县、大邑、龙泉驿等区（市）县发展泡菜、脱水蔬菜、速冻菜、蔬菜汁和蔬菜休闲系列食品等精深加工和蔬菜储藏、保鲜；在彭州、龙泉驿、双流等区（市）县建设蔬菜现代营销体系。

第 12 款 食用菌：主要以金堂县为核心，建设木腐菌生产基地和加工企业集群；以大邑县为核心，建设草腐菌生产基地和加工企业集群；在郫县、双流等地建设珍稀食用菌生产基地和加工企业集群。打造西部最大的食用菌生产加工基地。

第六条 花卉产业

第 13 款 主要在锦江、温江、郫县等县（区）发展鲜切花、盆花、观叶植物，在温江、郫县、都江堰等区（市）县发展绿化苗木和川派盆景，在彭州等区（市）县发展兰花、牡丹等特色花卉。主要在锦江、温江等地建设花卉苗木现代营销体系。

第七条 水果产业

第 14 款 柑橘：主要在龙泉山丘陵地区的金堂、新津和蒲江的五面山、长丘山地区建设优质柑橘生产基地。

第 15 款 猕猴桃：主要在龙门山脉的都江堰、邛崃、彭州、蒲江等县（市）建设优质猕猴桃生产基地。

第 16 款 伏季水果：主要在龙泉驿、双流、青白江、金堂等县（区）建设水蜜桃、枇杷、早熟梨等伏季水果生产基地。

第 17 款 冬草莓：主要在双流县建设冬草莓生产基地。

主要在龙泉驿、双流、金堂等地发展果汁、饮料、罐头、果酒等水果的精深加工，采后处理及贮藏保鲜，以及水果现代营销体系。

第八条 茶桑产业

第 18 款 茶叶：主要在龙门山、长秋山一带的蒲江、邛崃、都江堰、崇州、大邑等县（市）的丘陵山区建立名优茶叶出口基地和特色茶叶基地；以蒲江县、邛崃市为中心，发展名优茶加工和茶叶副产物提取产业；以蒲江县、都江堰市为中心，打造茶叶观光旅游、茶文化和茶叶交易基地。

第 19 款 蚕桑：主要在金堂、邛崃、大邑等县（市）建设规模化、标准化蚕桑基地，发展蚕丝精深加工和副产物提取产业。

第九条 水产产业

第 20 款 主要在都江堰、彭州、大邑、邛崃等县（市）建设冷水鱼规模化、标准化养殖基地；在新津、双流、崇州、蒲江等县（市）建设名优水产品基地；主要在双流、新津、都江堰、邛崃、大邑等县（市）发展水产品精深加工与出口养殖基地；主要在新津、龙泉驿、双流、成华等县（区）建设水产品现代营销体系；在彭州市建设鲟鱼及鱼子酱加工基地；以成华、温江、郫县等县（区）为依托建设都市休闲观光渔业产业带。

第十条　林竹、中药材产业

第 21 款　林竹：主要在邛崃、大邑、彭州、崇州、蒲江、双流、金堂、青白江等区（市）县发展工业原料林基地，在邛崃、大邑、崇州、蒲江等县（市）发展材用竹基地，主要在双流、都江堰、崇州等县（市）发展笋用竹基地。

第 22 款　中药材：主要在彭州、都江堰、大邑、崇州等县（市）发展川芎、郁金、黄连、黄檗等规模化、标准化种植基地和中药材良种繁育基地，发展川芎加工和有效成分提取，开发郁金产品等。

第十一条　农产品加工业

第 23 款　主要在近远郊区（市）县发展以本市生产的农产品为主要原料的农产品加工业，重点发展农副产品精深加工。鼓励社会资金投资农产品加工产业。支持现有农产品加工企业进行技改，引进利用先进加工技术和先进加工机械设备，扩大生产能力。支持农产品加工企业加大技术创新，鼓励企业与科研院校合作，建立技术研发中心，增强自主创新能力。发展农产品加工园区，支持农产品精深加工企业向工业集中发展区和重点镇工业点集中，逐步形成企业集群集约发展。支持农产品加工企业开展“村企合作”，发展“一村一品”，建设加工专业农产品原料基地。支持农产品加工企业创建品牌。

第十二条 农产品物流业

第 24 款 主要在龙泉驿区、双流县建立成都市农产品综合批发市场，在近远郊区（市）县农产品生产集中区域建设农产品专业批发市场和产地批发市场。发展农产品第三方物流，农产品流通企业和农村流通合作组织。依托主要农产品市场和流通企业，建设农产品电子交易商务平台。

第十三条 生物质产业

第 25 款 主要在金堂、双流、崇州、大邑、邛崃、彭州、温江、新都等区（市）县发展以农作物秸秆、菌渣、植物残体、畜禽粪便等废弃物为原料加工转化进行生物基产品、生物燃料和生物能源生产的生物质产业，发展农业循环经济。

第十四条 休闲观光农业

第 26 款 符合成都市城市总体规划、符合成都市土地利用总体规划和成都市旅游发展规划，且新增土地流转规模不低于 1000 亩的都市休闲观光农业项目。

第 27 款 符合区（市）县土地利用总体规划和旅游发展规划，且新增土地流转规模不低于 1000 亩的乡村旅游观光农业项目。

第 28 款 符合区（市）县土地利用总体规划和旅游发展规划，且新增土地流转规模不低于 1000 亩的生态旅游休闲农业项目。

第 29 款 符合成都市城市总体规划、符合成都市土地利用总体规划，且建设规模不低于500亩的农村土地整理项目。

第30款　符合国家产业政策，符合《成都市现代农业发展投资指南》的其他现代农业产业化项目。

第十二节　成都“别称”
——世界现代田园城市

“采菊东篱下，悠然见南山”——古代诗人陶渊明描绘了一幅怡然自得的田园生活画卷，想象一下这种田园生活的具体情境，都会有一种让人心驰神往、欲罢不能的冲动。但是我们也惊讶地发现，过这样的田园生活并不是那么容易的事：首先，古代是农业社会，人口远不像现在这么众多，丰富的土地及大量的农产品是当时社会富裕的象征；其次，现代是工商业社会，农业创造的效益已远赶不上工商业创造的效益；特别是中国现在面临人多地少、农村人口多的现状，一个城市人想要选择去农村生活并以农业为主业，则面临收入大幅缩水的危险。所以，在收入水平不大幅下降的前提下去实现陶渊明式的田园生活就显得有些不太现实。

具体到成都这样一个地方，农村人口和城市人口都很多，同样面临着人多地少的突出矛盾。2003年以来，成都就把城乡统筹发展、城乡协调发展、城乡一体发展作为成都的重要发展目标，这种发展目标能很好地解决城乡之间包括人员、资金各种要素的自由流动，特别是2007年国家赋予成都和重庆市以城乡统筹改革试验权，成都开始了一系列城乡统筹方面的积极探索。

成都素来以气候温润、一马平川、旅游休闲而闻名，是一座“来了就不想走的城市”，但“一座来了就不想走的城市”的主要功能是一句城市形象宣传语，是无法实现其定位用语的要求的。而“西南经济、金融中心和科学文化中心”这样的定位虽然有分量，但却略显严肃刻板。2009年，结合城乡统筹发展的要求以及7年多城乡统筹发展的经验，成都提出了建设世界现代田园城市的目标，核心思想是：城乡一体、社会公正、自然之美。

根据建设世界现代田园城市的核心思想，城乡一体发展是实现建设世界现代田园城市的重要抓手，也是实现建设世界现代田园城市的关键，更是实现成都“城乡户籍双向自由流动”这一目标的重要手段。成都的基本做法是：按照“以工促农、以城带乡”的总体要求，坚持“多予、少取、放活”和“工业反哺农业、城市支持农村”的方针。以推进工业向集中发展区集中、引导农民向城镇和新型社区集中、推动土地向适度规模经营集中为基本方法，大力促进新型工业化、新型城镇化和农业现代化；统筹推进城乡规划、产业发展、市场体制、基础设施、公共服务、管理体制“六个一体化”；加强农村工作“四大基础工程”（农村产权制度改革、农村新型基层治理机制建设、村级公共服务和社会管理改革、农村土地综合整治）建设。

由此可见，要实现建设世界现代田园城市的目标，以及提供实现陶渊明式的田园生活的现实机会，短期内还有很多事要做，加快城乡统筹发展情形下的城镇化（新型城镇化）显得很重要。据报道，2000年成都的城市化率约为54%；2003年后，得益于近7年城乡统筹和全域成都战略的实施，成都的城市化率在2011年已达到65%，预计到2015年将达到70%，从而进入城市化后期。“全域成都”

战略的实施，使得生活在成都郊区或乡村人群的生活质量不一定比城区差。至2020年，成都市市域就将全面完成城市化的进程，但成都的城市化并未完全结束，因为大量的省内外流动人口会不断涌入成都，扎根成都，给成都带来巨大的人口红利，城市化带动经济高速增长预计将持续到2030年。因而下文提到的成都旅游地产热应该会持续相当长的一段时间。

成都要实现建设世界现代田园城市的长远目标，一条适宜途径就是“矛盾地”使城市继续变“轻”的同时适当变“重”：成都经济以高科技行业、总部经济和现代服务业为主，这是成都的产业优势，而现代制造业被认为是短板，但近几年成都紧抓产业转移机遇，产业向下和向上双向发展，打造完整产业链和产业集群。产业向下聚集大规模的现代制造业可以吸收四川和西部地区大量的劳动力，增加城市人口红利；产业继续向上则是增强成都持久竞争力。双向驱动有利于扩大成都在整个西部地区及国外的影响。成都作为现代制造业基地，在以后的发展中，还可以利用其位于东南亚、南亚、西亚、东亚和欧洲的中心位置，将产业转移至邻近地区，成都仍具有吸留大公司区域总部和研发中心的实力，以维持其区域性影响力。

事实上，在成都郊区不但可以“采菊东篱下”，还可“悠然见快铁”。近年来，成都把“县县通快铁”作为建设世界现代田园城市的重要举措。成都的第一、二圈层短期内可通过地铁和公交产生密切互动，而成都第三圈层在短期内是无法通地铁的，所以成都的第三圈层对外交通相对落后于第一、二圈层。不过落后也是相对的，“县县通快铁”交通战略的实施使得成都第三圈层与成都主城的时空距离大幅度压缩。成都主城区的交通现状日益拥堵，但这一现象将在未来几年得到根本改变。2011年创造了4条地铁线同时开工建设的纪录，未来5年可实现“县县通快铁”的目标，未来10年可实现成都第一、二圈层“区区通地铁”的目标。成都的第二圈层作为地铁与快铁的换乘点，交通将具有地铁与快铁的双重优势。成都三个圈层的交通同步发展，对建设世界现代田园城市、统筹城乡同步发展意义重大。

下面所举例子可分别视为成都的第二圈层和第三圈层的典型代表，我们可以看到，成都的第二圈层是成都目前产业经济建设的主战场，而成都的第三圈层是旅游经济建设的主战场。成都的二、三圈层成为热点已经成为事实，建议想在成都投身相关领域创业的读者不妨多加关注，那里的投资成本相对低廉，但潜力巨大。

附：

2010年成都的城乡统筹大事记与商机举例

1. 2010年9月7日，成都龙泉驿区政府、国开金融有限责任公司与国家开发银行四川省分行签订《国开四川（龙泉驿）城乡统筹发展基金合作框架协议》，三方共同设立全国首支城乡统筹发展基金——国开四川（龙泉驿）城乡统筹发展基金。基金总规模为100亿元，首期规模20亿元，将分批投入成熟的优质城乡建设用地增减挂钩项目。为什么选择龙泉驿呢？因为龙泉驿区有汽车产业做支撑，经济实力强。作为四川省、成都市确定的以汽车产业为主导的现代制造业基地，国内知名的一汽大众等汽车生产企业已进驻，并且产能持续扩大。因此近5年的地方财政收入年均增长率超过60%，2010年全区地方财政收入全口径约100亿元，区域经济综合实力跃居四川省十强县第2名。

随着四川省规划建设天府新区、成都城市东扩、地铁二号线的通车以及龙泉驿区汽车、休闲产业的崛起，该区未来的发展潜力非常巨大。未来将争取在现有基础上把全区建设成为中国一流、世界知名的经济强区和城市新区，有可能在2015年到2020年之间，进入中国十强区（县）。

龙泉驿区的逐步成功，是明显的第二圈层工业带动城市，城市带动农村，快速推进城乡统筹和世界现代田园城市建设步伐的典型例子。

2. 成都国际慢生活体验区：位于成都郊区崇州市境内的街子镇—三郎镇一带，规划面积18平方公里。该区域集中了龙门山成都段区域的优质旅游资源，包括鸡冠山、凤栖山、青城山系与千五里河、味江河系组成的山水资源，街子镇和三郎镇组成的古镇文化资源及慢生活主题街区组成的居住商业资源，终极目的是打造作为世界现代田园城市的蓝本。目前有示范项目“蜀山栖镇”，打造理念：“观山、听水、慢生活”；投资单位：成都传媒集团。“蜀山国际慢生活体验区”，北靠青城山，西邻青城山脚下的千年古镇，旅游资源尤为丰富。定位：度假、养生、休闲、运动、高档住所。

上面所说的“成都国际慢生活体验区”或许只是近段时间来成都市市民和投资商依托近郊和周边丰富的旅游资源共同兴起的旅游地产热，这种热潮得益于三方面：一是热岛效应。近年公布的《成都市城市“热岛”效应的遥感研究》发现，成都的“热岛”在成都二、三环之间及三环外侧已形成环状，城区内外的温差最高达8℃以上。生活在“热岛”上的人，对大自然的渴求显而易见。二是成都人爱休闲。美国《洛杉矶时报》曾刊登过一篇文章，称成都人爱休闲胜过爱金钱。三是丰富的旅游资源和逐渐便捷的交通。成都这个城市很有特点：虽然其地处成都平原，可出市区不远就有山（成都往西走就是通过横断山脉逐渐过渡到青藏高原）。既有小山丘也有大山脉，成都平原海拔只有500多米，而西岭雪山则高达5000多米；加之还有都江堰等水的灵动元素，这些旅游资源对天生爱休闲的成都人和超级敏感的地产商来说简直如鱼得水。现在成都市得益于世界现代田园城市的历史与长期定位以及统筹城乡的现实机遇，“全域成都”快速交通体系正如火如荼地推进，成都经济也快速提升，旅游地产于是跟着火了起来。

第十三节 成都推荐就业创业专题1
——综合介绍

本专题所说的就业和创业是同义语，是指通过创业来解决自己或他人的就业与个人发展问题。既然首先是要解决自己的就业和个人的发展问题，那么本专题所说的创业特指初创企业创业、微型企业创业、中小企业创业及个体工商户创业等内容，有别于大企业“二次创业”等含义。

2008年金融危机以来，返乡创业的农民工和大学生日益增多，各级政府相关部门也出台了一些优惠政策并落实了许多具体的帮扶措施。但由于各地的资源禀赋、承接产业转移的能力、市场发育情况、行业特点以及政府措施不尽相同，所以很难用一两句话就可以把这个问题讲清楚。选取某个特定区域来简单介绍，相信能够为大家所接受，本节就选取商业氛围较为浓厚的成都市来加以简述。

以成都平原为核心的四川盆地自古就有“天府之国”

的美誉，该名称意即物产丰富。经过历史的积淀，成都目前已是中国西南地区的商贸之都。近年来，四川省政府确立了“突出向南”的对外开放新格局，成都将来也可能成为区域级（南亚、东南亚、中亚和中国西南地区）的商贸之都。复兴“南方丝绸之路”这一辉煌历史的过程也就是重新确立成都作为区域级商贸之都的过程。

2010 年 5 月 25 日在成都发布的《2010 美资企业在华》白皮书指出：“大连、成都等二线城市将成为美资在华的投资重点区域，同时随着近年经济的快速增长，成都已成为中国最佳投资地之一。”世界银行之前也曾发布报告称成都是“中国内陆投资环境标杆城市”。读者可能会怀疑：“最佳投资地之一”及“内陆地区投资环境标杆城市”等称号对我们打算“白手起家”的创业者有多少直接帮助？甚至担心成都市过多地关注国内外大企业的落户及扩大投资，优势资源几乎都用于对优势企业进行“鼓励”和“配置”了，那么初创企业的生存环境和成长条件到底会怎么样？要回答这个问题，我们得仔细搜集资料并且分析出成都是否真的“喜大嫌小”？就笔者个人所搜集到的资料来看，这些问题是不成立的。

就成都的商业特点而言，是典型的“坐商”，不同于浙江的“行商”。“坐拥”上百个由本地“坐商”或外地“行商”投资兴建的商品交易市场和客货吞吐量居全国第四的双流国际机场，“坐拥”中国中西部地区类别最齐全和内容最纷繁的各式博览会。成都“坐商”特性的养成，跟成都市的区位条件和产业特点不无关系，成都不靠长江，所发展和形成的多是以酒类、食品、家具、服装等为代表的轻工业和以电子信息、生物医药为特色的高科技产业。相对于其他城市而言，这些轻工产业所需要的原材料基本上可以由物产丰富的“天府之国”来满足，而 IT、医药等高科技企业对物流条件的要求也相对较小，比较适合成都。在成都创业，想要投入少回报快，深刻理解“天府之国”的词中之意是有相当大帮助的。也就是说，在选择创业领域时，应重点考虑那些产业配套半径小、资源优势突出或者已形成了一定产业集群的行业。如食品行业中白酒行业，农业领域的生猪养殖加工业、生态蔬菜种植业，医药领域中的中药产业，文化创意产业中的动漫游戏，旅游行业中的旅游商品以及餐饮旅店业，电子商务领域中的相关细分行业，等等。

大家在一个地方做生意都希望当地有一种比较浓厚的经商氛围，或者希望当地政府奉行“重商主义”，读者的这种愿望在成都可以得到完全的满足。2010 年在成都举办的“2009～2010 中国报刊广告投放价值排行榜”发布会上，《成都商报》位列广告价值投放排行榜第 2，仅次于《广州日报》。报纸广告投放价值虽然不能完全代表一个城市的价值，但报纸广告投放价值确实是一个城市商业经济运行情况的“晴雨表”。所以《成都商报》位列全国都市报广告投放价值排行榜第 2 的形象直接地展示了成都这个城市浓厚的商业氛围和经济价值。

成都对微型企业或个体工商户的态度往往给人以惊喜：成都在其地方性文件《关于大力扶持微型企业发展的意见》中明确提出要将成都市内的 67 万个体工商户列入微型企业一体扶持，开了全国的先河。成都不止在对待个体工商户的态度上开了全国的先河，在对待微型企业注册资本金到位问题上更是开了全国的先河，为全国首创：四川省工商局 2010 年出台的《关于进一步促进民营企业发展的实施意见》和《实施细则》中，首次解决了民营企业的零首付注册问题，注册资本 500 万以下的公司均可零首付注册资本金。在公司递交设立申请时，只要符合《公司法》的规定，企业可不提交验资证明，即企业在开业3个月内，注册资本金可不付1分钱。在零首付3个月后，企业应实现实收资本到位20%，提交验资报告换发营业执照。对3个月后未付20%资本的，工商将吊销企业营业执照，清理出局。之前，开办公司注册资本金最少应首付3万元。在2012年年底前，对在成都、德阳、绵阳、广元、雅安、南充、巴中、乐山、资阳、遂宁、眉山、甘孜、阿坝等13个市、州的50个地震重灾区县开办公司的还给予其他政策上的扶持。

2010年曾有某知名专家指出，城乡收入差距的拐点已经到来，支撑该专家这一观点的事实依据是：在上海郊区的部分区域，投资农业或农村的投资回报率要高于城市。如果真是这样的话，成都目前正在进行的统筹城乡综合试验区改革以及成都正在全力实施的“全域成都”计划无疑给广大创业者以广阔的展示舞台。相对于城市创业，农村创业的成本更低，准入门槛也低，可供选择的地域也更广。目前，成都市城市发展的第二圈层（郫县、双流、温江、新都、龙泉驿等）是城市开发和工业建设的热点，相信不久将与成都市主城区融为一体。而成都市的第三圈层（都江堰、蒲江、邛崃、大邑、彭州、金堂等）环境质量优良、气候温润、雨量充沛，较适合发展有机生态农业和特色种养业。

在城乡统筹方面，有一项工作做得颇有新意：成都打算给196个乡镇共配备150名乡村规划师，实现乡村规划师“全域成都”的全覆盖。根据计划，招募乡村规划师的工作在3年内分三批实行：首批40名乡村规划师已于2010年10月底完成招募，并交给各区（市）县政府完善聘用、任用手续，实现了派驻工作；第二批65个乡镇乡村规划师的配备工作在2011年10月底由各区（市）县政府完成；

最后一批 91 个乡镇乡村规划师的派驻工作将由各区（市）县政府于 2012 年 10 月底前完成。

上面一段文字所提到的成都招募乡村规划师跟我们在成都创业有什么关系呢？大有关系！我们先且看看他们具体是干什么的：

(1) 就乡镇发展定位、整体布局、规划思路及实施措施向乡镇党委政府提出意见与建议，参与乡镇党委政府涉及规划建设事务的决策研究。(2) 负责代表乡镇政府组织编制乡村规划，提出具体的规划编制要求。(3) 负责代表乡镇政府对政府投资性项目进行规划把关。(4) 负责代表乡镇政府对乡镇建设项目的规划和设计方案向规划管理部门提出意见。(5) 负责代表乡镇政府对乡镇建设项目按照规划实施情况提出意见与建议。(6) 负责向乡镇政府提出改进、提高乡村规划工作的措施和建议。

如果要在成都农村投资或白手起家创业，要么需与乡村规划师打交道，要么就是在乡村规划师所确定的规划框架下行事。创业者所了解的农村特色优势创业项目多落实到具体的乡镇上，从某种意义上讲，成都的乡村规划师会促使国内近年来普遍绽放的“一村一品”鲜花在成都更加有序和鲜艳地盛开。

本节着重介绍了创业者在成都搞微型商业和特色农业方面的优势，因为从宏观（欧亚区域级商贸之都、城乡统筹改革试验区与国家现代农业示范区地位）、中观（“坐商”氛围、成都市“全域成都”规划与“田园城市”建设）和微观（政府扶持微型企业与个体工商户、乡村规划与“一村一品”）等层面分析，成都是中国西部地区比较适合搞微型商业和特色农业创业的地区之一。

第十四节　成都推荐就业创业专题2

——电子商务

根据中国城市竞争力研究会发布的2010年中国城市分类优势排行榜，杭州入选中国创造财富10个最快的城市之一（10个城市分别是：深圳、香港、上海、北京、澳门、台北、广州、鄂尔多斯、杭州和苏州），位列第9，所给出的解释是：杭州是“新经济创富城市”。事实正是如此：根据报道，杭州目前已产生了2000多家高新技术企业，高新技术企业的数量在全国15个副省级城市中排名第一。其中以知识、信息和服务为主要创新资源的新经济类企业约占总数的近40％。这40％中既包括如恒生电子、浙大网新、浙大快威、宏华数码等大型软件企业，也包括了阿里巴巴、支付宝等近百家商业和技术模式创新类企业。

杭州因为出现了以阿里巴巴为引领的电子商务创新模式而一举成为中国目前的电子商务之都，其也是全国名副其实的电子商务“运营中心”、“结算中心”和“创新中心”。一时间杭州成了全国电子商务结算的最重要的“资金池”。在杭州的带动下，整个浙江以及长三角地区的电子商务得到了巨大发展。

与杭州有着相似城市性格和城市特点的成都逐渐感觉到电子商务的巨大魔力，电子商务不但对实体经济有推进作用，而且电子商务本身就是一种正在快速发展和很有潜力的新产业，一个不得不及早谋划抢占的新经济制高点。为此，以先进制造业和现代服务业为产业核心和以“世界现代田园城市”为城市建设目标的成都市在“十一五”的最后两年提出要把电子商务作为优先发展和重点发展的战略性新兴产业，并且于2009年11月出台了《成都市电子商务发展规划（2009～2012）》，提出到2012年电子商务交易额要达到3000亿人民币，城市电子商务方面的综合实力要位居西部第一，进入全国10强。与此相适应，2010年安排的电子商务鼓励扶持资金占到了现代服务业鼓励扶持资金总额的1/6以上。在电子商务领域各方面均落后于环渤海、长三角和珠三角，甚至部分指标还落后中部的武汉和郑州的成都，如何实现电子商务产业的跨越式发展，是一个政府相关部门正在做的课题，更是有志于在成都寻找电子商务领域机会的人士所思考的问题。在商业和区域竞争异常激烈的今天，个人或企业创业一方面离不开一个地方大的产业环境，另一方面更离不开思维创新以及刻苦探索。四川八九点电子商务有限公司CEO喻凯经过调研和思索后认为：成都发展电子商务，一方面既要“招大引强”，引进一批国内外大型电子商务企业布局成都；另一方面急需扶持一大批本土电子商务企业，使其发展壮大。他认为，电子商务是一个基本上没地域性限制的产业，“招大引强”对于一个地方加快电子商务产业的发展和聚集有明显效果，但也存在排挤本地中小型电子商务企业的问题。笔者对此也有同感，例如一个企业只是在你这个地方布点，但是总部或结算中心却不在你这里，那么现金流和大量的相关税收地方则无福消受。这一点，重庆认识非常深刻，重庆目前也在致力于大力发展电子商务，但重庆发展电子商务有一个很重要的目的就是要为重庆打造中国内陆最大的结算型金融中心服务，所以很自然地，重庆提出要成立一系列的交易所，其中就包括要成立全国较大规模的电子商务结算中心。具体做法就是联合eBay下面的PayPal公司（全球最大的国际电子商务结算公司）在重庆设立一个全球结算中心，利用重庆优惠的税费政策等优势将其在新加坡的结算中心搬过来（或者把新增的结算任务放在重庆），eBay正想在中国扩大市场，双方一拍即合，该计划得到了国家外管局支持。最新报道显示，阿里巴巴也在重庆设立结算型运营中心，无疑会为重庆贡献一定量的现金流和税收。

话题又回到成都电子商务如何发展以及最大出路在哪里的问题上，喻凯继续分析和建议说："成都既没有杭州已经形成的'电子商务之都'的优势，也没有沿海发达的制造业优势，我们如果期待后发制人，就必须先找到电子商务的短板。电子商务作为一条完整的产业链基本可以分为以下几个步骤：网货供应—网络平台营运—结算—物流—终端买家—服务（售前、售后）。当前杭州已牢牢占据住'运营中心'和'结算中心'的位置，而珠三角和长三角已利用本土制造业优势把握住网货供应商的绝对主力位置。唯有服务的环节目前还未有效解决。服务差是电子商务行业普遍存在的问题，也是困扰电子商务进一步发展的重大难题。因为电子商务开展的业务都是相隔万里，而很多中小企业又根本不具备服务全国的能力。所以各种问题层出不穷，服务方面的投诉也一直在攀升。问题所在就是机遇所在，而服务恰恰是成都最好的优势。"①

的确如此。在竞争激烈的今天，电子商务全产业链条的构建很有必要而且也非常重要，要想全产业链都取得重大突破并且挑战强者，在短期内却显得不太可能，但发现产业链短板并集合自身优势重点突破还是很有前途的，而且商机无限。成都目前正在打造中国西部的"声谷"（呼叫

① 摘录自千龙网四川八九点电子商务有限公司CEO喻凯的《成都目前电子商务发展现状剖析》一文。

中心)，一系列现代服务业正发展得有声有色，同时四川正在构建西部的综合交通枢纽。综合一系列的情况来看，喻凯先生的分析和建议很有见地。而且从与成都相距不远的重庆的做法来看，选择与淘宝的竞争对手 eBay 合作建电子商务结算中心也是结合了重庆发展需要与集合重庆优势加以重点突破的。

当然本专题的主要目的并不是转述别人的言论。笔者认为，政府相关部门制定政策是有长远考虑的，他们多是以构建全面的产业链和产业链条上重要的产业集群为己任。创业者可在政府大的产业规划指引下，结合产业发展实际，选择认为可以取得突破或占领细分的市场空白点，以及可以加以创新的地方加以重点突破。搞电子商务不搞创新，想以不变应万变那基本上是不可能的。

据悉，成都提出大力发展电子商务有一个很重要的出发点就是“巩固和提升成都作为西部商贸中心的地位”。那么，电子商务在成都哪些行业或领域可以大有作为呢?

在《成都市电子商务发展规划（2009～2012)》中指出，成都的电子信息、机械、医药食品、冶金建材、石油化工等六大重点产业和制鞋、家具等特色优势产业为主的制造业经济板块，为 B2B（企业对企业）电子商务发展应用提供了产业支撑。同时，批发零售、会展、旅游、健身、餐饮等传统优势服务业和飞速发展的现代服务业为目前方兴未艾的 B2C（企业对个人）电子商务发展应用提供了广阔的空间。

在具体行业方面，成都将优先发展其具有特色或优势的相关产业。如：（1）制造业。IT、机电、医药、女鞋、家具、食品、汽车、通信等优势制造产业。（2）农业。以农业 10 大产业（优质粮油、畜禽、蔬菜、水果、茶叶、花卉、中药材、水产、木竹和食用菌等）的标准化规模化基地和龙头企业为重点。（3）商贸流通业。以成都国际商贸城、青白江区、双流县、龙泉驿区等商品市场集中发展区为重点。（4）民生服务业。代购、保洁、订餐、家教、保姆、代缴费等各类社区服务。（5）旅游业。（6）教育培训业。（7）文化创意产业。（8）软件和服务外包。（9）房地产业。

据了解，成都目前招商引进的电子商务企业和项目有：阿里巴巴西部基地项目、京东商城西部总部和京东研究院、卓越亚马逊全国客服中心和西部运营中心、四川（成都）淘宝创业园、携程、慧聪、新蛋、凡客诚品、天涯社区等机构的区域总部或运营中心。成都本土电子商务企业：农业及相关领域的有中药材天地网、温江花木网、汇农网；传统家政服务领域的有96118家庭服务网、川妹子；加工制造及相关领域的有九正建材网、通吃网、米兰网、川菜网；文化创意产业领域的有新华文轩、大书坊、杂志铺；商城领域的有国际商贸城、富森美家居、仁和春天、伊藤洋华堂、太平洋百货等。

成都立志于在“十二五”期间建设成为西部电子商务的绝对龙头城市，具体表现在其“三中心”的定位：全国移动电子商务应用和产业中心、全球电子商务西部运营中心、全球电子商务支撑服务产业中心。在各方大力推动下，成都电子商务交易额2011年已达2000亿元。

而作为一个面向微观个体的项目，晟湖电子商务现代商贸港（位于成都新津县）将打造西部最大的电子商务现代商贸港口之一，不仅要聚集3000～5000家网商，为全国买家提供“体验式购买”服务，形成中国最大规模的“网货村”，而且也将成为西部地区最大的电子商务集散地之一。同时，得益于成都北部商贸城的大力建设，金牛区、新都区、青白江区、彭州市等地的电子商务也将逐渐发展起来。

如果读者想在电子商务领域发展和创业，而自己又不是专业或经验人士，那该怎么办呢？在成都，有几种模式供读者参考：校园或社区兼职或全职代理——电子商务公司员工（或独立搞电子商务创业）；开实体店铺＋网店，同时代理（或全国独家代理）一些厂商生产加工的四川名优土特产品；通过中介的形式帮助四川众多未应用电子商务的中小企业进行电子商务应用。即使你不是专业人士，但如你有相关产品的市场经验或行业信息，你也有事情可做，有钱可赚，这就需要智慧的你细心去发掘、把握和运筹机会了。

第十五节 成都推荐就业创业专题3

——文化创意

2009年，我国国内生产总值增长8.7%，而文化创意产业产值增长超过17%，文化创意产业在我国经济社会发展中起着越来越重要的作用。在国外一些文化创意产业大国，文化创意产业在经济领域中不是起着“一般”的作用，而是起着“主导”的作用。在美国，文化创意产业已超过航空、重化工及汽车等传统产业领域，成为该国最大的出口产业。2010年美国核心版权产业的增加值已达1万多亿美元，占GDP的比例已超过7%。数据往往很抽象，举一个就在2010年发生的实例，一部《阿凡达》电影在全球所创造的票房收入赶得上中国数十部排名靠前电影所创造的票房收入。如果以中国生产并出口的实体商品——袜子计算，这样一部电影可以抵得上中国工厂所生产的10亿双袜子。以前，中国部分学者总担心美国的大片进入中国市场会带来政治影响，是文化入侵；现在中国的学者们不一定那么认为了，他们可能已经看到了美国文化产业成功背后所取得的巨大经济利益，并以美国为借鉴，大力倡导发展文化创意产业。中国文化市场很大并且发展很快，但读者也可能注意到了，占据中国文化市场较大份额的不是中国本土企业，而是国外的文化企业。形象地讲，中国有较大比例的年轻人喜欢看韩剧，也有较大比例的年轻人抵挡不住日本动漫的诱惑，更有相当大比例的不同青年、中年忍不住要先睹美国新出的大片为快，喜欢看书的人还会发现许多在中国的畅销书也是翻译和出版国外的著作而来。中国要振兴文化产业，就必须从扩大内需和扩大中国文化在国内外的影响力两方面入手。金融危机的来临，通过扩大文化内需这种绿色内需的重大时机已经到来，国家已出台了文化产业振兴规划和金融业支持文化产业发展的指导意见。国家系列规划和扶持政策的出台，各地政府和企业很是兴奋，据不完全统计，截至2010年，全国共有1300多个文化创意产业基地或园区。在部分东部沿海发达地区，文化创意产业已成为当地的支柱产业，以北京和杭州为例，北京创意企业达5万多家，从业人员超过100万，对GDP的贡献达10%；对于杭州，大家都知道，在全国15个副省级城市中，杭州最具有“新经济”特征，文化创意产业对GDP的贡献也超过10%。

读者可能会纳闷：文化产业与文化创意产业的概念不一样，为什么本文把他们混为一谈？是的，他们包括的内容确实不一样，不过从总体上来说，文化产业是比较笼统的说法，包括的范围要广泛得多，而文化创意产业则是特指文化产业中主流的、附加值高的、发展较快的并且潜力无限的一些产业，如传媒业、动漫业、游戏业、演艺业、创意设计业等产业。从媒体报道用词来看，文化创意产业是文化产业中的主导产业，所以本文就不严格区分二者，用词较为灵活。

既然全国都在兴起一股发展文化创意产业的热潮，那么成都也不例外。成都作为目前中国西部的中心城市，也是中国首个明确以“世界现代田园城市”为城市历史定位的城市，发展包括文化创意产业在内的现代服务业近几年来一直是该城市经济和产业关注的焦点。2009 年 12 月成都市人民政府办公厅发布了《成都市文化创意产业发展规划（2009～2012）》，提出要把文化创意产业作为成都未来最重要的战略性新兴产业之一（成都要保持西部中心城市的地位需要彰显其城市的“文化创意软实力”，而大力发展文化创意产业可能就是最好的方式——笔者注）。根据成都已形成的文化细分行业优势以及产业未来发展潜力，成都市人民政府办公厅于 2010 年 4 月发布了《成都市数字新媒体产业发展规划（2010～2012）》，提出要重点发展网络游戏与动漫产业。

根据《成都市文化创意产业发展规划（2009～2012）》，成都将重点发展传媒、文博旅游、创意设计、演艺娱乐、文学与艺术品原创、动漫游戏和出版发行七个重点行业。空间布局如下：结合目前成都市文化创意产业发展的现状和趋势，文化创意产业形成“四片两区一带多点”的空间格局。四片：红星路片区，依托“红星路 35 号”园区、成都日报报业集团、四川日报报业集团，发展传媒业、广告业、创意设计；红光楼片区，依托“成都东区”项目，发展数字音乐、艺术品原创与交易、创意设计；红牌楼片区，依托“UK 联邦”街区，发展创意设计；浣花片区，依托四川省博物院、杜甫草堂博物馆、锦绣工场和送仙桥艺术城，发展文博旅游、创意设计和文学与艺术品原创交易。两区：南部新区，依托“国家动漫游戏产业振兴基地”，发展动漫游戏业；东部新城，发展文化科技、数字电影、演艺娱乐、文化旅游、体育休闲产业。一带：“198”文化创意产业重点发展带，依托文化科技产业园、“成都大魔方”娱乐中心、音乐小镇、三圣文化创意基地、数字出版产业园、非物质文化遗产国家公园、两河森林公园、大熊猫生态园等文化创意产业园区，发展动漫游戏、时尚音乐、演艺娱乐、文学与艺术品原创、数字出版、创意设计、文化旅游等文化创意产业。多点：挖掘二、三圈层特色文化资源，发挥地域优势，形成文化创意产业新亮点。依托安仁文博旅游发展区、天府古镇、安靖蜀绣产业园等项目，发展文博旅游、农业观光、创意设计业。

一般来讲，成都的南部新区和东部新城分别代表了动漫游戏和影视娱乐两大主流形态，是IT类人士和艺术类人士应该重点关注的区域。

根据《成都市数字新媒体产业发展规划（2010～2012)》，成都是国家重要的数字游戏动漫产业基地，现有游戏动漫开发、运营和专业人才培养等企业210余家，从业人员约3万人，2009年实现销售收入28亿元，约占全国的6%，初步形成以成都传媒集团、云计算中心、万国数据、金山、腾讯、盛大、育碧、智乐、精锐、恒风、斯普等龙头企业为代表的游戏动漫及服务产业集群，《侠义道》、《疯狂老鼠》、《星尘传说》、《春秋Q传》、《星系宝贝》和《妞妞淘》等一批网络游戏、视频游戏和动画、漫画产品成功上线运营，进入央视播出或在新华文轩等知名连锁书店上架销售。数字游戏方面，成都市以网络游戏主打、视频游戏起步和手机游戏提速为特征，形成了一定规模的企业聚集和较完整的产业体系。2009年，实现销售收入达25亿元，在国内数字游戏产业中占比超过10%，同比增长120%。产业规模目前仅低于上海、北京、广州和深圳，排名在国内靠前，并在中西部城市领先。数字动漫方面，成都市起步较晚，原创较弱，规模偏小，发展相对滞后。但同时，成都人力资源丰富，人才条件较好，音乐、美术等产业要素配套性强，本地消费和区域市场带动性大，重点企业开发能力具有比较优势等，为成都市动漫产业形成追赶型跨越式发展奠定了坚实基础。

2008年4月11日至14日期间，全国政协副主席、民革中央常务副主席厉无畏来四川调研创意产业时指出，四川具有丰富的文化资源、农业资源和旅游资源优势，希望发挥自身资源优势，将科技创新与文化创意完美结合，用创意产业打造四川经济发展的新路径。从厉无畏的观点来看，文化创意产业从产业经济的角度上讲可以算是一个独立产业；但从产业依存和产业融和来讲，文化创意产业需与其他产业融合才能取得较大的发展，“创意产业是一个无边界的产业，延伸出去能形成创意经济、创意工业、创意农业等，四川作为一个西部省份，要实现经济‘蛙跳’式发展，创意产业是一条有效出路”。成都发展文化创意产业离不开当地丰富的文化资源，成都作为四川的省会，可以利用全省的文化资源发展产业。具体来讲：成都平原具有丰富的古蜀及历史文化资源，如广汉三星堆、雅安大熊猫、成都金沙遗址、成都武侯祠、都江堰—青城山等等。而整个四川的可供利用和开发的文化资源就更多了，但整个巴蜀文化资源和文化产业多集中在成都、德阳、绵阳、广元、眉山、乐山、雅安等带状区域。另外，比较具有四川特色的是集民族文化、宗教文化、生态文化、红色文化于一体的藏羌彝（少数民族）文化产业走廊，该走廊是汶川地震文化恢复重建和提升的重点区域。

由于文化创意产业门类繁多，可以发掘的资源和可以运用的领域也很多，这为大家提供了充分的想象空间和创造财富的舞台，但本文始终认为，结合一个城市的特点与个性、已有的优势产业以及当地已经成功打造的文化创意产业发展案例来选择项目或主攻方向，将会使创业事半功倍。例如发展以工业设计为主线的创意产业，推动制造业升级（如成都金牛区）；依托软件产业，发展以数字内容为代表的创意产业（如成都天府软件园）；发挥文化、旅游产业大力发展以出版、广播影视、文艺演出、创意旅游为支撑的创意产业（如成都锦里）；利用农村各种资源，大力发展创意农业（如成都三圣乡）；另外成功的例子还包括成都双流县兴隆镇的“玫瑰天堂”现代农业项目，该项目利用当地地形条件，有规划地种出“川剧脸谱”、“国宝熊猫”等玫瑰图案，形成“四季花海、彩田艺术”的创意农业，使每亩土地收入上万元；再如成都的“宽窄巷子”、“慢生活”等成功运作项目。

发展文化创意产业最重要的因素是人才。成都高校林立，文化创意产业相关领域人才供给比较充足，并且成都事实上已经形成了发展文化创意产业的产业气氛和商业氛围，投融资机构和政府部门都非常青睐成都正在快速崛起的文化创意产业，这给有志于在成都创业的能人志士提供了肥沃的创业土壤，有兴趣的读者不妨多多了解，发现适合自己的创业项目或者找到理想的工作岗位。

2011年11月，在由中国人民大学、文化部文化产业司联合主办的第3届“文化创意产业与品牌城市国际论坛”上，中国人民大学文化创意产业研究中心发布了“中国省市文化产业发展指数（2011）”，四川进入了文化产业综合发展指数排名的前10位（前9位皆为沿海省市）。这说明四川的文化产业发展势头非常良好。当然，这得益于省会城市成都的强劲带动。据悉，成都将依托四川丰富的文化资源和成都优秀的智力资源打造出五大文化品牌：广场之城、“非遗”之城、博物馆之城、图书馆之城、创意之城。根据笔者观察，相对于西部其他城市而言，成都在打造“非遗”之城、创意之城和广场之城这三方面具有非常独特的优势。

四川的文化资源主要包括历史文化资源、民族文化资源、红色文化资源、宗教文化资源和智能文化资源。智能文化资源主要是指从事创造性、精神性劳动的文化工作者的创造性才能。知识和智力是智能文化资源的两个核心要素。它是文化资源产业化开发的重要精神资源，也是发展文化创意产业的引擎。

第三章

重庆篇——工业重庆

第一节 重 庆

——双重喜庆之城

1 重庆名称的由来以及重庆部分历史

宋朝有一个皇子叫赵接踵，于公元1189年正月被封为恭王，封地叫恭州（就在目前的重庆），该年的第二个月赵接踵登上皇位（宋光宗）。两个月接连两重喜庆（宋光宗名字叫赵接踵，喜事也是接踵而至），所以宋光宗将恭州改成重庆府。

重庆不但给宋光宗来了个双重喜庆，同时在民族患难时给国家以强有力的支撑。在宋末元初的那段战乱时期，重庆市境内的合川区有个数十平方公里的小城，名叫钓鱼城。钓鱼城以一孤城的力量在宋朝江山风雨飘摇的时候抗击和牵制了蒙古的大量军队，久攻不下，使得成吉思汗的孙子蒙哥大汗亲自前来督战，不幸被炮火击伤，死于重庆。于是远征欧洲、非洲和中东的各路臣子班师回朝争夺王位，缓解了当时的欧洲军事局势。历史记载，蒙古军队当时在欧洲所向披靡，罗马教皇惊呼蒙古军队是“上帝惩罚之鞭”。因钓鱼城事件对改写当时世界局势起了巨大作用，故很多西方的历史学家把重庆市境内的合川钓鱼城称之为“上帝折鞭处”。

时光辗转到现代，重庆仍然是风起云涌的重要历史舞台。民间曾有种说法，说是革命先驱孙中山在逝世前，曾对继承人蒋介石传授“锦囊妙计”——“外患入川，内患入台”。抗战时期国民政府正确地选择了迁都重庆，以大巴山和武夷山作为重庆的外围天然屏障，同时积极利用重庆山城的地理优势对付日军的空中轰炸，使得日军“速战速决”计划迅速化为泡影。

近年来，重庆正在以“民生为本”的科学发展理念，探索中国内陆地区共同富裕的发展道路，意图在发展的过程中实现公平和共富。这条发展道路不但帮助重庆的经济表现抢眼，而且也使社会民生领域的改革成就巨大，居民满意度和幸福感大幅提升。经济社会同步发展，是现阶段“重庆”——“双重喜庆”的时代含义。

由此可见，重庆在我国古代及现代历史上一直就是战略要地，在各个时期对国家均有不同层面的巨大贡献。现在，重庆是国家城乡建设部确定的国家五大中心城市之一（五大国家中心城市分别是：北京、上海、天津、广州和重庆）。有理由相信：在今天及以后的日子里，重庆还将冲出盆地和跳出大山，成为中国最重要的经济高地之一。

2 重庆未来最大的产业与长江上游金融中心

新中国成立后，特别是“一五”和“三线建设”时期，国家在重庆布局了大量的重工业，建立起了门类比较齐全的国防工业体系（重庆是中国最大的常规兵器生产基地）。由于历史原因，重庆自抗战起就是中国最重要的工业基地之一。

重庆的国有企业在直辖初期曾经是一个很让政府头痛的问题，自 2002 年起，经过一系列资本运作和努力改善经营，2011 年重庆的国有资产规模已达到 1.4 万亿人民币，全国排名第 4，8 年时间增长约 6 倍。重庆快速发展的国有经济成了政府的第三财政，近些年重庆政府在民生领域的大投入和大动作，以及在促进重庆相对落后的“两翼”地区发展方面的大投入，很大程度上归功于政府对国有企业所进行的“重组”。

就工业产业类别而言，以汽车整车及零部件、摩托车整车及零部件为主要内容的汽摩业是目前重庆的第一大产业集群，以内燃机、仪器仪表、变压器、齿轮加工机床和内河船舶制造等为主要内容的装备制造业为第二大产业集群，以化工、冶金、建材、医药、食品、纺织服装为主要内容的资源加工业为第三大产业集群。重庆的制造业优势突出，格力、美的、海尔、康佳、国虹等家用电器和手机数码生产企业都已在重庆建立了生产基地（企业园区）。

2008 年以来，随着惠普、宏碁、华硕等品牌笔记本电脑重庆全球生产基地的落户，以及广达、英业达、富士康、和硕、仁宝、纬创等代工企业以及数以百计的配套企业的涌入，重庆即将成为亚洲最大的笔记本电脑生产基地，至 2015 年可形成 1 亿台产能、7000 亿元产出、1000 亿美元进出口规模的笔记本电脑产业集群；再加上服务器、台式电脑、显示器、路由器、打印机、数码相机、监视器、智能手机等约 1 亿台产能，最终达到 2 亿台件 IT 和通信相关终端产品的电子信息制造业产业集群，形成超过万亿元的产业规模。与之相对应，重庆正努力建设国内最大规模的“云计算”全球数据处理基地，计划到 2015 年，聚集 100 万台服务器，产业规模达到千亿美元。以笔记本电脑为核心的电子产品制造业与以“云计算”、离岸数据处理为核心的信息产业一起组成重庆未来规模最大的电子信息产业集群。

近些年重庆组建了农村土地交易所、农畜产品交易所、股权转让中心、药品交易所、航运交易所、金融资产交易所和上市路演中心、联合产权交易所等区域要素市场，大力发展以加工贸易、离岸结算、电子商务国际结算、要素市场交易结算和总部结算等为特色的结算型离岸国际金融中心。金融业发展迅速，2010 年金融业增加值占 GDP 的比重已达 8%，成为重庆主导产业之一。长江上游金融中心的雏形已经显现。

在重庆的国有企业重新焕发青春的同时，民营经济也得到了长足的发展，目前民营经济已占到了重庆经济总量的 60%以上，培育了一大批在全国有影响力的大型民营企业，如龙湖、力帆、宗申、隆鑫、渝安、博赛矿业、民生实业、协信，等等。许多民营企业在重庆建设区域金融中心和内陆经济高地的过程中受益匪浅，融资能力、产业拓展与经营能力大为增强。

3 重庆的“一圈两翼”和对外经济辐射

重庆全市户籍人口 3200 多万，常住人口 2800 余万，土地面积超过 8 万平方公里，比中国其他三个直辖市土地面积的总和都要大。重庆具有大城市带大农村的典型特点，大库区、大山区和少数民族聚居区并存，是“中国的缩影”。区域内发展不平衡，重庆主城区以及一小时经济圈内的十几个区县条件相对较好，包括了主城 9 区（九龙坡、大渡口、南岸、巴南、渝中、渝北、江北、北碚、沙坪坝）以及潼南、合川、铜梁、大足、荣昌、永川、双桥、璧山、江津、綦江、万盛、南川、涪陵、长寿等共 23 个区县组成的“一圈”（2011 年末，万盛和双桥已分别并入綦江和大足）。“两翼”包括渝东北翼和渝东南翼。渝东北翼以重庆第二大城市万州区为中心，包括城口、巫溪、巫山、开县、云阳、奉节、梁平、忠县、垫江、丰都共 11 个区县。渝东南以重庆黔江区为中心，包括秀山、酉阳、石柱、彭水、武隆共 6 个区县。渝东北翼和渝东南翼在过去由于不具备交通和区位优势，加之三峡移民和地处山区等客观因素，产业经济一直没有得到长足的发展，但随着重庆“一圈两翼”战略的实施，特别是百年铁路宜万铁路（宜昌—万州铁路，前身是辛骇革命前的川汉铁路）的建成通车，以及黔张常铁路（黔江—张家界—常德）的不久建成，将从根本上改变渝东北地区和渝东南地区的交通和区位条件，“两翼”与“一圈”地区的区域差距必将大幅度地缩小。

重庆是我国的劳务输出大市，大概有 800 万务工人员，市外务工的约 500 万，市内务工的约 300 万。同时，重庆作为我国工业基础较好的城市之一，也吸引了至少 100 万的市外人口到重庆务工创业。到重庆务工创业的人士多来自临近省份，如四川、贵州、湖北、湖南、河南、云南等。

2010 年 6 月，重庆两江新区成立后，对毗邻重庆的邻省城市吸引力大增，四川东北部的达州、广安以及四川南部的泸州、内江等均表示要加快步伐融入重庆以期共同发展，贵州的遵义表示要打造成重庆的卫星城和“后花园”，而湖北的恩施也表示要主动融入重庆经济圈。

在未来 5～10 年的时间里，重庆将全面落实“一江两翼三洋”国际物流贸易大通道战略。① 这里所说的“一江两翼三洋”物流贸易大通道是双向的，重庆将与东南亚、南亚、中亚、中东和欧洲产生紧密的经贸联系，特别是东南亚地区目前已经是重庆传统优势产品的重要出口地，重庆的汽摩、手机等产品在上述区域以及非洲、拉美等新兴市场具有良好的口碑，重庆其实是可以作为相关产品拓展国

① “一江”是指通过长江通达太平洋。“两翼”中的“西北翼”是指通过兰渝铁路，由新疆阿拉山口出境，经哈萨克斯坦—俄罗斯—白俄罗斯—波兰—德国—鹿特丹港通达大西洋；“西南翼”是指通过渝黔铁路和滇缅铁路，由贵阳—昆明—大理—瑞丽出境，经缅甸皎漂港通达印度洋和中东地区。“三洋”分别指该市所谋建的国际贸易大通道的目的地：太平洋、大西洋和印度洋。

外新兴市场的根据地或跳板。近年来一些国内著名汽车生产商与重庆摩托车企业合作生产汽车就有基于这样的考虑。

4 重庆两江新区

重庆两江新区是中国第三个“新区”，前两个分别是上海的浦东新区和天津滨海新区。这种国家级新区的设立一般都反映了国家的宏观战略意志，简单地讲：深圳特区——珠三角崛起；浦东新区——长三角崛起；滨海新区——环渤海崛起；两江新区——中西部崛起。

在国务院批复的文件里面，重庆两江新区有着五大功能定位：一是统筹城乡综合配套改革试验区先行区；二是内陆重要的先进制造业和重要服务业基地；三是长江上游地区金融中心和创新中心；四是内陆地区对外开放的重要门户；五是科学发展的示范窗口。

综合《国务院关于推进重庆统筹城乡改革发展若干意见》和胡锦涛主席关于重庆的“314”总体部署以及重庆的区位特点，笔者认为重庆两江新区还有个重要任务就是：在西部大开发的新10年，深入推进西部省市区之间以及中西部之间的大流通、大融通，成为西部大开发纵深推进的发动机和内陆开发的重要门户。下面简单介绍两江新区的位置以及产业规划。

两江新区，以北部新区、空港功能区和两路寸滩保税港区为核心，包括江北、渝北、北碚三个区的部分区域，共1200平方公里。重庆两江新区的战略产业布局：轨道交通、电力装备（含核电、风电等）、新能源汽车、国防军工、电子信息等五大战略性产业布局，以及国家级研发总部、重大科研成果转化基地、灾备及数据中心等三大战略性创新功能布局，加快培育一批高成长性新兴产业集群。

截至2011年12月，重庆两江新区吸引了大批企业考察与落户，平均每天吸金约5亿人民币，区域内GDP实现了20%以上的增长速度。

在金融危机的背景下，国际国内的产业都需要转移至适宜的地方，而两江新区的获批将使中国东部以及国外的产业以更大规模和更快的速度向中西部转移，这对于尽快缩小东西部差距具有非常重要的意义。

5 重庆民生导向的“新政”

重庆近些年非常注重改善民生，并在政府政策层面确立了以民生为导向的经济发展模式，即“五个重庆”（畅通重庆、宜居重庆、平安重庆、健康重庆和森林重庆）的建设。一些重大民生措施相继实施，比如：建设4000万平方米的公租房，以市场价60%出租，解决了“夹心层”人士的居住问题；改革户籍制度，让千万农民自愿、有偿、弹性、体面地进城；两翼地区“农户万元增收工程”，有劳动能力的农村家庭在3年内增收1万元以上；关爱儿童、老人，制定“民生十条”等等，让人感觉温暖，充满希望。

以上政策措施来源于重庆市领导以民生为总纲的执政理念。以前，经济学家往往认为效率与公平不能兼顾，所以中国在相当长的一段时间里奉行的是“效率优先，兼顾公平”，特别是在“一次分配领域”体现得最为充分，导致中国居民的工资性收入在经济总量里的占比较低，致使国家把促进消费作为经济增长重要方式的努力效果不明显。“效率优先，兼顾公平”在一定时期内可以激发人的创造性和主动性，但同计划经济在一定时期内对中国经济社会发展帮助很大，而到了一定时候却严重阻碍经济社会发展的情况一样，不适宜和不完善的分配制度以及劳动者不能在较大程度上享受自己的劳动成果，工作的积极性就会受到严重打击。中国有句俗话“不患寡而患不均”，所以一定程度的公平公正是能够创造更高程度、更多层面、更大范围的效率的。中国独特的国情决定了“在发展的过程中实现相对公平和共同富裕”这条道路成功的可能性。

重庆也充分意识到在民生上舍得“花钱”，更能为老百姓和政府挣钱。重庆市在努力改善民生，也就是在努力改善投资环境。社会稳定、人人安居乐业、工作压力适当、身心健康，这些不光是政府所追求的，也是许多大型企业所乐于看到的。企业在此地可以专注于经营管理，专注于生产，而不用担心员工出事，因而大批企业非常愿意到重庆落户。这样政府来自实体产业的税收就多了，就不需要依靠“土地财政”。重庆充分考虑了住房具有商品和保障双重属性的特点，实行住房“双轨制”，大量兴建公租房，控制好房价。这一方面解决了老百姓的住房问题，另一方面也改善了投资环境。外资老板对重庆兴建公租房的做法均赞叹有加。

据统计，自 2008 年起，重庆外出务工的人数在下降，外省涌入重庆的人数在增加。这种现象部分是由于重庆的产业和经济快速发展提供了较多的工作和创业机会，部分是由于重庆以民生为导向的经济发展模式普遍提高了在重庆工作人士的幸福感，大家争先涌入重庆。2011 年 1 月 9 日召开的重庆市三届人大四次会议第一次全体会议定调了重庆经济与民生双重发展的目标：2011 年到 2015 年，重庆全市生产总值年均增长 12.5%左右，达到 1.5 万亿元（笔者预计：重庆每年实际经济增长速度可能比设想的要高 3～5 个百分点，2015 年末 GDP 可能达到 2 万亿元的规模），人均生产总值超过 8000 美元；城镇新增就业 150 万人，城镇居民人均可支配收入增长 75%，农村居民人均纯收入翻一番以上。以前各地（现在很多地方政府仍然是这样）一般把居民收入增长写在政府工作报告的后面，而且没有一个明确的目标，收入增长目标也没有明确地提出来要跟经济增长保持一致。这次重庆把“居民收入增长”这一项调整到最前面而且明确地提了出来，且跟经济增长目标并列，目的就是要走“以人为本”的科学发展观道路：坚持发展为了人民、一切依靠人民、成果为人民共享。

重庆以民生为导向的发展方式赢得老百姓的普遍拥护，也赢得了中央领导的充分肯定，社会改革取得的成就可以与重庆近年来取得的经济成就相提并论，经济快速增长和社会发展改革齐头并进的局面无疑是对“重庆——双重喜庆之城”这一句话进行了很好的旁注。

6 山城、美女、夜景、火锅与码头文化（巴渝文化）

重庆是一座山城：山即是城，城即是山。城市依山而建，道路高低不平，建筑错落有致，因此别称山城。山城不是现代才有的，自古代就有了一定规模。虽然不是地处河坝与平原，但重庆主城区所在地是长江和嘉陵江的交汇地，是战略与交通要冲，所以重庆是一个宜工、宜商的好地方。山城发展至今，主城区规模已达数百平方公里，并且在2015～2020年之间，主城区规模将超过1000平方公里，人口也将超千万。

山城重庆素有“世界桥梁之都”的称号，为了联系两江四岸以及弥合城市不同小区域的地理落差，需要大量建造桥梁或者穿凿隧道（重庆市区范围大致为中梁山和铜锣山之间区域以及山的外围各个组团）。据不完全统计，跨越长江和嘉陵江的大桥目前已达到15座以上，未来10年内将达到至少32座以上，而目前已存的一般性桥梁超过4000座。基于城市空间拓展所需要的基础设施建设量是相当巨大的。据笔者了解，在重庆竟然有一大批广东揭阳地区的农民工在重庆包工或务工，这可能跟广东基础设施建设基本完成，而重庆正处于基础设施建设热火朝天的情形有相当大的关系。随着两江新区建设的加快推进，重庆基础建设吸纳民工就业的量将呈增长态势。

下面我们来说一说重庆的美女。有一句诙谐的话是这样说的："到了北京才知道官小，到了深圳才知道钱少，到了重庆才知道结婚太早。"重庆美女素以热情火辣著称。重庆女性爱憎分明、爽直、敢作敢为，但重庆女人对爱情是非常忠贞的，这充分继承了古代女性巴人那种顽强与坚忍的品格，所以即使夫妻俩长期面临困难，重庆女人也能与丈夫患难与共，不离不弃。山城的山水地势与周边丰富的物产赋予了重庆女人既懂奋斗又懂休闲的双重性格特征。

重庆的夜景非常漂亮，同时到过香港和重庆的游客纷纷认为重庆的夜景可以跟香港媲美。在重庆长江与嘉陵江所围成的渝中半岛上，不到10平方公里范围内海拔就从200米上升至400多米。由于那里寸土寸金，很多高层建筑依山而建，到了夜晚，高层建筑的灯火与江面相映成趣，那种高低错落感非常强，绝对给游客以视觉的巨大冲击。观察夜景的最佳地方是南山一棵树观景台、鹅岭两江亭观景台、鸿恩阁、南岸区已建成的高层建筑、江边休闲广场或者江面上的油轮等地方。

重庆的火锅是全国出了名的。文献称重庆火锅起源于明末清初的重庆主城区嘉陵江和长江码头船工纤夫的粗放餐饮方式，相当于今天非标准化的"快餐"，为什么这么讲？船工纤夫的工作时间具有灵活性，饮食与工作在时间上的契合以"火锅"的方式可能最适宜。同时，船工纤夫长期在江边干活，为了祛除身体内的湿气，需要把一些禽畜肉及蔬菜往带有辣味的火锅汤里放，这样可以随烫随吃，极为方便、过瘾和防病（这里指职业病）。现在，在重庆和四川之外的其他地方，火锅这种饮食方式一般更多的是在餐馆满足，而在重庆，火锅已经大众化，家家户户都可以随时弄火锅吃，超出了很多读者心目中好像只有晚上才吃火锅的传统印象。正是基于这种大众化，2010 年底，北派火锅代表——内蒙古的小肥羊和小尾羊两大品牌就以冷冻牛羊肉产品和火锅底料进入超市的方式布局重庆赚钱（不开实体火锅店）。

吃火锅、看美女、赏夜景是众多游客到重庆后自觉或不自觉期盼做的三件美事。除了这些，重庆朝天门是许多游客也想游览的地方，朝天门就是重庆渝中半岛这艘“巨轮”的甲板。在朝天门以及附近的码头，游客可以充分体念重庆的码头文化。虽说重庆只是长江沿江的几个大城市之一，但由于重庆的地理位置以及地势原因，在过去及现在都很依赖长江，依赖重庆主城港口及周边的港口。在码头，游客会发现，码头不但停靠着各种轮船，而且有相当数量以帮助旅客搬运行李赚小费的“山城棒棒军”。这些从业人员不光分布在码头，而且更多数量分布在车站与各个小区，他们帮助居民或旅客提行李以减轻爬坡上坎的负担。历史上，以此谋生的从业人员达 10 万之多。他们为山城的建设和城市的高效运转曾作出了巨大贡献。10 年前的方言电视连续剧《山城棒棒军》给观众留下了深刻的印象，重庆的“山城棒棒军”已经成为重庆码头文化的重要组成部分。

当然，重庆的码头文化绝不仅仅指以码头、航运或者码头工人所代表的文化，更大程度上是指代表一种原生态的文化，这种原生态文化的最大特征：包容性、流动性和探索性以及由此而衍生的重庆人性格的特征——耿直、豪爽、敢闯。这种原生态码头文化所体现出来的包容、流动和探索特性其实就是今天重庆改革、创新和开放的城市特性，是一种既古老又先进的文化形态。

第二节 三 环

——比北京、天津和上海的面积都要大

2009年2月，在城乡建设部编制的《全国城镇体系规划》中，重庆被定位为五大国家中心城市之一；2010年2月，重庆西永综合保税区获得国务院批复；2010年6月重庆两江新区获批准成立，规划面积1200平方公里。由于这些大事件，重庆的产业和城市飞速发展，这种发展态势使得2007年9月国务院批复的《重庆市城乡总体规划（2007～2020年）》不适应重庆城乡快速发展的需要。因此2010年下半年，重庆市规划了两个新方案申请国家比选批准：

方案一：规划至2020年，重庆主城区规划人口约1200万～1400万，城市建设用地由原来的835平方公里拓展至1400平方公里；

方案二：规划至2020年，重庆主城区规划人口约1100万～1200万，城市建设用地由原来的835平方公里拓展至1230平方公里。

2011年10月，国务院所批复的方案接近方案二：重庆主城区1188平方公里，中心城区561平方公里。主城区人口约1200万，中心城区人口约600万。该批复充分体现了重庆作为国家中心城市的地位。

2011年底重庆主城区户籍人口约600多万，常住人口约900万。按照目前重庆城市的发展速度，笔者预计到2015年，重庆主城区（含江津区和璧山县）的户籍人口将突破1000万，常住人口将突破1300万；到2020年，重庆

主城十一区户籍人口达到1300万，常住人口将达到1500万以上的规模，超过现在政府规划的常住人口数量。这是因为：一方面北京、上海等城市常住人口规模也远远超出当初规划预计的常住人口规模；另一方面重庆现阶段经济快速发展，必然吸收大量来自毗邻重庆的外省人口进入，特别是大规模公租房建设可以平抑重庆未来的房屋租赁市场租金，收入增加、机会增多的预期以及开支可控、幸福增强的预期将吸引一大批人前来重庆工作和生活。

2009年底，重庆竣工通车了长达187公里的绕城高速公路（为正式名称，也称为外环高速），分为东、南、西、北四段。东段长约37公里，起于花溪互通枢纽，止于江北区新龙湾。北段长49公里，起于鱼嘴长江大桥北岸新龙湾，止于北碚区朱家坪。西段长约55公里，起于北碚区附近，止于九龙坡与江津交界的滴水岩，与南段相接，有北碚、歇马、青木关、曾家、金凤、走马、滴水岩互通7处。南段全长50公里，有西彭、江津、仁沱、马宗、一品互通式立交5处。目前，西永综合保税区、两路寸滩保税港区以及重庆空港、两江新区大部分就位于外环高速与内环高速之间。重庆重点发展的多个千亿元产业项目都是围绕绕城高速来实现空间布局的，如六大工业基地：西永（笔记本电脑与电子信息）、龙盛（汽车，高端装备，节能与新能源汽车，新材料，节能环保）、空港（汽车整车、生物医药、笔记本电脑）、茶园（船舶、数控机床、通信设备）、西彭—江津（铝加工、机械）、巴南（轻工业）。另外，西永微电园拓展区（璧山）、北碚区水土镇离岸数据开发和处理中心等电子信息产业功能区也都是围绕绕城高速而实现空间布局的。几十个大型生活居住区也位于这一区域，未来重庆主城区新增市民将主要住在外环区域（或一环与二环之间），规划到2020年外环区域将聚集人口达750万。

所以目前这一区域是重庆经济建设和城市扩张的主战场，也是重庆实现“千万平方公里，千万城市人口”这一“双千”目标最重要的承载地。

这些区域的房价目前已不算低，有些还比较高，房价水平跨度大。

笔者在这里向读者重点推荐重庆的“三环”区域。重庆三环高速基本串起了重庆“一小时经济圈”的绝大部分中等城市，即囊括了重庆“一圈两翼”中“一圈”的大部分区域。一共包括了重庆的长寿、渝北、北碚、合川、铜梁、大足、江津、双桥、永川、綦江、南川、万盛、武隆、涪陵14个区县。

重庆三环所串起的14个区县以及重庆主城区总户籍人口接近2000万（2010年），重庆三环圈入的面积近2万平方公里，约占重庆市辖面积的1/4，比中国另外3个直辖市北京、天津和上海中任何一个辖区的总面积还要大。重庆三环还串起了10条放射状出重庆的高速公路及8条出重庆的铁路。有资料显示，重庆市三环高速公路将于2015年全面建成。其中，綦江至万盛段、长寿至涪陵段已通车，万盛至南川段、南川至涪陵段、永川至江津段正在建设，2011年开工建设铜梁至合川段、铜梁至永川段、江津至綦江段，合川至长寿段也于2011～2012间开工，确保2015年三环全面建成。为什么要确保2015年必须建成“三环”，而不是前几年规划的2020年呢？这得从大处着眼分析：备受西南地区民众关注的中（国）缅（甸）铁路建成时间已经由事先规划的2020年提前到了2015年左右。有读者可能担心该铁路会受到2011年下半年开始的全国铁路建设低迷的影响。其实不必，因为：在调整后的铁路中长期规划中，此类从西部出境，通向海洋和能源富集地的战略铁路受到的影响是最小的。主要是因为该类铁路对国家西部大开发、能源安全、地缘政治优势等方面意义重大；同时此类铁路还是政府间合作项目。如果建成时间受到影响，更多的是来自美国等西方国家在周边国家的势力渗透。所以，这类铁路越早建成，就越早为西部地区插上腾飞的翅膀，周边国家与中国西部的经济联系也就越紧密，地缘经济优势所形成的地缘政治优势对于中国在处理诸如南海等问题上会赢得比现在多得多的国际和地区空间。相信国家也充分认识到了这一点。所以无需杞人忧天。

届时，重庆的出口货物就可通过缅甸进入东南亚和南亚地区或通过缅甸面向印度洋的港口（皎漂港）出口到欧洲、非洲与中东，运输距离大为缩短，国家所需要的战略物资如石油等以及其他进口商品也通过此通道进入重庆，然后通过长江输送至中国广大内陆地区，这样既能缩短运输距离又能绕过马六甲海峡。另外，预计在 2015 年也会竣工通车黔（江）张（家界）常（德）铁路，亦即重庆到长沙的快速铁路通道会贯通；而重庆主城区到重庆第二大城市万州的渝万城际铁路也将竣工通车，黔张常铁路以及渝万城际铁路是两条从根本上改变重庆较落后的两翼地区（渝东南与渝东北）交通格局与区位条件的铁路大动脉。所以 2015 年将是重庆“双重喜庆”到来的一年，重庆提出的“一江两翼三洋”国际物流通道战略与“一圈两翼”区域协调发展战略将在 2015 年同时得到根本确立。因此，重庆三环高速公路如果能够如期建成，其象征意义将非常重大，正如重庆市领导于 2010 年 11 月底出席重庆三环高速永川至江津段开工典礼时所说的话那样：“三环高速的建成，不仅对这 12 个区县具有推动力，而且连接欧亚大陆桥、泛南亚大陆桥这两个出海大通道，建成后，将是重庆与四川、贵州等周边省市联络的经济大动脉”，“三环高速公路建设，在重庆经济发展史上具有里程碑意义，将进一步推动重庆辐射周边，成为国际大都市”。之所以重庆三环高速公路在2015 年如期建成会具有里程碑式的意义，就是因为这不是普通大城市建设大型绕城高速公路那么简单。分析如下：2010 年 6 月两江新区挂牌成立，估计好多中小型投资者是冲着重庆地区优惠的税费政策、丰富的人才资源而来的，但不一定认为重庆将来的物流条件具有某种形式的优势，投资的出发点多是为了抢占西部市场，或把产业转移至成本更底的地方去，两江新区的设立或许只是给投资者迅速下定决心起了重大作用。但是两江新区的土地面积有限，而且两江新区一方面确定了产业定位，另一方面也规定了产业投资强度，不是说什么企业去两江新区它都会接受。读者这时可能联想到上文提到的绕城高速公路区域有大片待开发的土地，但这些土地面积看似很大，可能认为需要很长时间才能利用完，实则不然，或许只需 5～7 年时间，绕城高速途经的区域空间基本会被利用完，从而变得寸土寸金。如果 2015 年中缅铁路能够如期投入使用，那么投资者就会真真切切地感受到重庆虽地处西南内陆，但国际交通物流条件也相当不错，那么投资重庆的愿望将变得更加强烈，或者有更多的人愿意到重庆投资，他们不但把重庆作为占领西部市场的基地，而且还可能把重庆作为一个进军东南亚、南亚、中亚、中东、欧洲等市场的跳板。例如：2010 年中国北汽集团与重庆银翔摩托在重庆合作生产汽车，北汽选择与银翔合作很重要的一点就是看中了重庆摩托在海外市场良好的渠道和口碑（这一点北汽高管在某个场合有过明确表示）。所以，随着投资者投资重庆的项目越来越多，重庆主城区土地将日益紧张，需要拓展更多的空间来解决这一突出矛盾。综合上述分析，现在就不难明白为什么在 2015 年竣工通车重庆三环高速确实是具有里程碑式的意义了。正如上面所说，重庆三环高速圈内面积比中国三个直辖市中任何一个直辖市的辖区面积还要大，这么大的面积当然可承载更多的产业项目和人口进入。2015 年三环高速和中缅铁路如期通车将成为重庆未来 10 年最大的兴奋事件之一。

重庆三环所串起来的这些区县目前大部分已经纳入重庆电子信息产业的布局范围，并且进行了很好的统筹，目前发展态势相当良好。所以，绝不能把重庆三环所串起来的这些区县当做普通的一般郊县，更不能错误地把它们当成不起眼没发展前途的小城镇。可以乐观地预计，这些区县在 2015 年后将受到越来越多投资者的关注与重视，在 2020 年重庆绕城经济带成熟和两江新区开发成功后，重庆三环高速所串起的区县将整体进入爆发和起飞阶段，当然也有可能 2015 年左右就已经驶入了发展的快车道。在这十几个区县中，涪陵是“一圈两翼”的战略支点和重庆长江以南万亿工业走廊的核心区，已经被重庆市政府确定为继万州之后第二个要建成上百万人口和几千亿工业规模的大城市；长寿作为重庆主城区钢铁和重化工业产业转移的承载地，目前发展很快，特别是 2011 年吸纳了德国巴斯夫总投资 350 亿元的 MDI 一体化项目，长寿无疑将是重庆“一圈”中的工业明星；永川目前是渝西经济走廊的中心城市，被台湾媒体誉为“西部昆山”；江津经济基础雄厚，目前正在加速融入重庆主城区；綦江作为重庆南大门，煤化工等产业快速发展；合川作为重庆北部经济中心城市，与毗邻的四川城市如遂宁、南充、广安组成了遂南广合经济圈；璧山县作为西永综合保税区电子信息产业的综合配套区，加之毗邻重庆主城区，目前正在跟江津一起加速融入重庆主城；南川、万盛等地矿产和旅游资源丰富；武隆是世界自然遗产之地，旅游产业搞得红红火火；另外，铜梁、大足、双桥等地发展势头也非常好。2011 年年初，重庆沿江承接产业转移示范区获得了国家发展改革委批复，成为全国第三、西部第二个国家承接产业转移示范区（前两个是安徽皖江和广西桂东）。根据批复，重庆沿江承接产业转移示范区包括涪陵、巴南、九龙坡、璧山、永川、双桥、荣昌等7个区县，将以现有产业为基础，高起点、有选择地承接先进制造、电子信息、新材料、生物、化工、轻工、现代服务业等七大产业，打造18条产业链。其中，涪陵、九龙坡、巴南将被打造成产值3000亿级的产业承接基地，永川、荣昌将被打造成产值2000亿级产业承接基地，璧山、双桥将被打造成产值1000亿级产业承接基地。

交通方面：永川、合川、綦江、长寿、涪陵、璧山、大足（指邮亭地区）等城市居民可以在2015年前坐城际铁路前往重庆主城区，时间在15～30分钟不等，目前合川和长寿去重庆火车北站只需要半个小时。另外，重庆“一圈”地区被三环高速间接串起来的荣昌可在2014年通过成渝客专半小时到达重庆主城，而潼南目前就可坐“和谐号”动车组到达重庆主城区，时间大致为1个小时。

为什么要花这么大的篇幅来介绍重庆的“三环”高速所途径的区县呢？主要是因为这些区县在重庆市政府的科学统筹下很有发展潜力，是“小老虎”。值得一提的是，重庆三环所串起的合川、永川、江津和綦江等区县历史上一直作为重庆重要的电力供应基地，政府始终比较重视。三环高速沿线还规划了三环铁路，用于城际客运，兼顾电煤、工业原料互通和工业配套。目前这些区县的房价不高，平均为重庆主城区的一半左右，有些甚至一半还不到。钱不多的人士可以考虑在这些区县买房，作为将来居住之用。现在有相当比例的外地炒房客多选择在重庆主城区下手，因为主城区的开发热火朝天，炒房客投资套利快，而三环高速沿线区县的房价相对主城区更多地反映了实际的住房需求。有实际居住需求的人士可考虑在重庆三环地区城市早买房，2011 年 1 月 28 日重庆和上海开始了房产税试点，重庆试点区域是重庆主城九区，也就是说重庆三环地区的城市可能成为“炒房客”下个阶段关注的目标。不过，关注三环地区城市的“炒房客”应该是重庆本地人居多，所以重庆三环地区城市的房价在短期内不会太大幅度地上涨。虽然在郊县买房可以避免过高的居住成本，但是一般郊县相对主城区来说，时尚感和繁华程度较差。不过有理由相信重庆三环高速公路所串起的区县在 5～10 年内会有相当大的改变。例如，重庆合川区市区人口已超过 40 万，永川区市区常住人口也超过 40 万。而根据媒体报道，2015 年长寿、合川、永川、江津、綦江等城区人口将达到 60 万，涪陵城区常住人口将达到 80 万；上述几个重点区域中心城市在 2020 年左右城区常住人口或许能超过 100 万，城区面积突破 100 万平方公里，提前 10 年实现“双百”目标（早些年规划实现“双百”目标的时间是 2030 年）。提前 10 年实现“双百”目标是一个非常合理的预期，因为自 2015 年起，以上重点区域中心城市与主城区时空距离将大为缩短，交通和物流条件会发生革命性的变化。更重要的是以上重点区域中心城市不是交通末端，比如毗邻重庆永川区是人口稠密的四川南部地区，且永川到成都坐高铁交通时间在 40 分钟左右。再如合川这个地方，就有两条铁路交会：遂渝铁路和兰渝铁路，这两条铁路使得合川居民可以不用转车就能坐火车直达成都、兰州和西安。① 长寿区自然就不用

---

① 重庆可通过兰渝铁路、西成客运专线到西安，此目标 2014 年可实现，修改后的重庆城乡规划也显示将来可能会新建一条重庆到西安的客运专线，路线就是从合川引出，经四川的广安、南充营山、巴中，进入陕西，在汉中接西成客运专线到达西安。

说了，长寿区常住人口在2020年达到100万也是有相当大的希望，该区是重庆三大主导产业（电子信息、汽车摩托车、钢铁化工）中钢铁化工产业的集中地，而2010年长寿化工园升级为国家级经济技术开发区，正在建设的中（国）缅（甸）千万吨级的石油输送管道的终点就在长寿，目前长寿已汇集了数十家大型国有和外资企业，这些企业将提供大量的就业机会和创造大量税收。关于涪陵，前面讲到，它是重庆“一圈两翼”的战略支点和重庆长江以南万亿工业经济走廊的核心区，2011年底城区常住人口就达到60万左右，所以这个重庆直辖前曾作为地级市的城市在2015年城区人口达到80万不会有多大困难，2020年也将轻松达到所谓的“双百”目标。目前，綦江是重庆规划的能源、有色冶炼、特色农产品、煤化工基地，重庆市赋予了綦江“重庆主城卫星城、渝黔合作战略支点”的新定位，赋予了“产业梯度转移加工贸易承接地、市级食品加工基地、綦江—南川物流区”的新功能；得益于重庆的绕城高速，綦江的产业规划跟绕城经济带的产业布局可以很好地衔接起来，更为重要的是綦江作为重庆的“南大门”，在重庆与贵州的能源合作等方面面临许多机会。渝黔铁路以及将来主城轻轨的到来，使得綦江与合川、长寿、江津等重点区域中心城市一起，于2020年左右完全融入重庆市主城区。

随着生活节奏的加快，未来的交通方式将以城际铁路、高速铁路、市内快速换乘枢纽等为主。因此，有必要介绍一下重庆几大火车站的一些情况。重庆站又称菜园坝站火车站，地址在重庆市渝中区，规划为成渝城际客运始发终到站；重庆北站又称龙头寺火车站，地址在重庆渝北区，规划为遂渝、渝怀、渝利铁路及渝万城际客运的始发终到站；重庆西站正在兴建，地址在重庆市张家湾，规划为兰渝、襄渝、渝黔、渝昆和成渝铁路的始发终到站。重庆的长途汽车客运比较发达，到四川大部分地级城市都有往返汽车，到贵州的遵义、贵阳车的班次也比较多。火车站地理位置未来5～10年估计变动不大，但随着城市的扩张以及空间的需要，部分汽车站的地理位置可能会有变动，具体哪些会变动以及怎么变动需要动态关注。所以如果想在交通非常便利的地方买房置业，笔者建议参考火车站的位置，因为火车站周围一般都配套有公交站场和中长途汽车站。

不过根据规划，有如下9个地点在未来5年内将建设成为集转、换乘功能于一体的综合客运枢纽（公路长途与铁路，城市公共交通如公交、出租车、轻轨的换乘），具体为：两路、西永、茶园、鱼洞、四公里、西彭、白市驿、北碚、鱼嘴。应该引起注意的是，这9个综合客运枢纽的建设有一定的先后顺序，读者如有兴趣可动态关注。

严格地说，重庆主城区的空间发展模式是所谓的“组团式”，所以在重庆“三环”高速公路所串的14个区县中，重点中心镇无疑会充当重要角色，特别是镇域工业园的崛起逐渐成为重庆“三环”高速沿线重点中心镇的一大亮点，而且在重点中心镇普遍都配备了一定数量的公租房。所以，本节罗列这些重点中心镇具有一定的实际意义（因渝北区大部分纳入两江新区，故本节以璧山县的中心镇代替渝北区中心镇）。

北碚区静观镇、歇马镇、金刀峡镇，涪陵区珍溪镇、新妙镇、龙潭镇、白涛镇，武隆县江口镇、平桥镇，万盛区青年镇，双桥区双路镇，长寿区葛兰镇、云台镇、长寿湖镇，江津区白沙镇、珞璜镇、石蟆镇、油溪镇、李市镇、中山镇、塘河镇，合川区三汇镇、太和镇、二郎镇、钱塘镇、涞滩镇，永川区来苏镇、三教镇、松溉镇、朱沱镇，南川区水江镇、大观镇、南平镇，綦江县永新镇、东溪镇、打通镇，铜梁县旧县镇、蒲吕镇、安居镇，大足县邮亭镇、龙水镇、万古镇，璧山县丁家镇、大路镇。

说明：江津区中山镇、江津区塘河镇、合川区涞滩镇、永川区松溉镇、綦江县东溪镇、潼南县双江镇、铜梁县安居镇等镇为“中国历史文化名镇”。

另外，在本节的最后，笔者觉得很有必要向读者隆重推荐毗邻重庆的四川广安市。广安是川渝两地政府设立的唯一的“川渝合作示范区”。广安是邓小平的家乡，但他自16岁从重庆朝天门出发前往法国留学起就从未回过家乡，包括20世纪50年代初，邓小平在重庆西南局工作期间都未曾回去过。邓小平公务繁忙，他是中国人民的儿子，心装全国，为全中国人民谋福利，生前没有特别照顾家乡广安的发展，不过他希望家乡人民能够在党中央的领导下自力更生、艰苦奋斗，从而过上好生活。所以，把小平家乡建设好，是四川和重庆两个地方政府的共识，更是川渝两地人民的长期期盼，于是“川渝合作示范区”就诞生了。现在，广安的经济社会发展得到各方面的大力支持，特别是重庆和广安一起规划了连通两地的6车道直达快速高速公路和城际铁路，以及本节提到过的经重庆合川、广安、南充营山、巴中、汉中到西安的高速铁路。目前广安与重庆组建了诸如渝邻（重庆、广安邻水县）产业合作园、渝武（重庆、广安武胜县）产业合作园和重庆广安商会示范园等众多合作工业园。广安近些年经济社会发展很快，尤其是经济增长速度与重庆同步，2010年广安的人均GDP已位列川东北六市第1。在广安经商、创业，有更多的机会获取来自川渝两地政府政策方面的支持，预计会拥有相当大的区域潜力和不可多得的政策优势。

第三节 “金三角”

——是川渝黔旅游金三角[①]

2005年6月，四川、重庆和贵州的旅游局相关负责人齐聚成都，讨论如何联手打造川渝黔旅游“金三角”，并通过了《川黔渝金三角旅游区旅游发展总体规划》。根据规划，川渝黔“金三角”位于四川省东南、贵州西北、重庆西南三地的接壤处，总面积2690平方公里。金三角中在直径不超过80公里的范围内，有四川合江县佛宝国家森林公园、重庆四面山国家重点风景区、贵州赤水国家风景名胜区、国家桫椤自然保护区、国家竹海森林公园、国家生态保护试验区6个国家级生态旅游景区。

2006年11月，在重庆召开的西南六省区市经济协调会上，国家旅游局副局长王志发表示，在国家旅游业“十一五”发展规划中，确定优先规划和建设12个重点旅游区，其中大西南地区就有4个位列其中：香格里拉生态旅游区、澜沧江—湄公河国际旅游区、川渝黔旅游区和青藏铁路沿线旅游区。川渝黔旅游区位于大娄山脉北端向四川盆地过渡地带，总面积2000多平方公里。涵盖了四面山国家级重点风景名胜区、习水亚热带原始常绿阔叶林自然保护区、

① 川渝黔“旅游金三角”的诸多景点和城市靠近重庆，空间距离为：汽车车程1～3小时，相对成都要近些。同时，重庆对该区域的影响力较大，有机会成为川渝黔“旅游金三角”的最大中转站。故该节纳入“工业重庆”内容体系中来。

佛宝国家森林公园、赤水国家重点风景名胜区等。

2007 年 9 月，沿海与中西部县市区人民政府驻上海联合工作处第 21 次联席会议正式决定，利用东部沿海发达地区条件，整合贵州省的遵义市、四川省的泸州市和宜宾市的酒文化资源和旅游资源，开辟和打造“中国白酒金三角国际旅游专线”，并以此为基础，逐步推动“中国白酒金三角国际旅游文化产业集聚区”产业链、产业集群的形成，以拉动该区域旅游文化产业以及绿色农业、工业、民俗文化等其他产业的发展。

2008 年 1 月，中共四川省委书记刘奇葆指出：四川的白酒产业要做好整体包装，争取打造中国白酒产业的“波尔多”；同年 8 月，他首次明确提出，要努力建设“长江上游名酒经济带”，打造“中国白酒金三角”。

从以上四段文字材料可以看出，川渝黔旅游区的核心就是所谓的川渝黔“金三角”地区，具体来讲：前两段文字主张以遵义赤水，江津四面山，泸州合江组成川渝黔旅游金三角（本节简称老“金三角”），以突出生态旅游、红色旅游和白酒文化旅游；后两段文字主张增加四川的宜宾，以四川宜宾、泸州和贵州遵义为核心，组成既体现生态旅游、红色旅游，又强调白酒文化旅游的金三角旅游区（本节简称新“金三角”）。多年过去了，老“金三角”的知名度虽然逐年在提高，但总体上仍处于“养在深闺人未识”的阶段，这其中主要的制约因素就是交通问题，当然也包括其他方面的问题。而新“金三角”的知名度似乎有赶超老“金三角”的意味，其中的原因固然包括了“中国白酒金三角”概念的有效推动，但这只是表面现象，更为深层次的原因在于 2008 年金融危机以来区域经济格局的变化：在金融危机发生以前，西南地区被纳入泛珠三角经济区中，贵州、四川和重庆的要素流动主要是面向东南沿海一带，贵州、四川和重庆的经济协作尚未提到很高的层面；但伴随着金融危机而来、面向成渝地区的产业转移潮越发汹涌，以及重庆保税港区、两江新区和成渝经济区的陆续落地，贵州的注意力已逐渐从南边的珠三角地区向成渝经济区转移，2011 年全国“两会”期间，贵州省领导明确表示：“贵州在未来几年将整体融入成渝经济区”，“贵州有限的资源、能源将优先满足成渝经济区的需要”，“保护和传承民族文化，发挥贵州旅游资源优势，使其成为转变经济发展方式的主要路径”。

从交通层面讲，国家现在似乎有意要构建长江流域东西方向的三条通道：上海—南京—合肥—武汉—宜昌—万州—重庆—成都的沪蓉铁路公路快速通道；上海—杭州—南昌—长沙—贵阳—六盘水—昆明的沪昆铁路公路快速通道；大致走向为杭州—黄山—婺源—景德镇—九江—岳阳—张家界—黔江—遵义—毕节—昭通—攀枝花—大理—保山—瑞丽（和攀枝花—丽江—林芝—拉萨）的杭瑞铁路公路快速通道。杭瑞通道介于沪蓉通道和沪昆通道之间，有利于促进已有两条通道间空白地带的快速崛起，从而加强通道经济区南北方向之间的联系，如在中部就可加强安徽南部与江西北部、武汉城市群和长株潭城市群之间的联系。事实上，丽江—攀枝花—昭通—遵义、黔江—张家界—常德、黄山—绩溪—淳安—杭州等等区段已经是“铁板钉钉要修”的铁路项目，在上述区段将要完成时，开工并贯通断头路是“水到渠成”的事。杭瑞通道在贵州境内的路线就位于人口稠密的贵州北部，大致走向是遵义—毕节。除去这条通道外，这两个城市尚有南北向的国家铁路干线，毕节有成贵高铁（成都—贵阳），遵义有川黔新线（重庆—贵阳）。另外，黔北地区的遵义经济实力较强，与贵阳相差无几。所以，贵州省政府区域合作的战略转向，黔北地区交通新干线的陆续修筑和经济实力的逐渐增强，丰富的能源、矿产、旅游资源是这一地区大发展、旅游业逐渐兴旺的大基础。此外，四川的南部（川南）是四川发展基础较好、战略地位仅次于成都经济区的区域，重庆的西南部也是重庆发展基础较好、经济实力仅次于重庆主城的区域。因此，黔北、川南、渝西等地的合作是“有基础、有条件、有潜力”的，这也可以部分地解释贵州区域合作战略转向的内在原因。

川渝黔老“旅游金三角”发展缓慢的一个重要原因就是交通瓶颈的制约，随着川渝黔区域合作愿望的加强，这一瓶颈的制约将在2015年左右全面解决。南北向高速公路方面，四川2010年开建了成自泸赤（成都—自贡—泸州—赤水）高速公路，贵州2010年开建了仁赤（仁怀—习水—赤水）高速公路。随着新“旅游金三角”概念的成熟，另外两条高速公路也在规划建设中：宜宾—兴文—叙永—古蔺—赤水和重庆—江津—合江—泸州—宜宾。新“旅游金三角”与老“旅游金三角”最大的不同就是纳入了宜宾，并以白酒文化旅游为重要内容之一。笔者认为纳入宜宾是非常必要的，因为可以通过宜宾这个中介把川渝黔金三角旅游区与乐山—峨眉山旅游区联系起来，甚至还可与川西的茶马古道旅游区和九寨—黄龙旅游区串接起来。事实上，宜宾本身的旅游资源也异常丰富，除了白酒文化旅游外，蜀南竹海和兴文石林也是非常有名的。或许，川渝黔金三角旅游区与其他旅游区组成旅游环线是金三角旅游区做大做强的重要出路。

有专家认为，川渝黔旅游区发展红色旅游的潜力非常巨大，比如可以打造这样的旅游路线：仪陇朱德故居、广安邓小平故居、华蓥山游击队战斗遗址、重庆红岩革命纪念馆、重庆江津聂荣臻元帅陈列馆、遵义市遵义会议会址、息烽集中营革命历史纪念馆、四渡赤水红色旅游区。特别是区域内的遵义会议会址和四渡赤水红色旅游区的地位亟待提升，因为遵义会议和四渡赤水分别是红军二万五千里长征路上政治和军事的战略转折点，在此发生了攸关中央红军生死存亡的大事，可组成与江西井冈山、陕西延安同等地位的中国大型红色旅游基地。

在白酒旅游方面，新“金三角旅游区”正在大力建设具有中国特色的酒文化名镇（街区）项目，譬如：五粮液历史文化街区、泸州老窖窖址、古蔺二郎镇郎酒、赤水河红军文化、茅台国酒文化，等等。白酒旅游是一项可融合工业旅游、文化旅游、生态旅游和农业（庄）旅游的深度旅游项目，其开发潜力类同“旅游金三角”区域内的红色旅游。

除去旅游项目之外，贵州与成渝经济区的合作内容也非常广泛，特别是随着重庆工业的飞速发展，对能源资源的需求将创下一个新高，贵州的煤炭和矿产资源对重庆来讲，显得非常的难能可贵，而四川有限的煤炭资源也主要集中在川南一带，所以在合作开发能源资源方面，四川与贵州的合作空间也非常广阔。2011 年春节期间，富士康成都基地在贵州招收 3 万名员工，这些员工全部分配到富士康的成都基地就业，贵州北部地区的许多农民工也广泛地分布在重庆的建筑、装修、汽车摩托车制造、电子信息和服务业等领域，足见贵州与成渝经济区的人力资源合作潜力也非常的大。综合矿产能源、旅游人才、政府转向等各方面的情况来看，川渝黔的区域合作态势不可逆转，贵州整体融入成渝经济区将是大势所趋。

虽然川渝黔新“旅游金三角”发展前景看好，但并不意味着金三角区域内是“遍地有黄金，处处有商机”。笔者认为，金三角所涉及的几大城市的旅游商机盛衰跟交通格局和区域经济格局的变换有密切联系。四川的宜宾和泸州分别是“中国白酒金三角”的“两角”，在四川实施“中国白酒金三角战略”的后10年，宜宾和泸州仍然将分别保持其川滇黔和川黔交界地区区域经济、商贸中心城市的地位。但随着遵义—毕节—昭通—攀枝花—丽江铁路的规划建设以及杭瑞铁路公路通道的全线贯通，遵义、毕节、昭通等地的交通地位将急速提升。虽然重庆有建设途经泸州、宜宾两个城市的渝昆高铁规划，但随着攀遵（攀枝花—遵义）铁路的出现，预计重庆争取实施渝昆高铁的动力和积极性有可能迅速降低，因为重庆主导修建渝昆高铁的主要目的是要打通通往印度洋的通道，而攀遵铁路可连接成昆复线铁路，可不经昆明，直接从大理、保山到达瑞丽，然后出境经缅甸通往南亚和印度洋。因此，攀遵铁路及中缅铁路贯通后，重庆的“一江两翼三洋”国际物流大通道就基本实现了。虽然在成渝经济区规划中有渝泸宜（重庆—泸州—宜宾）城际铁路的建设，但其重要性及远距离输送物资和旅客的功能似乎不可与攀遵铁路相提并论。这就是近年来，有部分泸州和宜宾一带的网友担心宜宾和泸州10年后有被边缘化危险的主要原因。笔者的观点是，只要川藏铁路和川藏高速公路尚未完全打通，四川行使东西部通道的作用就不能体现出来，而重庆和贵州就不一样。因此，在川藏铁路和川藏高速公路未贯通之前，四川行使更多的功能是沟通南北，所以有必要加强这一东西方向的联系。加强的方式就是打造多条通道，不一定每条道路都需要途经成都，新增通道可选择能使全省的区域利益达到最大化的路线，例如杭瑞铁路这条东西向通道选择走贵州北部的遵义和毕节就比选择走贵阳对贵州全省的意义要大。四川目前划分了几大经济区：成都经济区、川南经济区、川东北经济区、攀西经济区和川西北经济区，除成都经济区与其余四大经济区有一定联系之外，其余四大经济区之间的联系比较弱，所以有必要修建一条沟通川东北、川南和攀西经济区的铁路大动脉，这条大动脉可行使类似杭瑞通道那样的远距离运输物资和旅客的功能，而不是成渝经济区内部的城际铁路甚至于地方铁路。笔者曾于 2007 年在网上发帖呼吁修建连接西安—汉中—巴中—南充—遂宁—内江—自贡—泸州—宜宾—昭通—昆明的高速铁路，认为这条铁路有些区段已经修建好或正在规划修建，只需要打通一些断头路就行了，投资较省。虽然投资省，但意义格外重大，这条铁路向北经包西铁路（包头—西安）可连接呼包鄂榆经济区，也就是说这条铁路可串起呼包鄂榆经济区、关中—天水经济区、成渝经济区、滇中经济区、东盟和南亚（印度洋），必定是陕西和云南所乐见的，况且该线路从成渝椭圆城市群的中央部位穿过（但不经过重庆），两侧就是川南经济区和渝西经济区，也能实现四川和重庆两地的最大化利益期望。但到 2011 年为止，笔者率先提出的该线路只有四川南充市一直在努力争取，其他城市未见动静，其实沿线城市也应该一道联合争取该线路，就不至于现在有越来越多的敏感网友担心若干年后宜宾和泸州被边缘化的问题了。这个世界变化太快，有些项目慢人一拍，就有可能落后几年，甚至被边缘化。事实上，这种担心也弥散到了川东北地区，该地区虽然处在快速发展之中，但毗邻川东北地区的万州地区发展更快，经济增长速度年均在 25%左右，按此速度，5 年时间经济总量即可翻两番。且在成渝经济区规划中，有“适当的时候申请设立万州保税港区”的表述，经济发展速度自然不会慢下来，所以在西三角经济区的内核区域如川东北、陕南和渝东北中，以万州为核心的渝东北极有可能主导川陕渝交界区域的区域合作。另外，在重庆的城乡规划中，规划有重庆途经四川到西安的高速铁路，但该线路只是众多备选线路之一，一旦安张常铁路规划的等级提高（这不是不可能），重庆到西安的渝西高铁极有可能由渝万城际铁路延伸到陕西安康（延伸到安康符合陕西陕南均衡发展的期望），重庆从而对途经四川到达西安的路线走向积极性迅速下降，这种情况非常类似于重庆有了攀枝花—遵义铁路后，有可能对事先规划的途经四川到昆明的渝昆铁路没以前那样积极一样。如果真的出现这种局面，就彻底丧失了通过一条不足 250 公里的铁路将川南经济区和川东北经济区整合到大区域经济循环中来的机会。成渝之间竞争激烈，应该抓住有利时机，修建一条能同时串起西部几大经济区，以及串起川东北、川南和攀西地区的铁路大通道，也即笔者多年前曾呼吁过的包头（或西安）到昆明的“最直线”铁路，该铁路在川东北一带被称为“汉巴南铁路”（汉中—巴中—南充铁路）。如果此铁路能成功修建，那么则可以串起内蒙草原风情旅游、关中古都旅游、秦岭生态旅游、川渝黔金三角旅游、云南昆明大理丽江旅游，特别是可串起关中古都旅游和川渝黔白酒金三角旅游，展现给国外游客更深刻的历史文化“体验”。所以，此“最直线”实乃一条西北、西南地区共享的国际物流大通道、经济主动脉、旅游黄金线。

本节用了较大篇幅论述了金三角区域内并不是所谓的“遍地有黄金，处处有商机”，并且阐述了笔者个人的一些观点，核心思想是想让新“旅游金三角”融入大的交通和区域发展格局中，这样才可能把新“旅游金三角”做大做强，不但可以将川渝黔“旅游金三角”打造成为宜宾、泸州、遵义等大城市的后花园，成为重庆、成都、贵阳等特大城市市民避暑休闲的最佳目的地，还可能打造成为国内及国际上著名的旅游目的地：成为游客游览了四川九寨沟—黄龙景区（或乐山—峨眉山景区）后向往的下一站，或者成为游客游览了重庆长江三峡（或武隆“天坑地缝”）后向往的下一站，也可以成为游客游览了贵州黄果树瀑布（或体验贵州少数民族风情）后向往的下一站。所以，川渝黔“旅游金三角”的旅游蛋糕需要我们一起去把它做大，这样我们每人才能分得更多。笔者分析，川渝黔“旅游金三角”集中涌现的机会或许有三波：第一波是“金三角”内的高速公路贯通，第二波是丽江—攀枝花—遵义铁路贯通，第三波是包头（或西安）到昆明（或瑞丽）“最便捷”高速铁路的立项、修建及贯通。

第四节 物 流

——重庆的又一比较优势

重庆地处中国西南腹地，承东启西，沟通南北，地理位置非常优越。在国际贸易大通道方面，重庆启动了“一江两翼三洋”战略，这个战略预计在 2015 年左右完全实现。那么，作为国家城乡建设部确定的中国中西部地区唯一的国家中心城市，重庆市境内规划了哪些大型物流基础设施来对接“一江两翼三洋”战略呢？答案就在“一枢纽三基地四港口”这个规划中。

“一枢纽”指的是重庆要成为中国最重要的国家级物流枢纽城市之一。“三基地四港区”主要分布在重庆主城区：“三基地”包括团结村集装箱中心站铁路物流基地、江北国际机场航空物流基地、巴南区公路物流基地；“四港区”指的是重庆主城区沿长江布局的寸滩港港区、果园港港区、东港港区和黄谦港港区。

重庆团结村集装箱中心站是全国18个铁路集装箱节点之一。产自重庆或汇聚到重庆的货物，都可以从这里出发，通过渝新欧铁路到达欧洲和大西洋，或通过中缅铁路到达南亚和印度洋。当然这种货物流动是双向的，部分适宜铁路运输的进口商品也可以通过这些国际铁路大通道进入重庆，然后再从重庆散布到广大的内地市场。上面提到重庆地理位置特点是承东启西，沟通南北，又有长江黄金水道，因此完全可以预计重庆团结村集装箱中心站将行使更多的物资集散和中转方面的功能。

重庆江北国际机场航空物流基地是目前重庆正在着力打造的一个巨型项目，重庆两江新区的开发建设将带动重庆城市的快速扩张，电子信息产业的迅猛发展对航空物流提出了更高要求。重庆拟把江北国际机场打造成中国内陆地区最大的机场。以物流为重要内容和支撑的空港功能区及配套产业区被重庆市政府寄予厚望，重庆市领导在视察江北国际机场航空物流基地建设进展时曾做了一个形象比喻："如果说西永（指以电子信息产业为核心的西永微电园和西永综合保税区）仗好比解放战争中的辽沈战役，奠定了解放战争战略性里程碑式的开局，那么空港功能区就好比淮海战役，是决定性的。"足见江北国际机场航空物流基地对重庆的重要性。

巴南区公路物流基地位于重庆内环与绕城高速公路之间的巴南区南彭街道白合子村。基地总体规划为20平方公里，总投资100亿元。包括仓储商贸（配送）中心、展示交易区、货运配载中心、运转中心、增值加工区、铁路货运站场、综合管理区、山顶企业公园、中央商务区、综合配套区等多个功能区，将重点发展汽车摩托车、家居、农副产品、机电、建材装饰等大型展示和交易市场。根据报道，重庆朝天门服装批发市场，菜园坝摩配、木材、皮革、塑料等大型专业市场，以及马家岩建材市场等专业交易市场，有望陆续搬到巴南区公路物流基地内，为中心城区产业转型腾出空间。另外，值得一提的是江津珞璜工业园区也正在规划建设集仓储、汽车美容、餐饮、商务酒店于一身的西部公路物流城，实行错位竞争；而落户江津的还有双福国际农贸城，该农贸城由重庆渝惠食品集团和江苏华西集团共同出资80亿元建设，将有效地保障未来重庆主城区1500平方公里、1300万人口特大城市的农产品供应。中粮集团也投巨资在江津建设粮油基地（含菜子油）。由于江津区在重庆的总体规划中具有物流定位，且毗邻巴南区，同面长江，所以在此将江津区与巴南区一并介绍。

重庆主城区四大港口建设日新月异，重庆正处在城市发展的极速期，本节不予详细叙述四大港口目前的发展情况，不过有媒体报道说重庆港口群已经是长江上游地区最大的港口群，重庆与武汉一起是国家规划的长江流域两个最重要的内河航运中心。2011年，重庆港与上海港，连同之前的深圳港一起被确定为“中欧安全智能贸易航线”试点港口。

在此，根据《重庆市人民政府关于加快主城区集装箱物流枢纽发展的意见（渝府发［2008］100号）》中对“四港”的定位作一简单介绍。由于重庆发展比较快，港口规模、配套设施等具体情况应以实际情况为准。

寸滩港区物流枢纽主要功能：以保税物流为主，承接西部省（区、市）外贸集装箱物流。果园港区物流枢纽主要功能：以内贸集装箱铁水联运为主，集聚辐射西部省（区、市）物流。黄谦港区物流枢纽主要功能：以内贸集装箱铁水联运为主，集聚辐射西部省（区、市）和渝西地区物流。东港港区物流枢纽主要功能：以内贸集装箱水运为主，服务云南省、贵州省、渝南和主城区物流。

长江重庆段共有约700公里之长，沿长江还分布有万州新田深水港、涪陵龙头山深水良港，这两个港口群地理位置也非常优越。万州位于重庆的东北翼，是重庆三峡库区的区域中心城市，物流方面能够辐射川东和陕南地区。涪陵地处重庆“一圈两翼战略”的支点，工业基础雄厚，特别是龙兴港自然条件优越，发展前途看好。另外，规划文件显示，永川朱沱、忠县新生和江津仁沱三个港口也是重点打造的重庆九大枢纽港口中的三个。在港口地域布局上，形成重庆主城、涪陵、万州三个枢纽港区和江津、永川、合川、奉节、武隆五个重点港区（其中合川位于长江支流嘉陵江上，武隆位于长江支流乌江上）；在运输格局上，形成“干支直达、江海直达”的局面。2011 年，重庆水运完成货运量超过 1 亿吨，其中重庆 80％以上的外贸物资通过长江水路运输完成，周边省市中转量占货物吞吐总量的比例接近 40％。长江水运已成为重庆市重要支柱产业和外向型经济的“主通道”。

与此同时，与重庆共享长江的四川省也正在大力推进宏伟的水运复兴计划，建设宜宾、泸州、乐山、南充、广元、广安等“六港”。地理位置为：宜宾、泸州、乐山三个港口分布在重庆江津港以上，属于长江上游；南充、广元、广安三个港口分布在重庆合川港以上，属于嘉陵江中下游。特别是四川宜宾港和云南水富港及金沙江渠化后的系列港口深入了西南腹地，四川广元港和重庆万州港则可辐射广袤的西北地区。

重庆拥有优良的长江航道资源，而水运是一种运载量大、碳排放低、经济实惠的运输方式。可以预计，在节能减排的大背景下，水运优势或许是重庆最大的比较优势。

现阶段，重庆的机场航空货运、对欧铁路运输、长江水道运输三箭齐发，共同射向中国中西部地区“物流中心城市”的靶标。

第五节　两　翼

——太阳鸟的翅膀将更加美丽

古代巴人的图腾，名叫太阳鸟。这个鸟的形状跟重庆市的行政地图的形状颇有类似的地方，重庆的两翼似乎就是这只鸟的翅膀。

近年来，重庆的两翼地区在中共重庆市委、市政府的领导下日新月异，重庆的两翼无异于太阳鸟的两翼——展开后将更加的美丽。

重庆“两翼”地区是指经济条件相对较差的渝东北翼和渝东南翼。总体来讲，渝东北翼属于三峡库区范畴，渝东南翼属于少数民族地区范畴。这两个地方面积占了重庆国土总面积的3/5左右，人口占2/5左右，重庆80%的贫困人口集中于这两个地区。两翼地区区位条件和人口密度不及重庆“一圈”地区，加上地处库区和山区，发展基础较薄弱。在新一轮以中西部为目的地的产业转移推进过程中，重庆“一圈”地区是广大投资者优先考虑的对象，“一圈”地区呈加速发展态势。所以，如果稍不留神，重庆“一圈”与“两翼”地区的差距就会被迅速拉大。重庆未雨绸缪，近些年把加快发展“两翼”地区提到了很高的位置，把缩小“一圈”与“两翼”地区的区域差距作为缩小贫富差距的重要抓手。重庆作为国家城乡统筹发展的国家直辖市，也是全国唯一一个少数民族人口众多（约200万）的直辖市，“两翼”地区能否迅速崛起将事关重庆城乡统筹能否取得成功。作为普通人来讲，政府的政策指向哪里，哪里就会涌现出大量的商机，所以本节把重庆的两翼地区作一简单介绍。

1 渝东北翼

事实上，备受政府重视和企业关注的重庆“两翼”地区正在逐渐跳出“老、少、边、穷”的传统印象。制约发展的各种基础设施大为改善。以渝东北翼为例，宜昌至万州铁路已于2010年底建成通车，同年通车的还有重庆到宜昌的高速公路，万州至宜昌的沿江高速公路也将建成通车。2011年渝东北地区还将启动建设至四川达州、陕西安康的高速公路，规划中的安张（陕西安康到湖南张家界、常德铁路）、万州至郑州的铁路也将启动建设。这些已经完成的动作或即将启动的动作将从根本上改变渝东北地区的交通和区位条件，加上移民政策、库区政策的叠加，旅游、林地等突出的资源优势，渝东北地区的发展指日可待，各路工商资本和金融资本纷纷“下乡”淘金。这里要特别提到万州在整个渝东北地区的引领作用，万州近些年的经济增长速度平均为25%。重庆提出要把万州作为重庆第二大城市加以扶持发展，目标是建设成为带动渝东北发展的核心区域中心城市和三峡库区的明珠城市。目前，以万州为首的渝东北地区正在大力发展适宜本地资源和区位交通条件的生态环保型工业，例如资源加工产业。而在农业领域，特色种植、养殖业成了农民增收致富的重要途径，大宁河鸡、开县春橙、开县木香、巫山庙党、城口山地鸡、梁平寿竹、云阳白山羊等特色农产品已经有一定名气。据报道，三峡库区还可适宜发展中药材、榨菜、经济林等赚钱项目，能够在生态环保与农民增收之间取得很好平衡的林下经济也是近些年地方政府比较重视的方向。当然，随着交通设施和旅游基础建设的改善，三峡库区的旅游潜力很大，也是最有希望的第三产业。特别是三峡蓄水后，库区景色颇为壮观，宛如一幅壮阔的高峡平湖的美丽画卷，例如巫山一年四季的自然美景就美不胜收，按巫山县县长何平的话说，巫山的自然景观是“一江碧水，两岸青山，三峡红叶，四季云雨”。三峡旅游已经从过去的过境游、大坝游转向腹地游、过夜游，库区各地旅游接待能力明显提升，更多的旅游景点被游客所熟知。除了自然风景外，另一类很有旅游开发价值的就是三峡地区的各种文化资源，如古代巫文化、巴渝文化、纤夫文化、移民文化、抗战文化、民族及宗教文化，适宜而得体地增加文化功能或许能较大程度地发挥旅游的综合效益和经济产出。当然这些文化因素可以融入已有的景点之中，也可审慎地作为单独的旅游文化项目而加以开发。

2 渝东南翼

“养儿不用教，酉秀黔彭走一遭。”以前，人们常把渝东南一带贫困地区（“酉秀黔彭”指酉阳、秀山、黔江和彭水，外加石柱县）生活的艰苦状况作为教育孩子的实例。可见这些地区与重庆主城以及重庆“一圈”地区的差距，所以这些地区的发展必须有超常规的发展理念才行。这些年重庆通过引进沿海先进党政人才、注入本地优秀党政人才等多种方式，大幅度地提高这些地区政府的执政能力和改革创新能力。2010 年，中共重庆市委、市政府出台了《关于加快把黔江建成渝东南地区中心城市的决定》，围绕财税、金融、要素、产业、项目、扶贫、人才等政策给予黔江大力扶持。在 2010 年 10 月召开的重庆第三次民族团结进步表彰大会上，重庆市领导指出每个民族地区都要建设一个工业园区，筑巢引凤，以工业带动农业实现跨越式发展，并指出应由重庆市相关大型国有企业牵头在渝东南等财政不富裕的区县兴建工业园。此外，黔江舟白机场的通航，渝怀铁路二线（重庆到怀化铁路复线）和黔张常铁路（黔江—张家界—常德快速铁路，加上重庆主城—黔江城际铁路以及常德—长沙城际铁路，三段共同构成了渝长快速铁路，重庆到长沙的交通时间将缩短至 3 小时）的建设，将为这些地区发展工业、农业、旅游业奠定交通基础。旅游资源和旅游品牌方面：渝东南地区的著名风景有“百里乌江画廊”、武陵山少数民族风俗资源。在特色农产品方面，有在重庆非常著名的秀山土鸡（活鸡）、秀山土鸡（非活的），这些是已经注册了的地理标志商标。当然，由于篇幅限制，渝东南地区的优势资源和产业不可能详细叙述，不过值得一提的是：黔江区被作为渝东南地区的区域中心城市、武陵山区综合交通枢纽的目标正在打造，被重庆市政府给予厚望。

近年来，重庆启动了两翼“农户万元增收工程”，意思是用三年时间（2010～2012 年）平均为每户累计增收万元以上。缩小“一圈”与“两翼”的地区差距、缩小城乡差距作为重庆市政府既定的工作目标，相信财政扶持力度和制度创新力度都不会太小。

读者可重点关注三峡库区柑橘产业带建设，三峡生态渔场建设，三峡库区中药材生产基地建设、榨菜和高山生态蔬菜基地建设，高山避暑休闲农家乐基地建设，少数民族文化风情发掘和相关旅游商品，“两翼”地区特别是武陵山区土特农产品、林下养殖、食用菌、林权交易以及武陵山区的商贸物流，等等。

第六节 “大齿轮”与“小齿轮”的支点

——万州、涪陵与永川

重庆辖区面积大，是北京、上海和天津 3 个直辖市总面积的 2.4 倍。重庆主城、市内区域中心城市、市内一般区县、小城镇与广大乡村并存。为了促进重庆市内区域经济的协调发展，重庆确定了“大齿轮”带“小齿轮”战略；特别是确定了以万州和黔江两个区域中心城市来带动“两翼”地区发展，这两个区域中心城市就是“中齿轮”。另外，涪陵由于地理位置正好处于“一圈”与“两翼”地区的支点处，且是江南（长江以南）万亿工业走廊的核心区，又因黔江在相关章节中已有一定介绍，所以本节重点介绍万州、涪陵以及渝西经济走廊的核心城市——永川。

1 万 州

现在的万州完全是个移民城市，以前的老县城已淹没在长江之中。新城市不但聚居起了老县城的居民，还吸纳了三峡库区重庆和湖北境内的移民，城市外来人口的规模在三峡库区是最大的。新中国成立后，川渝地区真正称得上移民城市的只有两个：四川的攀枝花，现在的重庆万州。相比攀枝花，万州的工业过去弱得多，但历史上商业繁荣，有“万商毕集、万川毕汇”的气魄。攀枝花是三线建设时期国家重视的产物，当时国家希望在贵州六盘水和四川攀枝花之间实现煤炭和钢铁的火车钟摆运动，准备备战的战略物资。同样，以万州为核心的三峡库区近些年也受到中央和重庆地方政府的高度重视。在三峡建设初期，工作重点在移民搬迁和城市建设，产业一度“空心化”，但这几年三峡工程后续工作的重点已经从移民和工程建设转移到库区产业扶持建设上来了。经过近10年的发展，万州已经形成了五大骨干产业：新材料新能源产业，盐气化工产业，电子信息产业，机械制造产业和照明、纺织、食品药品产业。万州工业开发区2010年已经升格为国家级开发区，这是国家层面的支持。重庆2010年年初作出了“加快把万州建设成为重庆第二大城市”的战略决定，意图以万州的大发展带动整个重庆三峡库区的大发展。目前，重庆相关部门，如重庆国税局、地税局等几乎所有涉及万州经济社会发展的上级部门都与万州区签订了合作协议，共推重庆第二大城市建设。此外，第七届、第八届全国对口支援三峡工程重庆库区经贸洽谈会分别于2010年10月和2011年10月在重庆市万州区举行，吸纳了大量的产业投资。虽然2010年万州GDP只有500亿元左右，但按照近几年平均25%的发展速度，2015年其GDP将翻2倍，达到1500亿左右。期间涌现的最大商机当然是基础建设和产业投资方面，不过2015～2020年间，以旅游、物流、商贸为主的服务业也将迎来大发展。因为按照政府的规划，万州的城市人口规模将从2015年预计的100万攀升至2020年至少150万的水平，成为三峡平湖上的一颗明珠，一座大城。

事实上，万州在近代历史上一直是座大城。这座城市第一次大开发和粗具规模要追溯到清初湖广填四川的大移民时期，当时来自湖广一带的移民多选择经长江水道进入四川，从宜昌到万州的长江沿岸基本上都是大山深沟，且虎患较多，不适宜大规模定居。但人们到达万州后，就发现这里地势开阔，属于丘陵地带，山区河谷也比较肥美，遂欣然定居下来。随着这里定居的移民逐渐增多，万州因而成了三峡地区的第一大城镇。清朝末年列强迫使清政府陆续开通了沙市、重庆和万州等内陆通商口岸。经过多年发展，万州于20世纪20年代左右成为巴蜀地区与长江中下游地区的物质和人员交流的集散地。1930年，万州开通了自动电话，成为继北京、天津、上海之后全国第四个使用自动电话的城市。抗战爆发后，从上海、南京、汉口迁来了大批兵工、机械、造纸、纺织企业，同时迁来的还有大量的产业工人以及沦陷区百姓，万州城市人口骤增至20万人。工商业资本也随之输入，战时商业空前繁荣，当铺、钱庄、银行近百家，一跃成为四川省三大城市之一，与成都、重庆并称“成渝万”。20世纪30年代及抗战时期，万州文人聚集，信息流通也非常顺畅，据称期间创办和公开发行的报刊达30多种。抗战爆发前后万州城市的兴旺和商业的繁荣可视为万州历史上第二次大开发大发展。三峡工程动工修建后，万州老县城淹没于长江水下，新县城不但整体吸纳了老县城的居民，而且还吸纳了三峡库区的大量移民，此时的人口已陡增至50多万，其中有一半是三峡库区移民过来的。城市人口的陡增使得城市规模迅速扩大，商流和人流也大幅度地增加，此为万州历史上第三次大开发大发展。2010年，重庆市政府作出了把万州建设成为重庆第二大城市的决定，全方位支持万州工商业、文化旅游业跨越式发展，一时间国内外淘金者涌动，纷纷开赴万州投资创业、务工经商。预计2010～2020年间万州城可能净增100万常住人口，实乃万州历史上第四次大开发大发展。拥有长江深水良港的万州有可能建设成为辐射川东、陕南、鄂西、渝东的区域性大都会，成为新时期的巴蜀第三城。万州是巴楚文化、商埠文化和移民文化的集大成者，开放、包容的万州注定会成为三峡平湖上最闪亮的一颗明珠。

2 涪 陵

春秋战国时期，涪陵曾作为古代巴国的国都。涪陵地域在上古被称为“枳”，古文字学家徐中舒教授认为：“当时原始村社共同体的人们，喜以枳棘之类的灌木构成村寨围篱，故得名枳。”《华阳国志·巴志》：“巴子时虽都江州……其先王陵墓多在枳”，涪陵地名的含义即“涪水（今乌江）旁有巴先王陵墓”。在唐代，蜀道就包括了从涪陵直通长安的荔枝道。综合以上文字资料来看，涪陵自古应该就是古代巴国和秦朝统一中国后的重要城镇和交通要冲。

在古代巴国历史上颇为重要的涪陵跟万州一样，在重庆直辖之前，都是四川的地级城市，经济基础相对牢固。涪陵的地理位置靠近重庆主城，处于千里乌江和万里长江的交汇处。是重庆现阶段区域发展“一圈两翼”“Y”字战略的重要节点，素有“渝东南门户”之称。2010 年 12 月 21 日，中共重庆市委、市政府正式发文《关于加快涪陵区经济社会发展的决定》：到 2020 年，涪陵基本建成城乡统筹发展的现代化大城市，城市人口达到 100 万，城区面积将达到 100 平方公里。这是重庆确定的第二个以百万人口城市为目标的区域中心城市，具体是：2015 年达到 80 万，2020 年超过 100 万。目前，涪陵已经形成了涪陵工业园区、白涛化工园区、清溪铜铝三个特色工业园区，未来将重点发展能源产业和打造长江中上游地区最大的特种船舶制造基地，形成装备制造、医药食品、化工化纤等六大产业。涪陵的强项在于工业，而优越的物流条件无疑使涪陵的工业优势更加突出，例如涪陵正在打造的龙头物流港自然条件就非常优越，是长江上游地区条件目前最好的一个物流港区，被称为“长江上游地区的绝版”。正如上面提到的，涪陵处于重庆区域发展“一圈两翼”“Y”字走廊的重要节点，故其发展商贸的潜力也非常巨大，2010 年开工的涪陵南门山大型商圈项目总投资达 40 多亿元，将助推涪陵打造区域性商贸流通中心和消费目的地。目前，涪陵的城市人口、商业以及工业规模均排名重庆“一圈”与“两翼”地区的第 1 位。

提到涪陵，读者可能会联想到涪陵的乌江榨菜。没错，涪陵的乌江榨菜确实非常有名，这完全得益于涪陵独特的气候和土壤环境适宜种植好的原料：青菜头（植物学名“茎瘤芥”）以及独特的工艺“三腌三榨”，这些因素使涪陵榨菜具有“鲜、香、嫩、脆”的显著特点。涪陵榨菜历史悠久，据《涪州志》记载，榨菜于公元 18 世纪以前已流行于涪陵民间，被当成咸菜中的上品。涪陵榨菜发展到今天，其声名已经远播，诞生了一家以涪陵榨菜为主业的上市公司，并形成了涪陵“务本兼容、求实开新”的榨菜文化精神。2011 年开建的榨菜博物馆成为中国首家以榨菜为主题的博物馆，游客可在博物馆自己动手制作榨菜，亲身体验涪陵的榨菜文化。附加了传统文化与地域特色等因素之后，涪陵榨菜身价倍增，产量也大增，榨菜产业的发展壮大带动涪陵地区数十万农民种植榨菜原料。由此可见，涪陵无疑为中国实至名归的“榨菜之乡”。

3 永 川

永川被重庆定位为重庆市西部的区域中心城市，近年来产业经济发展迅速。依托“西部职教城”的优势，打造重庆最大的服务外包产业，成立“呼叫中心”，提出打造“西部声谷”。永川 2010 年吸引了全球电路基板制造商台湾华科事业群，笔记本电脑配套产值将占重庆全市配套产值的 1/3 以上，被台湾媒体称赞为“西部昆山”，意思是永川在重庆的地位将如同昆山在江苏的地位。2010 年 10 月在成都举办的中国西部博览会期间，由“西博会”组委会秘书处、中国国情国力杂志社主办的首届“中国西部最具投资潜力100个县（市、区）信息发布暨第七届全国工业重点行业效益十佳企业高峰论坛”上，重庆市9个区县跻身中国西部最具投资潜力百强县（市、区），永川列重庆上榜区县第1位。在2011年7月底举办的中国重庆·永川2011年投资贸易洽谈会上，永川收获了数百亿元的投资。而在2011年12月举办的永川服务外包高峰论坛上，永川又收获了电讯盈科、万国数据、中兴通讯、中美网联信息、厦门恒隆兴等企业的投资大单。永川的投资环境还受到了浙商的高度认可，有浙商在永川投巨资兴建重庆“一圈”地区唯一的“浙商总部”项目和“浙商产业园”项目。

永川的城市定位是“重庆主城卫星城、成渝经济带支点、区域性中心城市”。永川区位及交通优势明显，老成渝铁路、老成渝高速公路穿城而过，而正在兴建的成渝城际铁路在永川设站，交通非常之方便。在重庆全市范围内，能够集合“与重庆和成都两大城市城际交通时间最短、享受重庆直辖市的系列优惠政策、产业基础雄厚、人才供给充分、具有成渝间区域中心城市实力”等五大优势的城市就是永川。

正是永川处于成渝城际铁路、高速公路的交通节点上，其涌现出来的商机不仅仅是实体产业，还包括以旅游为特色的第三产业。永川作为成渝城镇群新兴旅游城市，其最大的特色莫过于拥有“茶、竹、石、湖”四大特色旅游资源。茶、竹：国家森林公园茶山竹海堪称世界一流的茶竹共生景观带，承载着永川旅游文化主要精髓，被张艺谋选为武侠巨片《十面埋伏》国内唯一外景地。石、湖：石笋山险峻雄奇，卫星湖风光旖旎。重庆的野生动物世界也位于永川。永川乡村旅游项目如香草园、梨博园在中国重庆·永川2011年投资贸易洽谈会上获得了投资者青睐。旅游接待设施完善，例如永川之前建成了除重庆主城区之外的首家五星级饭店——江鸿国际大饭店。

永川近些年经济蓬勃发展，吸引了大批外来务工经商人员，街道上比以前热闹了许多，但并不显得非常拥挤。简单地讲，永川是处于成渝两座城市之间，经济比较发达，到重庆、成都交通时间最短的城市之一，很适合喜欢中等城市的人士居家生活与投资创业。

第七节　笔记本电脑与“云”计算

——“无中生有”，后起之秀

电子信息产业的内涵和外延很广泛，本节所讲的电子信息产业主要指的是重庆目前正在大力发展的笔记本电脑制造结算产业和基于数据储存和处理的“云”计算产业，以及相关的集成电路、软件产业。

在2010年以前，不只是重庆，整个中西部并不生产笔记本电脑，笔记本电脑主要产在出货方便的沿海一带，特别是江苏和上海两地。而2011年，以重庆为首的中西部地区生产笔记本电脑数量已达数千万台。这是一个应该值得重视和研究的巨大转变。

2008年全球金融危机的到来，沿海传统的加工贸易行业受到了强烈冲击，而笔记本电脑的全球需求量却没有受到影响，相反在2015年，全球的笔记本电脑销量预计将在2008年的基础上增长至少1倍。重庆市领导前瞻地察觉到笔记本电脑领域蕴藏着巨大的商机。在金融危机才刚刚开始的2008年5月，重庆市领导就率领专业招商团队前往美国惠普公司总部拜访，重庆市领导抛出了创新的加工贸易模式，即“零部件＋整机，品牌＋代工，制造＋结算，垂直一体化安排在重庆，市场销售面向海内外”。这种模式克服了“两头在外，一头在内”传统加工贸易模式运用到重庆所带来的物流成本上升的弊端，打消了惠普公司一系列的忧虑，惠普初步确定了在重庆布局全球生产基地的意向。之后，重庆市领导又前往中国电子工业发达的台湾，力邀富士康、广达、英业达等笔记本电脑代工巨头来重庆布局，正在加速形成的“一江两翼三洋”国际贸易大通道让电子巨头们打消了重庆物流成本巨大的忧虑，特别是重庆西永综合保税区和两路寸滩保税港区的陆续设立让重庆成为继上海、苏州和天津后中国第四个拥有“双保区”的城市，发展加工贸易的整体环境并不比沿海地区差，加之重庆汇聚了西部大开发等众多税收优惠政策和人力资源优势。于是已在长三角地区布局的几大台湾电子工业代工巨头决定把新增产能放在重庆。截至2011年8月，已有著名电脑品牌惠普、宏碁和华硕落户重庆，带来了富士康、广达、英业达、和硕、纬创、仁宝等几大代工巨头，以及数百个配套厂商（即“3＋6＋500”笔记本电脑产业集群），重庆正在成为亚洲最大的笔记本电脑生产基地。如果算上2010年落户成都的戴尔系和联想系以及富士康成都基地为苹果公司代工的iPad平板电脑，那么成渝地区到2015年将是当之无愧的世界上最大的笔记本电脑生产和平板电脑基地，产能达2亿台，囊括了世界笔记本电脑、平板电脑新增需求量的一半以上。加上成都和重庆都正在大力发展的集成电路产业，同处四川盆地的重庆和成都将成为名副其实的“世界电子谷”。

重庆2011年还引进了中航工业集团布局西永微电园，

并积极与中国电子科技集团等大型国有企业接触，打造亚洲半导体和集成电路产业基地。在人才培养方面，成都有电子科技大学和成都信息工程学院，重庆决定迎头赶上，以满足快速发展的电子信息产业对人才的需求。2010 年 11 月和 12 月重庆方面陆续在重庆邮电大学和重庆大学组建了国际半导体学院、集成电路与信息工程学院。培养涵盖本科、硕士、博士等各层次行业人才。

云计算跟物联网一起被国家确定为要大力发展的战略性新兴产业，可能读者早已在各种媒体听说过云计算这一时髦名词，也知道现在各地政府都在大力发展云计算这一新兴的 IT 网络应用模式。那什么是云计算呢？简单地讲，云计算是一种基于互联网的超级计算模式。所谓“云”，指的是在远程的数据中心里，成千上万台电脑和服务器连接成一片电脑云。这种模式拥有超乎寻常的计算能力，用户则通过电脑、笔记本、手机等方式接入远程终端，享受各种服务。打个比方，从目前个人电脑计算过渡到云计算阶段，好比是从古老的单台发电机模式转向了电厂集中供电的模式，或者从许多传统小商店自建仓库过渡到依赖第三方物流公司统一配送。云计算的优势是性价比更高，有如下几个优点：（1）数据安全可靠。（2）不同设备间的数据与应用共享。（3）对终端用户设备要求低。（4）应用领域广泛。（5）使用方便。

著名科技行业市场研究公司加特纳预计，到 2013 年，全球云计算服务收入将超过 1500 亿美元。而中国云计算市场平均增长率可望达到 30％以上。国家工业和信息化部与国家发展改革委员会于 2010 年 10 月 18 日联合印发《关于做好云计算服务创新发展试点示范工作的通知》，确定在北京、上海、深圳、杭州、无锡等五个城市先行开展云计算服务创新发展试点示范工作（无锡等城市在“物联网”研发方面也是走在了全国前面)，这极大地刺激了中国许多城市发展云计算的热情。重庆两江新区的重要使命之一就是大力发展战略性新兴产业和加强自主创新。

重庆的云计算基地布局在北碚区的水土镇和江津双福新区。水土镇的云计算基地主要面向国际离岸数据处理，一期项目占地面积 10 平方公里，总投资 400 亿元。双福新区的云计算基地主要面向国内市场开展数据处理业务和硬件产品制造，规划面积 15 平方公里，总投资 500 亿元。水土镇致力于打造成为国内最大的数据处理基地，最终目标是要做成上百万台服务器、上千亿美元规模的云计算基地，成为全球数据开发和处理中心；2011 年 5 月新加坡太平洋电信投巨资在水土镇开建了其西部地区首个全球数据处理中心。双福新区致力于建设国内先进的芯片和服务器制造基地，以及大型的数据处理中心；2011 年落户的龙头项目为双福新区现代化云计算服务器工厂和中科院龙芯产业园，总投资额超过 100 亿元。

亚太地区最大的独立电信服务提供商和亚洲最大的私营海底光缆营运者——亚太环通 2011 年 3 月进入重庆，亚太环通全球高级副总裁 Richard Carden 表示：“我们将协助重庆政府在两江新区建设一个国内及世界上均为一流水平的超级离岸云计算特别管理区，进一步拉动重庆市的经济增长力及促进重庆在国内外的城市竞争力。”根据合作协议，亚太环通将把上海或香港的海底光缆线延长到重庆，在 2012 年前实现重庆与国际互联网的直接连通，而根据重庆市的规划，这类“信息高速公路”将多达 12 条。或许重庆发展云计算产业更多的是代表国家参与国际竞争，与印度、马来西亚等国家争夺国际云计算产业蛋糕，重庆希望能争取到国际云计算业务的 10% 以上。如果达到此目标，深处内陆的重庆无疑将成为国际信息中心城市。

与“一江两翼三洋”物流通道对应重庆笔记本电脑等加工制造不同，信息高速公路和云计算基地将对应重庆国际数据中心建设。重庆云计算基地将吸引跨国企业加快将离岸数据处理业务向重庆转移，使重庆加速成为全球领先的离岸数据开发、集散和处理的中心；软件与服务外包企业也能从中受益，当大量数据聚集重庆处理后，服务外包企业可围绕数据清理、整理、录入等环节赚钱。

目前，重庆正在大力发展离岸国际金融结算、电子商务结算、要素市场结算、企业总部结算等四个层次的结算型金融中心建设，对数据处理业务有着巨大的需求。预计重庆的国际数据中心建设或将以云计算数据处理、国际加工贸易结算数据处理为两大突出特色，并以此为突破口。

在软件与服务外包领域，重庆“十二五”期间将重点发展嵌入式软件、信息安全软件、软件信息服务外包和物联网产业，打造10条以上百亿级产业链，形成60亿美元软件出口，从业人员达30万人的规模，实现1500亿元销售收入。重庆市的动漫产业发展势头良好，已经形成了北部新区高新园动漫基地、西永大学城数字娱乐基地、南岸茶园新区动漫基地、九龙坡视美动漫产业及教学基地四大动漫园区。为加快软件与服务外包行业人才的培养，重庆联合发端于美国硅谷的安博教育集团在重庆高新区建设安博服务外包产业园区，将培养大批软件和服务外包实用人才。2011年6月，重庆软件与服务外包国际培训学院在两江新区的北部新区板块开建，将培养大量的软件人才。重庆的软件和服务外包业之前受制于人才缺乏，起步较晚，与西部软件和服务外包业前两名的成都和西安有较大差距，但重庆正试图通过各种政策和措施迎头赶上，希望最终在西部形成三足鼎立之势。

目前，重庆以“云计算”统领软件开发与服务外包和数据处理等具体信息产业形态。形象地讲，重庆所大力发展的电子信息产业就是所谓的“云端计划”。IT、通信等电子终端产品是所谓的“端”，如笔记本电脑、智能手机、平板电脑一类，通信和数据处理等则构成了所谓的“云”。换言之，“端”对应的是“电子”，“云”对应的是“信息”，“云端”就是“电子信息”，只不过用“云端”二字更加贴近技术发展趋势和未来的运用模式。

国家发展和改革委员会和国务院批复的重庆两江新区5＋3战略性布局是：轨道交通、电力装备、新能源汽车、国防军工、电子信息等五大战略性产业布局，以及国家级研发总部、重大科研成果转化基地、灾备及数据中心等三大战略性创新功能布局；两江新区还有一大历史使命，那就是加快培育一批高成长性新兴产业集群。所以从国家赋予两江新区产业布局来看，两江新区具有发展电子信息产业的政策与规划优势。

我们梳理一下重庆的发展思路：从比较“重”的汽车制造，到比较“轻”的笔记本电脑制造，再到不依赖物流条件的“云”计算数据处理，短短数年时间，重庆已经华丽转身。

重庆从无到有形成新产业集群的创造力和速度是惊人的，仅用了3年时间就形成了台商在中国第三大聚集区。而在10年以前，重庆被许多人误认为是中国的三流城市。可如今，重庆真的在向中国的“三流”城市靠拢：依托铁路、高速公路、航空和水运成长为物流城市，依托产业活动和金融中心建设成为资金流城市，依托信息高速公路成为信息流城市。或许，我们真到了该改变对重庆传统认识的时候了。

第八节 两江新区

——新10年西部大开发的开篇之作

1 两江新区设立的历史背景和现实意义

2007年3月，胡锦涛总书记在全国“两会”上，给重庆明确了三大定位——努力把重庆加快建设成为西部地区的重要增长极、长江上游地区的经济中心、城乡统筹发展的直辖市；确定了一大目标——在西部地区率先实现全面建设小康社会目标；交办了四大任务——加大以工促农、以城带乡力度，扎实推进社会主义新农村建设；切实转变经济增长方式，加快老工业基地调整改革步伐；着力解决好民生问题，积极构建社会主义和谐社会；全面加强城市建设，提高城市管理水平。这构成了重庆新阶段发展的“314”总体部署，“314”总体部署是新阶段重庆经济社会发展的总体指导思想。

按照“314”总体部署，重庆开始构思新的开发开放。2008年4月，重庆提出建立重庆内陆开发开放示范区，在西部形成重要增长极。同年6月，由中央50多个部委200多人组成调研组到重庆进行史上最大一次调研，提出设立两江新区。2008年12月，温家宝总理在重庆视察时指出：“有关部门要认真研究两江新区事宜。”2009年1月，国务院颁发《国务院关于推进重庆市统筹城乡改革和发展的若干意见》（即国务院3号文件），明确要在重庆设置两江新区，责成重庆市加快提出两江新区的设置方案。2009年3

月，李克强副总理在听取重庆工作汇报时指出："重庆是中西部地区唯一的直辖市，提出设立两江新区这样的想法，主要是要树立起一面旗帜。"

2010年5月5日，国务院以国函〔2010〕36号印发了《关于同意设立重庆两江新区的批复》。国务院要求，重庆两江新区着力发展内陆开放型经济，构建现代产业体系，推进自主创新，加强资源节约和环境保护，大力发展社会事业，逐步建设成为我国内陆重要的先进制造业和现代服务业基地，长江上游地区的金融中心和创新中心，内陆地区对外开放的重要门户，科学发展的示范窗口，在带动重庆发展、推进西部大开发、促进区域协调发展中发挥更大作用。

2010年6月18日，重庆"两江新区"正式挂牌成立。重庆两江新区自2008年6月国家调研组提出设立两江新区的构想，到2010年6月正式挂牌成立，前后历时2年时间。

与深圳特区、浦东新区、滨海新区不同，两江新区肩负了众多的历史使命。前3个区域的主要作用是引领中国完成了计划经济转变到市场经济的伟大变革，实现了东部地区率先发展。两江新区则主要为国家开启"二次经济改革"，在转变经济发展方式、走科学发展之路方面探索更多和更有价值的经验，具体来讲有如下几大方面：内陆地区开发开放、城乡统筹发展、效率与公平并重、区域协调发展、民生导向与以人为本、内需主导与自主创新、资源环境保护；在探索出有价值的改革开放经验的同时，引领西部地区的经济实现跨越式发展。改革创新是两江新区的主旋律，是两江新区的"魂"，按照《人民日报》2010年9月刊发的《重庆两江新区开发开放纪实》一文的说法是"两江新区对代表国家未来发展方向的改革率先探索，对影响科学发展的体制机制障碍攻坚破难，对在内陆乃至全国普遍实施的改革引领示范，努力在事关全局的重点领域及关键环节上取得突破”。2011 年 8 月，国务院发展研究中心发表研究报告指出：两江新区应成为中国发展战略转型的“示范窗口”。

2 两江新区基本情况介绍

重庆两江新区是一块日新月异的土地，规划区内既有重庆江北区、渝北区和北碚区相对比较成熟的区域，也有正在进行大规模基础设施建设的新开发区，这一点与当年上海浦东新区和天津滨海新区在处女地上开发稍有不同。具体来讲，包括了 29 个街镇：北碚区的复兴、水土、施家梁、蔡家岗 4 个街镇，渝北区的木耳、古路、石船、悦来、双龙湖、双凤桥、龙兴、礼嘉、鸳鸯、回兴、玉峰山、大竹林、人和、龙溪 14 个街镇，江北区的石马河、大石坝、观音桥、华新街、五里店、江北城、寸滩、铁山坪、郭家沱、鱼嘴、复盛 11 个街镇。

重庆两江新区 2010 年实现国民生产总值 1000 亿元，2011 年实现国民生产总值 1300 亿元，规划至 2020 年实现国民生产总值超过 6000 亿人民币，工业总产值超过 1 万亿人民币。整个规划的落实将分三个阶段：

（1）2 年初见成效：2012 年完成形态形象（基础设施）；

（2）5 年形成框架：2015 年完成功能形象（产业布局）；

（3）10 年基本建成：2020 年完成新区形象（新型新区）。

据介绍，2010～2015 年，5 年时间里将有 4000 多亿元投入两江新区的基础设施建设中来，具体是：两江新区内城市快速路、主干道、隧道、桥梁等重大路网工程投入1000亿元，轨道交通、高速铁路、港口码头等基础设施投入1000亿元，工业开发区及城市土地整治投入1500亿元，水电气讯等城市公用工程投入500亿元，“森林两江”建设投入150亿元。

重庆两江新区规划了“6＋3”战略性布局：轨道交通、核电风电等电力装备、新能源汽车、国防军工、电子信息、生物医药等六大工业支柱产业，商贸物流、商务会展、金融服务等三大战略性服务业。

在板块布局方面，重庆两江新区划分了几大板块：现代服务业板块、都市功能板块、先进制造业板块。在现代服务业板块中，除了江北嘴的金融商务区、观音桥商贸区之外，还包括了寸滩保税港区、果园港等以物流为特色的生产性服务业功能区；都市功能板块事实上是居民聚居的现代都市区，包括了北部新区和会展、空港等功能区；先进制造业板块，事实上2010～2011年间，已落户的许多大型先进制造业基地均落户在江北区鱼嘴、复盛和寸滩以及渝北区的两路等区域，这一区域濒临港口（水港或航空港），具有物流之便利，发展较快。所以上文所说的到2015年要完成产业布局，在很大程度上是指先进制造业板块要完成产业布局。具体到街镇：石马河、大石坝、观音桥、华新街、五里店、江北城、龙溪、龙山、龙塔、天宫殿、人和等街镇主要发展金融和商务产业，重点功能区是江北嘴金融核心区、观音桥商贸核心区、人和总部基地、五里店研发设计中心；大竹林、礼嘉、鸳鸯、翠云、悦来、双龙湖、回兴等街镇主要发展都市功能产业，重点功能区是悦来会展城、双龙湖国际商务新城、金山商务中心、大竹林高尚居住区，其中最重点的是悦来会展城；蔡家、施家梁、水土、复兴等街镇主要发展高新技术产业，重点功能区是水土和蔡家高新技术产业园；寸滩、铁山坪、玉峰山、两路、双凤桥、王家、木耳、古路等街镇主要发展物流加工产业，重点功能区是寸滩港物流园区、石坪轻加工出口基地、江北机场物流园区、临空机电出口基地；郭家沱、鱼嘴、复盛、龙兴、石船等街镇主要发展先进制造产业，重点功能区是鱼复现代物流功能区、龙石先进制造功能区。

3 两江新区各行政产业发展重点及部分落户项目

1. 江北区

江北区确定了五个建设重点，分别是：（1）加快把江北嘴中央商务区打造成长江上游金融中心的核心区。（2）加快把观音桥商圈打造成特色消费的引领区。（3）加快把寸滩港和港城园区打造成物流中心。（4）加快把鱼复片区打造成两江新区工业发展的先行区。鱼复东部新城是两江新区工业开发区的核心部分。（5）加快把江北区打造成总部经济聚集区。初步形成了江北嘴中央商务区、观音桥商圈和港城工业园三大总部聚集区。

江北区已落户的部分重点项目：（1）鱼嘴组团的长安新能源汽车基地、投资10亿美元的韩泰轮胎项目、美国霍尼韦尔汽车关键材料项目、长客轻轨、华渝风电（汽车和轨道交通都是两江新区重点打造的千亿级规模产业）。（2）观音桥商圈特色消费区：例如以经营国际顶级品牌为主的协信购物中心；以浪漫消费为主题的浪漫金街；以时尚消费为主的大融城和富丽海洋公园；由数栋超高层低密度建筑组成的太阳谷生态商贸中心；提升文化的西部最大的新华书城；汇集各类创意主题的天空之城；展现水乡风情特色的嘉陵水街。（3）江北嘴金融中心：工商银行、农业银行、中国银行、国家开发银行、华夏银行、重庆农村商业银行、西南证券、重庆银行区域总部和香港九龙仓、台湾越洋、北京金融街等项目。（4）鱼复现代物流功能区的基础设施建设项目（以果园集装箱港为依托）、奥地利在华最大投资项目——奥地利奥特斯集团（AT&S）高端电路板重庆全球生产基地、中国北车集团西南产业基地。（5）龙盛片区规划建设超过10平方公里的“中—韩”产业园：韩国的SK集团等。（6）中国铁建高端重型装备西南生产基地。

2. **渝北区**

渝北区坚持工业与服务业两条腿走路的思路，两江新区渝北的面积最大，在战略布局中我们看到有都市功能板块和先进制造业板块两部分，充分预示了渝北将来的发展格局。重庆过去10年所大力建设的北部新区就位于渝北区镜内，包括高新园、人和、大竹林、礼嘉、黄茅坪、翠云、鸳鸯、金山等区块。渝北区的工业比较强，多年均列重庆各区县第1位。而随着悦来会展城的建设，渝北的商贸、会展等服务业将有大的提升和发展。北部新区将大力发展金融、软件、研发、设计、服务外包、总部经济等生产性服务业，计划在2015年现代服务业增加值占全区GDP的50%以上。目前，北部新区内有国家火炬计划软件产业基地、国家服务外包示范基地、国家信息产业基地、国家高新技术产业标准化示范区、国家科技兴贸创新基地等在内的多个国家级基地，落户了众多行业知名企业，2010年9月18日，重庆软件产业中心落户北部新区。渝北区除了大力发展北部新区之外，同时也在大力发展空港新城。据称，到2015年，空港新城将聚集起上百万人口。届时，悦来新城、龙石片区、木古片区将与北部新区、空港新城共同成为渝北未来城市的“五朵金花”。

渝北区产业规划：（1）龙石先进制造功能区（龙兴镇和石船镇）：全力打造电力装备和船舶制造等产业基地。临港船舶制造基地布局于龙兴地段的御临河畔，国家级重点电力装备及其他产业向御临河以西平坝方向发展，城市居民集聚区则在梅溪大桥至御临场镇之间的御临河以东呈带状展开。2011 年 1 月 25 日，重庆直升机产业投资有限公司成立，注册资金 30 亿元，重点发展直升机产业，项目布局在龙兴片区，2013 年重庆造直升机将面世。除直升机外，该片区还将引进高端游艇制造项目。(2)“木古出口加工功能区”（木耳镇和古路镇）：重点打造成为出口加工基地。依托邻近空港区位优势，重点布局现代食品工业、高端服装产业、高端家具产业、新型玩具等产业。(3) 渝北模具产业园：下辖五金机电城、西部机床设备交易中心、国际汽摩交易城等市场。该产业园一半以上为浙商。(4) 国家级创新药物孵化基地。(5) 投资达 40 亿的渝北空港新城中央公园，地处国际空港新城中心腹地，西距悦来会展城约 3 公里，东距江北国际机场约 5 公里，占地数平方公里。重庆版中央公园将带动数平方公里的高强度城市中心区开发，有效带动开发建筑面积近 2000 万平方米。(6) 两江新区世纪创新创业城龙兴板块：重庆创新成果交易中心。(7) 台湾威盛集团旗下宏达电子（HTC）的相关智能手机产业项目。(8) 格力 50 亿空调项目。

3. 北碚区

北碚区的水土和蔡家组团纳入了两江新区规划范围，其中蔡家组团与渝北区一部分共同属于两江新区“都市综合功能板块”，重点发展机械制造、电子电器、仪器仪表等高新技术产业；而水土组团则与渝北部分区块共同组成了两江新区“先进制造基地板块”。大力发展云计算、生物医药、精细化工、机械装备制造等低污染、低排放的环保产业。

根据规划定位，北碚作为重庆的都市后花园，除了大力发展高新技术产业和低碳产业之外，还将着力建设成为花园之城、文化之城、旅游之成、宜居之城，未来将在北碚、蔡家、水土、澄江四大组团建设数10万套花园洋房和生态别墅。目前，已有地产巨擘与北碚区签订了战略合作协议，将在蔡家组团打造高品质生态型商住区，其他著名房产商也在陆续跟进中。北碚的目标是希望利用自己的宜居、文化优势为两江新区提供一个理想的安居和消费场所。

已落户北碚的部分产业项目：(1) 重庆医药制造基地：方正集团西部医药产业基地、药友国际化制药服务外包产业基地。(2) 四联集团LED光电产业园。(3) 力帆集团微车和摩托车发动机。(4) “两江低碳产业园”：占地约4800亩，由重庆诺实科技有限公司和英国低碳置业有限公司牵头投资。(5) 世界500强建材巨头格雷斯公司投资建设重庆工厂。(6) 深圳立业集团投资35亿元的锂离子电池项目。(7) 中国电力技术装备有限公司投资建立西部最大特高压电力铁塔生产基地。(8) 刑事技术中心、安康医院、光华医院和依赖性药物自愿康复中心布局蔡家。(9) 亚洲最大的云计算产业基地。(10) 中科院重庆绿色智能技术研究院布局水土。(11) 莱宝高科重庆产业园布局水土。(12) 重庆本土的系列生物医药项目。

两江新区还吸引了如下典型外资项目：投资11亿美元的德国蒂森克虏伯汽车板项目、投资8亿美元的“台联电”欣兴项目、投资3亿美元的美国GE电器项目、投资2亿美元的墨西哥尼玛克汽车配套项目、日本日立公司的系列产业项目、香港太盟投资集团32亿元的股权投资基金、33.5亿元的金石基金，等等。

技术创新方面，重庆已吸引了不少国家级科研院所在重庆设立研究分院（所）。两江新区未来还将形成水土和龙兴两大技术创新中心。

4 重庆两江新区公租房的布局与各功能区发展

重庆住房建设的指导思想是“低端有保障，中端有市场，高端有约束”。重庆自 2010 年新年伊始就启动了大规模的公租房建设，这些公租房将解决近 200 万人的居住问题。重庆主城区公租房约有一半就布局在两江新区，这些以市场价 60%出租的批量公租房将比较彻底地解决处于收入“夹心层”人士的居住问题（不受户籍限制）。本节最后简单介绍两江新区内公租房的布局情况。

两江新区将规划建设水土、蔡家、翠云、悦来、鸳鸯、空港、龙兴、御临、鱼嘴等 9 处公租房住宅区，居住人口将达到相应聚居区总人口的 20%以上。下面为部分公租房项目情况。

蔡家公租房：位于北碚区蔡家，2010 年 9 月开建，2011 年底投入使用，建筑面积 46 万平方米，共 20 栋，可解决 7372 户、2 万人左右的居住问题。还将滚动建设至 40 多栋，共解决 4 万多人的居住问题。公租房项目南侧 400 米处为轨道交通 6 号线。在区块内，拟建大型公交车始末站，居住在里面的居民出行将非常便捷。配套有学校、文化站、医疗中心、公厕、垃圾站、消防、商场、车库等生活设施。

大竹林公租房：位于北部新区，2010 年 3 月开建，2011 年将投入使用；规划总建筑面积 120 多万平方米，21249 套，可解决 5 万多人居住。公租房项目毗邻轨道 6 号线。生活配套设施同蔡家公租房。

龙兴和合家园拆迁安置房及匹配的公租房：位于渝北区的龙兴镇龙兴工业园核心区，其中公租房可解决 1 万人的居住问题。

渝北鸳鸯公租房：位于渝北机场路旁边，首批公租房已出租，租金价格 10 元/平方米，也就是说两室一厅共 60 平方米的月租金为600元，如两人分摊，每人只需300元/月。

2011年，两江新区内开建万寿、龙兴、鱼嘴、复盛、思源、双溪、天堡寨等公租房项目，建设面积累计超过1000万平方米。重庆两江新区的一个创举是在规划之初就预留了大量公租房用地，比较周到地考虑到了产业工人和白领的租房需求。按照重庆未来“主城区1000万人口，一半在两江”的规划，两江新区2020年将汇聚500万人口，其中至少100万人的居住问题由公租房解决。按照现在两江新区公租房的开工面积和建设进度，预计到2013年，两江新区就会形成大约60万人的公租房解决能力。由此可见，两江新区已经把公租房项目当成了最重大的基础设施与民生项目在抓紧落实，在产业布局完成的同时就已经完成了批量的公租房建设。最大限度地帮助进入两江新区工作的员工一开始就减少在房屋租赁方面的开支，这种以人为本的做法值得称道。

介绍了产业布局和公租房分布之后，笔者再综合两江新区各区域发展的相关信息与读者分享。在两江新区成立之前，北部新区、两路寸滩保税港区管委会是重庆市政府直属派出机构，两江新区成立之后，中共重庆市委、市政府委托两江新区管委会在业务上进行统一管理。后来，两江新区管委会下面又成立了一个工业开发区。所以，北部新区是两江新区城市发展的桥头堡，鱼嘴、寸滩一带是两江新区物流加工基地，而龙石片区是两江新区现在及未来重要的拓展区域。重庆决定在悦来大力发展会展业。所以预计将会形成悦来和龙兴两大新的城市副中心。北部新区、悦来新城连同上面介绍过的蔡家组团将共同支撑起两江新区高档商业住宅和都市休闲格局（均属于都市功能板块）。就近期而言，观音桥、江北嘴、鱼复东部新城、悦来、龙盛、北部新区、空港、蔡家、水土等地区将率先发展。

第九节　金融中心

——你不知道的并不代表它不存在

现在至少有成都、重庆和西安等三个城市提出了要打造西部地区的金融中心（西南、西北或整个西部），其中重庆提出了要打造长江上游地区金融中心。笔者注意到，打造长江上游地区的金融中心，不只是重庆政府一直努力的方向，也是国家赋予重庆的使命，更是西部众多企业和民众的深切期望。读者可能都想知道重庆提出的打造长江上游地区金融中心，是一块不太实际的招牌呢，还是一个切实可行并在逐步实现的现实目标呢？根据观察，在地处西南内陆的重庆，有一批懂经济、熟金融、有谋略、会操作、为民生的杰出技术派高级党政人才。例如重庆市市长黄奇帆和重庆前副市长周慕冰，前者早些年就被大家称为“金融市长”，谙熟资本运作，后者于 2011 年 1 月调任为中国银监会副主席。

据了解，重庆提出的长江上游金融中心这一概念将有异于北京、上海的金融中心。金融中心大致分为三类：一是以总部聚集为特色的金融中心，如北京；二是以金融要素聚集为特色的，如上海；三是以结算为特色的金融中心，如新加坡。重庆结合这些年迅猛发展的加工贸易实际情况提出要打造结算类金融中心，建设集加工贸易离岸国际金融结算、电子商务国际结算、区域要素市场结算、企业总部结算于一体的国内规模最大的结算类金融中心。事实上，重庆正在建设中的结算型金融中心已经取得了重大突破：

惠普已经把笔记本电脑加工的上千亿美元的结算放在重庆，全球最大电子支付服务提供商美国贝宝公司落户重庆，阿里巴巴在重庆布局电子商务国际贸易服务中心，华硕、宏碁也表示他们的重庆基地是一个融制造、运营和结算于一体的复合型基地，国际知名 IT 分销企业伟仕电脑、佳杰科技也在重庆建立了营销结算中心，中国邮政集团在线交易的国际结算业务也将转移布局在重庆。

结算能给重庆带来大量税收的好处：未来两三年，光笔记本电脑产业链结算量就能达到 1.6 万亿元人民币的规模，贡献数百亿元的税收；如果再加上相关巨头已经转移到重庆的电子商务国际结算和未来可能部分转移到重庆的股份制商业银行结算，那么也将是 1.6 万亿以上的结算规模。如果重庆建设结算型金融中心成功的话，2015～2020 年间，重庆政府每年从结算上收获的税收就可能达到 500 亿～1000 亿元人民币规模。目前，重庆本地电子商务尚不发达，但却能最终形成电子商务“西有重庆、东有杭州”的结算格局，这实在让人赞叹。此外，结算还能带动金融、会计等行业发展，完全的绿色和低碳。譬如新加坡国土面积小，但是企业总部云集，每年数以万亿美元的资金在那里结算，为新加坡贡献了很多税收，同时也培养了大批国际化金融和会计人才。搞结算型金融中心是一个相当英明的决策。

重庆所建设的金融中心一方面重点与特色突出，另一方面多头并进功能完善。具体来讲包括多个层次，除了传统的银行、证券、保险等主流金融业态要大力发展外，还要大力发展非银行类金融机构如担保公司、小额贷款公司、信托公司、租赁公司和财务公司等，同时建设多个区域性金融要素市场，如：重庆土地（地票）交易所、重庆药品交易所、重庆航运交易所、重庆畜产品交易所、重庆金融资产交易所、重庆股份转让中心（OTC）、重庆联合产权交易所、重庆环境资源交易中心等。特别值得一提的是，重庆股份转让中心（OTC）拟打造成为一个公司上市前的培育平台或垃圾股的退出平台，即成为企业上市前或退市后的一个中转站。借用重庆市领导的话就是："它应该成为计划上市公司的三板市场，要进 A 股市场的，先在 OTC 运转两年，有条件后可以进 A 股市场。第二，A 股退下来，老百姓不能买卖了，但法人可以对它买卖的公司，这就退到了 OTC 上。换言之，OTC 就是起到 A 股市场的升级板、降级板的作用。此外，还可以买卖债券，就是非股票型的各种票据、可转债这一类。"

根据综合得来的信息，目前已有国内外大量金融和投资机构进入重庆。仅以 2010～2011 年为例：北欧最大的私募股权投资机构殷拓集团（EQTPARTNERS）拟投资重庆市本土蛋糕业龙头沁园；两江新区开发投资集团与美国德州太平洋集团共同出资设立德太中国西部成长基金；德意志银行继北京、上海、广州、天津之后，在重庆开设其在中国的第五家支行；新加坡淡马锡在重庆开设小额贷款公司；以色列英飞尼迪股权基金管理集团拟在重庆的投资涉足医疗、融资合作、新能源、中药材；美国谈石公司携数亿美元进入重庆；三峡担保公司获得国开行新增注资，已成为西部最大担保公司；招商银行与重庆签署《推进重庆建设内陆开放高地合作框架协议》，围绕"打造重庆成为内陆开放高地，建设长江上游地区经济中心和金融中心"这一主题展开的全方位深度合作；重庆股份转让中心与深交所深圳证券信息有限公司共同建设"中国（重庆）路演中心"（"上市路演"是指股票发行人和承销商面向投资者所举行的股票推介报告活动）；重庆渝富公司与中石油联手组建注册资本金 60 亿元的昆仑金融租赁公司；中国华融资产管理有限公司与重庆渝富资产经营管理公司共同组建百亿规模的私募股权投资基金——华融渝富股权投资基金。

而重庆本土的两江新区开发公司也注资30亿元成立两江新区金融发展公司，打造金融要素聚集平台，推动重庆金融中心建设。

以上只是笔者所掌握的部分项目信息，两年间实际落户和新设立的股权投资基金、担保基金、金融租赁等金融类项目还远不止这些。

一般认为，一个地方要成为区域金融中心，要起到对外强力辐射的作用，应该达到如下金融数据：贷款余额与GDP比值至少在2∶1左右；上市公司市值与GDP比值至少要达到1∶1；金融GDP占整个地区GDP要在10%以上；同时，私募等股权投资活动应该比较活跃。目前，重庆上市公司市值与GDP比值尚未达到1∶1，但贷款余额与GDP比值在西部地区较高，且金融GDP已达总GDP的8%，区域金融中心雏形已经显现。但高端金融人才的相对缺乏是掣肘。这也给那些金融业务能力强、熟悉外语，并且想在重庆发展、抢抓重庆机会的金融业高端人才提供了一个广阔的舞台。

第十节 重庆农业与林业

——创业者广阔的天地

1 国家农业与林业的极端重要性

农业是国民经济的根基，这个基础地位无论何时都不能动摇。国家制定的全国18亿亩耕地“红线”是确保这种根基地位最重要的保障措施。无论城市如何扩张与建设，不管是采取城乡建设用地增减挂钩还是其他办法，这条红线是绝对不能碰的。粮食及农业的极端重要性，已为各国政府首脑所认识，记得美国前国务卿亨利·基辛格在20世纪70年代说过这样一句名言：谁控制了石油，谁就控制了其他国家；而谁控制了粮食，谁就控制了整个人类。中国农业部高层也多次表态中国人的饭碗绝不能端在别人手里。农业受到政府重视的程度似乎跟经济发展水平有一定关联。之前曾有报道说现阶段中国腐败堕落官员至少有一半跟房地产有染，而日本腐败堕落官员中至少有一半跟农林水产有关系，足见发达国家对农业的补贴额度之大，当然日本有其自身人多地少的突出矛盾。即使在国土广袤、耕地面积辽阔的美国，农业也受到了异常的重视：当年美国在跟加拿大、墨西哥两国签署自由贸易区协定之后，做得最及时也是唯一的一件“大事”，就是把对农业的补贴标准大幅提高80%。这只是美国粮食全球战略小小的一个事例。美国为了保持其农业世界霸主地位，总是能想出一些冠冕堂皇的理由对农业继续实行大额补贴，例如在玉米生产上，就有所谓的燃料乙醇项目补贴。现如今，粮食成了美国的一种战略工具而被广泛使用。我们对此国际形势应该有清醒的认识。

另一方面，中国人口众多，城市化进程加快，对粮食和蔬菜的需求迅速增长，农业生产、加工和流通领域商机巨大。中国台湾地区以及浙江温州老板在中国内地几乎每个省市都布局了农业园区项目，淘金农业。近年来，国际范围内极端异常天气频发，干旱、洪涝、疫情等导致国际农产品供应很不稳定。2011年中央农村工作会议及中央一号文件更是把加强水利等农业基础设施建设提高到了农业“头等大事”的地位。在全球自然灾害频发的当代，各个国家都加强了对粮食和蔬菜出口的管制。换句话说，要是碰见全球性或局部性农业灾害的话，不是说你愿意出钱、愿意出高价，其他国家就愿意把粮食和蔬菜卖给你，这就是为什么国家多次强调“中国人的饭碗不能端在别人手里”的原因。除了预防可能的自然灾害外，要特别警惕美国始终有一支粮食战略之枪随时在瞄准中国。所以粮食问题得主要依靠中国人自力更生，自己解决。2010 年前后，陆续报道说成都、重庆和西安的蔬菜产量首次超过粮食产量，不知这是喜还是忧。

在林业方面，林业拥有巨大的生态功能：在国家“三北”地区大力植树造林，有利于控制沙漠化，从而保护耕地被风沙侵蚀；在国家东南沿海地区大力植树造林，使台风速度减慢，保护庄稼；在黄河、长江上游地区植树造林，有利于涵养水源，防止耕地水土流失。

当然，本节的主要目的并不在于强调农业和林业的极端重要性，而是给读者提供一种背景，以方便阐述在比较重视农民增收、农业增效、农村发展的重庆，蕴藏了哪些商业机会。

2 重庆农业商机浅析

目前，重庆作为国家确定的粮食自给基本平衡的一个城市，并不存在很大的粮食问题。但也应该注意两个问题：第一，重庆蔬菜产量 2010 年已经超过粮食产量。这说明：一方面伴随着重庆经济的飞速发展和户籍制度改革的纵深推进，城镇化呈现加快态势；另一方面，外出务工人员的回流和来渝务工经商人士的逐渐涌入，流动人口大量增加，导致蔬菜需求量迅猛提升，甚至毗邻重庆的四川广安、达州、南充、巴中等川东北地区在一定程度上已经充当了重庆的“菜篮子”。第二，重庆以生猪为主的养殖业在西部来讲比较发达，每年消耗大量粮食，如玉米等动物饲料原料每年要从外省调入数百万吨。重庆有着全国闻名的“重庆国家现代畜牧业示范区荣昌核心区”，这里有全国著名的“荣昌猪”和全国最大规模的饲料、兽药交易市场。2010年开启的大型生猪养殖项目就有长寿现代畜牧园区，该项目总投资30亿元，占地50平方公里；重庆南方集团几年前就涉足生猪产业，近年又计划再修建数十个养殖场，该集团计划到2012年，出栏生猪100万头。

就农业产业化而言，具体到重庆，目前已经形成了潼南、铜梁、璧山、武隆4个核心蔬菜基地和万州、涪陵、石柱3个蔬菜价格基地。这些蔬菜基地以及所带动的附近区域的蔬菜产量占到了重庆蔬菜总产量的一半左右。其中，潼南是国家级生态蔬菜示范基地，也是重庆第一大蔬菜基地，重庆正在建设的1000万亩蔬菜基地，潼南要占1/10，“心无旁骛抓蔬菜”是重庆市对潼南的最重要期望。与潼南通过遂渝铁路联系起来的合川区是重庆产粮的第一大区。国家畜牧产业示范区核心区则是重庆第一生猪大县。近些年来，重庆农产品地理标志产品逐渐增多，2010年就新增了18件农产品地理标志商标（大宁河鸡、开县春橙、秀山土鸡（活鸡）、南川方竹笋、秀山土鸡（非活的）、开县木香、垫江白柚、巫山庙党、城口山地鸡、梁平寿竹、云阳白山羊、永川豆豉、南川鸡、南川鸡蛋、合川黑猪、长寿夏橙、丰都锦橙、丰都红心柚）。2011年又新增了14件地理标志商标，如涪陵榨菜、奉节脐橙、南川方竹笋等，累计达52件。这些地理标志产品部分地代表了各区县一些著名特产或优势农产品。

资料显示，重庆“两翼”地区重点发展的农林产业是：

（1）家禽养殖：重点推广土鸡、肉鸭、肉鹅、蜜蜂等。

（2）畜牧业：重点推广肉牛、奶牛、山羊、肉兔等。

(3) 种植业：重点推广蔬菜、食用菌以及豆类、瓜果、魔芋等其他作物。

(4) 林业：重点发展中药材、笋竹、花卉、苗木、速丰林、茶叶、油茶、林产品加工、森林旅游等产业。

(5) 林果业：重点推广柑橘、核桃、板栗、龙眼等经果林。

在农业区域品牌方面，荣昌生猪、潼南无公害蔬菜、三峡柑橘产业带、涪陵榨菜、江津花椒、丰都肉牛、石柱辣椒、武陵山优质烟叶、秀山和城口的土鸡（山地鸡）等比较有影响力。

3 重庆林业商机浅析

本节标题是“重庆农业与林业——创业者广阔的天地”，除了农业，也应该介绍林业。重庆的“五个重庆”建设中有“森林重庆”。重庆近两年植的树大概相当于过去一二十年所植树的总和，2010 年更是发起了“绿化长江——国企责任”等多种筹资活动，筹得几十亿元，全部用于绿化长江。根据统计信息，重庆森林面积超过 5000 万亩，为了取得经济效益与生态效益的良好结合，目前可供开发林下经济的森林面积达 1000 万亩，这些都等着有识之士去淘金。森林木材本身是一笔财富（经济林）；同时，森林吸收二氧化碳和释放氧气的功能也是一种财富，一种通过生态补偿机制和现代金融手段可以创收的财富。重庆 2011 年 1 月的政府工作报告出现了“森林碳汇”一词。森林的碳汇功能，是指植物通过光合作用把大气中的二氧化碳固定在植被和土壤中，释放氧气的功能。森林的这种特殊功能，可以在一定时期内对稳定乃至降低大气中温室气体浓度发挥重要作用。目前包括中国在内的很多国家正在积极发展林业碳汇。欧盟等地对出口到其境内的部分中国商品设置了很多经济技术壁垒，包括碳壁垒，之前有国外学者提出针对中国商品征收“碳关税”就是这个壁垒的体现。一些中国商品要想出口，就得通过国外相关方面的认证，而要通过这方面的认证，就需花钱在国内或国外种植一定数量的林木来增加森林碳汇，以获得相应认证。所以要想获得森林碳汇方面的经济收益，就得使碳汇增量，就是要新种树木。这个跟生态补偿机制主要针对森林存量资源有一定区别。笔者非碳金融方面的专业人士，不知道上述阐述是否准确。不过，笔者有信心作出一种判断：在未来的日子里，在适当的地方，林业经济将可以变得综合立体而且是多效益的，包括林上的森林碳汇、经济林本身、林下经济三方面。当然，要充分实现这三方面的效益，还有包括金融创新与实践在内的很多事情要做。

目前包括重庆在内的中国很多地方，都并未达到充分实现上述综合效益的全部现实条件。不过，重庆作为一个创新力很强、并努力建设金融中心的城市，这方面的创业商机还是应该值得时常关注的。

2011 年 7 月，重庆基本完成了对其境内 5500 多万亩集体林地的确权颁证工作，500 多万户农民领到了林权证。2011 年 10 月，重庆市内首个林权交易所筹划成立，该林权交易所将立足涪陵、服务“两翼”，开展林权交易、木材及大宗林产品交易等，推进和规范林业产权和实物交易，开展林权政策咨询、培训、信息发布等服务。

第十一节 重 庆

——一个转在新能源汽车车轮上的城市

2010年，重庆汽车整车产销量达到了220万辆，占全国的12.5%，是全国生产汽车最多的城市；摩托车产销量达到1000多万台，产量占全国的比例超过1/3，汽车摩托车制造行业实现工业产值超过3200亿元，占重庆工业总产值的30%以上，是该年度重庆第一大产业。在汽车方面，重庆拥有兵装集团旗下的长安集团，长安集团是国内汽车“四大集团”之一，其总部位于重庆，目前正在大力建设重庆两江新区鱼嘴长安千亿级汽车城，新能源汽车将是该汽车城的发展重点。除长安外，重庆尚有许多内外资合作汽车整车生产企业，还有一大批自主品牌的汽车研发制造企业。除长安汽车外，重庆本土自主品牌的汽车企业前身多为摩托车制造企业，但前些年受制于摩托车利润的下降、金融危机、城市管理等影响，这些摩托车生产企业纷纷转型造汽车，要么自主研发，要么与国内外汽车厂合作，例如：力帆、渝安、鑫源、隆鑫和银翔等企业。与重庆摩托车合作的汽车企业相当一部分是为了以重庆为根据地抢占西部市场，或者利用重庆摩托车在东南亚、非洲、拉美地区较高的市场占有率顺利地拓展海外新兴市场，而这对于寻求转型的重庆摩托车企业来说，是一个历史性转型机遇。所以，重庆不但整个工业在转型，途径就是通过大力发展电子信息产业实现由“重”变“轻”，而且在汽摩产业内部也实现由“摩”转“汽”。

而在重庆汽车工业转型的过程中，最耀眼的莫过于全力发展新能源汽车，现阶段重庆的混合动力汽车研发制造水平处于国内领先位置，纯电动汽车的研发也在全面发力。重庆发展新能源汽车具有得天独厚的优势。两江新区的设立使得国家倾向于把新能源汽车项目更多地布局在汽车工业本来就相对雄厚的重庆。中国在传统燃料汽车领域落后发达国家至少 15 年，而在新能源汽车领域（如电动汽车、混合动力汽车）几乎与国外在同一起跑线上，且中国汽车普及率和基础设施建设尚有很大的空间，这些因素使得中国发展新能源汽车有可能实现“弯道超车”，赶上并超过发达国家。而重庆一些由“摩”转“汽”的制造企业可望实现“三级跳”，直接研发制造纯电动汽车，重庆新能源汽车发展态势凶猛。2009 年 6 月，30 多家渝企组成了新能源汽车产业联盟，共同致力于新能源汽车关键零部件核心技术的攻克，为重庆汽车产业打造新的经济增长点。截至 2011 年年中，已有 7 家大中型整车制造企业实现了技术上的分线突破，部分企业还具备了混合动力汽车的量产能力，产品远销欧洲市场，在国内市场的反响也较强烈。

重庆发展新能源汽车的宏愿，吸引了全球最早生产锂离子聚合物电池的制造商——深圳立业集团前来重庆两江新区投资锂离子电池项目，同时长安汽车携手世界首家量产锂电池系统企业韩国 LG 化工，达成了战略合作协议，共同开发全球领先的汽车用锂离子电池系统，为长安新能源汽车进行配套支持。重庆恒通客车公司已研发出了新型锂电池技术，每次充电只需 10 分钟，并可循环充电使用 2 万次，使客车实际使用寿命延长 6～8 年。该新能源客车 2011 年已畅销于江西南昌和浙江湖州等地。力帆纯电动汽车也于 2011 年进入台湾销售。得益于企业的大力创新、国家的有力扶持，预计到 2020 年，重庆新能源汽车将达到年产 150 万辆的生产能力，在国家新能源汽车产业区域布局中占据重要位置。

重庆汽车摩托车大型企业近年来加快了上市融资的步伐，力帆集团已于 2010 年 11 月在上海证券交易所上市，为企业技术升级、转型和市场拓展注入新鲜的金融血液。重庆不但具有汽车摩托车整车制造优势，同时还具有零配件制造优势。重庆企业走出去的过程中，也在有意加强这种优势，例如重庆的轻纺集团 2011 年成功收购了德国的汽配大佬萨固密集团，并计划在国内建立相应的大规模生产研发基地。2011 年“渝洽会”期间，韩国汽车工业协会携 12 家韩国车企参会，抛出的汽车零部件采购清单达数 10 亿美元，充分体现了重庆汽车零部件的制造实力。

中国西部汽车市场的扩大，以及汽车制造向西部地区加速转移等因素，很可能使重庆成为中国的“底特律”。根据笔者观察，每当一个国家级开发开放新区诞生后，国家相关部委就倾向于在该国家级新区布局一批国家战略性新兴产业，例如天津布局的是飞机和船舶，重庆预计要布局云计算和新能源汽车。至少，重庆 2011 年 4 月已经赢得了科技部的批准，在两江新区建立新能源汽车、功能材料两大国家高新技术产业化基地。同时，重庆格外注重新能源汽车国家级科研平台和新能源汽车研究院所的建设，已经聘请了汽车领域仅有的两名院士中的一位。

重庆目前已成为中国制造汽车最多的城市，未来也会成为制造新能源汽车最多的城市。中国 2020 年汽车保有量预计将达到 2 亿辆。重庆无疑会成为世界级汽车城，成为一个“转”在新能源汽车车轮上的城市，成为中国实现“弯道超车”、赶超发达国家汽车工业的引擎城市。

第十二节　微型企业

——有血，有肉，有骨头

金融危机到来后，大批在沿海务工人士回到老家。劳务输出大省和人力资源丰富的省区纷纷出台针对返乡农民工、刚毕业的大学生和下岗失业人员的创业扶持政策，重庆也在此之列。不过伴随着更多的产业转移到重庆，特别是两江新区获得国家批准后，重庆的创业政策和机遇比以前更加富集，成功的可能性也比以前更大。重庆的大型国有和民营企业在过去 10 多年已经实现巨大成功，大规模扶持和发展中小企业（包括微型企业和个体工商户）的黄金机遇期已经呈现。重庆对大力发展微型企业一事非常重视，市领导曾形象地比喻“大企业强国，小企业富民”，大企业好比一个人的“筋骨”，小企业好比一个人的“血肉”，国家经济发展不能只长“筋骨”而不长“血肉”。以此向相关部门强调扶持发展中小企业，特别是扶持发展微型企业的重要意义，同时通过这种强调和随后出台的措施激发民众的创业激情。重庆计划用 3 年左右（2010～2012 年）的时间，发展微型企业 6 万户，解决至少 30 万人的就业问题。重庆 2010 年底共有各类企业 20 余万户，规划 2015 年达到 50 万户；个体户 70 余万户，规划到 2015 年达到 150 万户。可见 2010～2015 年期间，纳入政府扶持范围内的微型企业将至少在 10 万户以上。为了“让愿就业的人顺利就业，让想创业的人成功创业，让已创业的人走向卓越”，重庆市政府出台了非常优惠的政策条件扶持微型企业发展。

重庆把发展微型企业作为缩小“三大差距”的战略举措。发展微型企业与大家所熟悉的公租房建设和户籍制度改革常常被重庆主流媒体相提并论。重庆2010年出台的“民生十条”中重要的一条就是关于大力发展微型企业的，其具体表述是：“发展6万户微型企业，新增30万就业岗位。创业是发展之源、富民之要。在大力支持中小企业快速发展的同时，鼓励支持微型企业发展，以创业带动就业。重点支持大中专毕业生、下岗失业人员、返乡农民工、‘农转非’人员、三峡库区移民、残疾人、城乡退役士兵、文化创意人员、信息技术人员等群体自主创业，力争新增微型企业6万户。市财政每年出资3亿元，按企业注册资本的30%～50%给予补助，并通过税收返还、融资担保、规费减免等措施扶持创业，让群众有活干、有钱赚。”2010年6月7日，重庆市政府73次常务会议审议通过了《重庆市人民政府关于大力发展微型企业的若干意见》，并成立了由副市长、副秘书长和相关职能部门负责人为成员的领导小组抓此项工作，大力、高效推进此微型企业扶持工作。重庆市财政2011年全年拿出7.5亿元专项资金，发展2.5万户微型企业。重庆在解决微型企业融资难问题上的思路是“1+3”模式，即“投资者出一点、财政补一点、税收返一点、金融机构贷一点”。另外，重庆发展微型企业得到市属国有企业的响应，重庆国企从2011年起，连续5年，每年拿出1亿元资助微型企业。另外，重庆银行决定2011年8月～2012年底期间，拿出10亿元专门用于微型企业贷款。重庆农村商业银行、三峡银行也会大力助力微型企业发展，帮助它们发展壮大。

重庆市把提高微型企业创业者的素质能力，作为帮扶工作重点。在全市一共成立了上千个微型企业创业指导站，聘请了数千名创业指导员。申请创办微型企业的人员，须参加创业培训。培训以提高创业者商务能力为目的，包括政策解读、项目选择、担保贷款、企业管理、市场营销、合同签订及风险的规避、员工聘用与社保、工商税务知识、创业实例分析、创业投资计划书制作等方面内容的课程。近一个星期的创业商务培训班，学员免费吃住，费用全部由财政买单。培训合格者，方能享受财政提供的创业资金扶持。

政策文件显示，扶持对象是具有重庆户籍的创业人员，至于外地创业人士是否可通过参股等形式参与到具体的微型企业创办过程中，得看具体文件，或者与政府部门沟通。不过，最新的信息显示，为了帮助微型企业设立后发展壮大融资难的问题，重庆市除了动员本地银行积极向微型企业贷款外，还打算推动成立微型企业担保公司，支持小额贷款公司开拓微型企业贷款业务，以及吸引私募股权基金、风险投资来帮助微型企业解决“融资难”问题。这是外地淘金人士值得留意和关注的。这里向读者推荐“重庆微型企业发展网（http://www.cqwq.gov.cn/）”，该网站是由重庆市微型企业发展工作领导小组办公室主办、重庆市工商行政管理局承办的微型企业官方专业网站，包括了办事指南、政策文件、创业培训和适时动态等许多适用资源，是一个很不错的网站，建议有兴趣的读者不妨浏览，相信对在重庆申办或投资微型企业大有裨益。

第十三节 西部新城

——重庆第一“双料新城”

重庆西部新城建设以2003年重庆大学城的建设为人文底蕴，以2006年西永微电园的建设作为产业支撑，以近两年铁路物流园、西永综合保税区、台资信息产业园的相继成立为发展引擎。西部新城快速发展，与重庆北部新区并列为重庆主城长江以北的“双引擎”。2010年4月，重庆沙坪坝区西部新城管理委员会正式成立，西部新城的城市发展目标逐渐清晰。规划中的西部新城总人口将超过100万，其中大学城师生约30万，产业工人约30万，城市中心区居民及其他社会人口约40万。目前，西部新城主要包括重庆大学城、西永微电子产业园、重庆台资信息产业园、西永城市核心区等功能区域。管辖陈家桥、青木关、虎溪、西永、土主、回龙坝、曾家、凤凰、中梁9镇。不过广泛意义上的西部新城还包括地理位置毗邻以及产业联系密切的璧山县和北碚区、九龙坡区部分区域。当然，西部新城的主体目前仍然是沙坪坝区的大学城区域，预计将来也是如此。

本节先介绍西部新城的区位与交通条件，然后再辅助介绍一下西部新城内的产业发展情况。

重庆西部新城目前主要通过公路（包括高速公路）与主城相联系，但成渝城际铁路（2014年通车）和重庆地铁一号线二期工程（2012年通车）将在这一区域汇集。成渝城际铁路将设置璧山、大学城、沙坪坝三个车站，地铁一号线将设置陈家桥、微电园、大学城和璧山等车站。重庆—遂宁—成都高速公路在大学城有出口，重庆绕城高速在大学城也有出口。所以以大学城为核心的西部新城将来的交通将极为便利。2011 年，大学城的房价已在 1 万元/平方米的水平，而与大学城只有一山（缙云山）之隔的璧山房价却低得多，为 5000 元左右。

2010 年，璧山隧道已贯通，驱车十几分钟即可与大学城互通。交通的贯通使得璧山的房价有明显上涨势头，显然部分原因是重庆主城区的投资客过来炒房，但璧山与重庆主城区的融合趋势逐渐明显以及成渝城际铁路设置璧山站等因素，使璧山本地及璧山周边居民购房者增多。到 2014 年成渝高铁贯通后，璧山必将成为重庆西部新城的重要组成部分。不出几年，往来璧山和大学城、西永微电园的人流、车流会比较多：璧山一方面聚集起了一大批为西永微电园笔记本等电子产品配套的企业（配套量大概占重庆全市总配套量的 1/4），另一方面璧山可能会打出“璧山生活，西永上班”的牌子以吸引人气。所以在璧山买房，在西永微电园（或大学城）租用公租房或住职工宿舍上班，可以省下一大笔钱。当然，如果您有钱在大学城买房居住或打算投资大学城房产，那就另当别论了。

重庆大学城目前已经聚集起了十多所高校，分别是重庆大学、重庆师范大学、重庆医科大学、中国人民解放军第三军医大学、中国人民解放军后勤工程学院、四川美术学院、重庆科技学院、重庆医药高等专科学校、重庆电子工程职业学院、重庆城市管理职业学院、重庆房地产职业学院、重庆警官职业学院、重庆运动技术学院。在校师生接近 20 万人，远期计划发展到近 30 万人，构筑西部的教育高地。重庆大学城的成功建设不但构筑了西部的教育高地，同时还带动了西部电子信息产业高地的形成。因为在西永微电园开始招商时，园区“七通一平”等基础设施还不完善，招商官员引导外资老板更多的是参观了重庆大学城。外资老板看到如此众多高水平建设的大学集中在此，人才富集，认为这块土地很有发展潜力，于是纷纷决定投资。西永微电园成型后与大学城产生了很好的“产学研”集群效应和各要素大循环。

正如上面所言，重庆西部新城将聚集起超过30万的产业工人，这些产业工人会在什么行业就业呢？答案就在目前重庆市正在大力发展的电子信息产业。西部新城内的西永微电园（内含2010年国家验收通过的国内最大规模综合保税区——西永综合保税区）承载的IT产业集群形成规模后，将创造约7000亿的产值，产值规模占重庆电子信息产业的50%以上。目前，西永综合保税区已迎来惠普、富士康、英业达、广达等笔记本电脑巨头。同时，中航工业集团也计划在西永微电子产业园区内，发展新型显示、航空电子、汽车电子、消费电子、无线通信等产业（中航工业在重庆双引擎中的另一个引擎——两江新区布局航空器、专用车、汽车零部件等重大项目）。根据规划，到2015年，西永微电园将形成8000万台的笔记本电脑产能，出口额达千亿美元。重庆西部新城的产业功能区除了西永微电园外，还规划建设了铁路物流园。铁路物流园位于土主镇，规划占地14平方公里。依托重庆—深圳和重庆—上海铁海联运、重庆—新疆—欧洲、重庆—缅甸—南亚（中东）等运输通道，建设包括运输、仓储、配送、加工、包装等各种增值服务功能和以“国际集装箱多式联运”为主体的综合物流园区。基于重庆曾作为抗日战争时期国民政府的陪都，以及近些年来大量台资企业落户，重庆在西部新城规划了台资信息产业园，计划吸引更多的台湾电子信息和通信设备企业落户。[①] 为了给日益增多的台湾人做生活配套和满足重庆人对台湾产品的需求，大学城将建设西永台北城。

重庆西部新城的城市居住新区位于大学城、物流园、微电园之间，目前正处在如火如荼地建设之中，高品质新楼盘陆续推出，成为重庆近年来楼市的热点之一。特别是重庆西部新城可通过2010年动工建设的双碑大桥和隧道实现与两江新区、江北国际机场的快速连通，与两江新区的产业互动能力明显增强。所以，整体区域价值的发现和提升，很可能使西部新城在未来相当长的一段时间里仍是重庆楼市的热点区域。另外，值得一提的是，西部新城“城市居住新区”的北面有一个巨大湖泊，拟打造成重庆的“西湖”，这让笔者想起了成都的西部新城也计划将“犀湖”打造成成都的“西湖”。

西部新城的产业腹地纵深，除了璧山外，毗邻的铜梁也是大学城电子信息产业最重要的配套区之一。而重庆的嘉陵摩托整体搬迁项目、台湾的统一集团重庆基地项目已落户璧山，璧山尚是西部的鞋都。铜梁近些年开建了一些职业院校。综合资料显示，西部新城对璧山、铜梁等地已经产生了巨大辐射力。而2011年竣工通车的大学城长途汽车站，开通了至重庆荣昌、大足、永川、江津、潼南、铜梁和合川等地的班车就是最好的证明。

重庆西部新城内横贯城际铁路、地铁，具备产业、居住双重功能，融合人文、商业双重氛围，真可谓重庆第一“双料新城”：山脉、湖泊、产业、教育、交通、新城等因素共同构筑起人们所向往的集生态、文化和产业经济于一体的良好生活环境。

---

① 台湾的电子产品在全球占有重要分量，其电子产品出口占到了工业产品出口总量的70%以上。

第十四节 重庆城市商圈

——“长江上游购物之都”的雏形

重庆主城区由于具有山脉和两江的自然分隔，城市商圈和商务中心发展呈现“一主多副”（或称“多组团”）的特点，这一点跟平原城市有很大不同。

“一主”就是重庆的CBD中央商务区，由渝中区解放碑、江北区江北嘴和南岸区弹子石组成。这三个部分的共同目标是打造成具有国际国内影响力的商务办公区、商业区和公共活动中心。解放碑承担的是传统商贸商业中心的功能，朝天门是重庆的象征；江北嘴承担的是金融、贸易、办公等现代商务中心的功能，打造类似于上海陆家嘴那样的功能区；弹子石是一个环境品质很好的配套生活地区，承担一定意义上的文化、商务、总部这样的综合配套的功能，特别是在弹子石可以看到两江交汇的宏观景色，也能在此体会到渝中半岛像一艘扬帆远行的巨轮。以上三个部分都突出了商务等总部经济特点，但各有侧重，简单地讲：江北嘴是商务金融，解放碑是商务商贸，弹子石是商务文化。无论重庆主城区如何变迁，两江交汇区域始终是重庆的中心，城市的发源地，目前已经是寸土寸金，吸引了大批金融机构、企业总部和高端卖场。目前联系这三个区域的快速通道正在加紧建设。

“多副”则指多个城市商业圈，目前比较成熟的有6个，它们是：沙坪坝、杨家坪、观音桥、南坪、西永、茶园。除了沙坪坝和杨家坪位于重庆中心城区中部外，其他4

个分别位于城市的不同方向，为重庆主城区向相应方向扩城提供了很好的“堡垒”作用。

6个城市副中心的房价、商铺租金与售价在重庆主城区处于第二梯队，仅次于上段文字中提到的中央商务区。由于中央商务区有强化现代商务商业功能及弱化居住小区、传统形态商业功能的倾向，所以事实上6个城市副中心的房价、商铺租金与售价就代表了重庆主城区繁华地段和热点新区的主流商业发展趋势。

重庆主城区已有商圈竞争激烈，投资成本高。有必要介绍一下伴随城市发展，新规划的几大商圈：巴南李家沱、北碚城南、渝北两路、悦来—礼嘉商圈。李家沱（或者龙洲湾）商圈将主要服务巴南片区，以及辐射綦江、江津、南川区域。北碚城南商圈很有特色，具有自然和人文环境优势，有缙云山和北温泉，商圈将服务于北碚、合川区域的消费人群。渝北两路商圈：重庆江北机场就位于渝北两路镇，规划中的空港功能区将聚集起大量人口，进口商品可望近距离地出现在这个地方。悦来—礼嘉商圈将依托悦来会展城，服务于参加会展的天南海北宾客的衣食住行，及本地企业的高管、白领。

据观察，巴南区的李家沱可能成为重庆第7个商业圈，因近年巴南区政府迅速调整产业发展思路，将产业排序从“231”调整为“321”，意即“商贸立区”。目前，这一调整已吸引了大连万达集团以及重庆本土的商社集团等巨头的注意，它们将投巨资在巴南区兴建购物广场和购物中心。除了产业调序外，巴南区城市化进程的加快以及巴南区联合南岸区打造重庆主城经济第三增长极，构建江南新城（重庆主城长江以南新城），与西部新城、两江新区呈三足鼎立之势的宣言广泛地吸引了投资置业者的注意力。李家沱能够成为主城第7城市商业圈还有一个重要依据，就是重庆市政府对于巴南“商贸立区”的做法持全力支持的态度，而目前公开宣称“商贸立区”区县的就只有巴南。作为旁证还有巴南是重庆主城九区唯一以轻工业为主要产业定位的城区。南岸区与巴南区毗邻，南岸区区域内的迎龙镇在2011年底迎来了重庆朝天门市场的搬迁，新市场将继续设置服装鞋帽箱包市场、纺织针织品市场、小商品市场、日化用品市场、文体用品市场、工艺礼品市场六大类市场，并增设品牌专卖区、国际国内中高端流行服饰、时尚服饰、职业服饰、休闲运动名品服饰、品牌鞋帽等细分类别。

前面提到巴南李家沱可能成为重庆主城的第七大商圈，是从零售和购物的角度说的。如果从批发和物流的角度讲，整个巴南区域以及部分南岸区域将是重庆未来最大的批发市场集中地。比如重庆协信集团拟投资75亿元进入巴南物流港建设中国西部国际汽摩物流交易配送中心。

相对于成都把主城区以南区域作为产业经济空间分布地、以北区域作为各类商业贸易市场的空间分布地，重庆似乎已经把主城区长江以北作为产业经济空间分布地、主城区长江以南区域作为各类商业贸易市场的空间分布地。由于成都的商贸业总体上相对发达，能够有效辐射川东北和川南，所以重庆选择在长江以南作为商贸市场集中地，能更好地辐射重庆的两翼地区，同时辐射贵州北部和川南的部分区域，而这些区域向来是重庆商贸的势力范围。

重庆未来将会出现十几个商圈，为全国少见。这跟重庆的地理条件分不开。但作为国家中心城市，着眼于千万人口、千万平方公里城市规模以及西部经济高地这一点，多个商圈并存是有必要的。从另一层面看，重庆工业基础相对雄厚，也需要商业和服务业同步发展。重庆正在大力打造长江上游购物之都和西部会展名城。如果不这么做，重庆居民的奢侈品消费就有可能流失到上海、香港，甚至附近的成都，这将是一件比较遗憾的事情。但重庆近些年的努力已经在很大程度上改变了这一状况，长江上游购物之都和西部会展名城的雏形已然显现。

第十五节　重庆旅游

——星级油轮与温泉之都

2010年5月25日，中国与美国商会选择首次在重庆发布《美国企业在中国》白皮书，加入对重庆投资环境的调查内容。白皮书指出，对于重庆最看好的有三大产业：一是酒店业，二是制造业，三是法律服务业。按理来讲，在重庆，酒店业跟经济发展、人口流动有较大关系，但重庆的旅游业潜质尚未被大家所认识。事实上，已经有几十家各种星级的流动酒店跟旅游业密不可分，那就是在长江三峡航行的星级游轮。本节正是基于《美国企业在中国》白皮书对重庆酒店业的看好，简单介绍跟酒店业有一定联系的旅游业情况。

白皮书发布两个月后，也就是2010年7月26日，全国旅游饭店业发展暨五星级饭店质量提升会在重庆召开。重庆市领导力邀多家五星级酒店到重庆投资旅游。根据匡算，到2020年，重庆五星级酒店的数量预计达到近百家才够用，而目前只有十几家。酒店业前景广阔。重庆作为中国5个国家中心城市之一，其主城区人口到2020年将达到1500万左右，加之重庆“三环”高速公路所串起的14个区县的城镇人口，届时共有2500万之多。重庆“三环”高速所串起的区县，分布了合川钓鱼城、大足石刻、江津四面山、武隆仙女山、南川金佛山、万盛黑山谷、长寿长寿湖等著名风景旅游景区。其中大足石刻、武隆喀斯特属于世界自然遗产。渝东北的长江三峡是世界级的旅游目的地；渝东南是生态文明与少数民族风俗集中展示区，“百里乌江画廊”颇为游客称道。所以，城市规模的迅速扩大与城市水平的大幅提升，以及众多旅游景区的深度开发，对重庆星级酒店的需求量将大幅增加。

重庆酒店业被美国看好，并不只是重庆有美国的希尔顿酒店。主要跟重庆具有独特的地理优势有关：承东启西，沟通南北。这种地理优势之前由于大山的自然阻隔并未充分显现出来。2010 年贯通的宜万铁路，以及预计于 2014 年贯通的兰渝铁路将充分凸显这一地理优势。至少在地图上，重庆确实是处于这样的地理中心位置。加上长江黄金水道，这里人口的流动、中转将会比其他地方频繁，对住宿和旅游的需求因此而有其内在的基础。另外，重庆正在大力打造的“长江上游会展之都”、“长江上游购物之都”、“长江上游金融中心”和“内陆地区最大机场”将聚集更多的商务、旅游人士。从地理位置和产业发展两个层面讲，重庆的酒店和旅游业将得到长足发展。

目前，重庆已经形成“两带六区”旅游文化资源聚集地。所谓“两带六区”是指长江三峡国际黄金旅游带和渝东南生态民俗旅游集中带。而长江三峡、天坑地缝、天生三硚、钓鱼城、白鹤梁、大足石刻六大旅游精品景区就是目前重庆集中力量打造的重点旅游区。在构建“长江三峡国际黄金旅游带”过程中，重庆一方面以重庆主城区和万州区为两大基地，打造星级游轮，提挡升级三峡游的享受度和舒适水平；另一方面则努力打造三峡库区沿线已有景区，深入挖掘潜在的旅游景点，实现“过境游”向“腹地游”转变。巫山神女峰机场的修建、万州机场向旅游机场转型以及三峡库区高速公路网的构筑是实现这一转变的保障。

重庆已有近50艘游轮可供游客游览三峡。近年来，排水量上万吨，布置150～300个房间，每个房间配备独立卫生间和观景阳台，总共可容纳300～500人的豪华游轮频出，或许是长江三峡游的一大亮点。得益于近些年来三峡游的火暴行情，2011年年初，重庆新世纪游轮公司已经在资本市场上成功上市。但这些成绩远远不够，重庆的计划是要打造20艘以上五星级游轮，带给游客以无比舒适与尊贵的体验。

长江三峡重庆段将全力打造“7＋4”景区：7个景区主要是白鹤梁、丰都鬼城、石宝寨、张飞庙、白帝城、小三峡、神女溪；4个景区是三峡沿线纵深发展的景区，有万州青龙瀑布、奉节天坑地缝、巫溪红池坝和宁厂古镇。

2011年1月，重庆获得资格进入国土资源部首批中国温泉之乡（城、都）和地热能开发利用示范单位（重庆、天津与福州）。2011年4月22日，重庆市正式获得由中国国土资源部颁发的“中国温泉之都”牌匾。这意味着，已有1600年开发历史的重庆温泉地热资源，掀开了新的开发序幕。据介绍，重庆温泉地热资源丰富，温泉总储存量约2700亿立方米，已探明温泉点100余处，其中仅重庆主城就有温泉20余处。重庆的温泉不仅数量众多，而且质量优良：重庆境内温泉水温以40℃～55℃居多，水量大，多数温泉富含锂、锶、碘等30多种有益于人体健康的微量元素。重庆市域温泉分布格局被称为是：“五方十泉、一圈百泉、两翼多泉。”也就是说：温泉不仅重庆主城区有，在重庆“两翼”地区也有，以后游客游长江三峡，也可以同时泡泡温泉。

根据规划，到2015年，重庆市将实现有一定规模效应的温泉项目50个，年接待1500万人次，收入突破50亿元；2020年，实现重庆主城区有一定规模的温泉项目100个以上，年接待3500万人次，收入突破85亿元。届时，重庆市域共实现温泉项目收入预计在100亿元以上。重庆制订这一系列计划的信心，来源于庞大的本地消费人群以及日益增多的外地游客和商务人士。

前景固然诱人，但旅游基础设施建设所需费用毕竟不是一笔小数目。重庆近年来大力创新旅游开发模式，统筹政府、旅游管理部门、政府投资平台公司、银行、担保公司等各种资源，集中力量大力突破。

旅游投资数额巨大，对政府和商人都是如此。对此，重庆启用了杀手锏——金融，成立旅游股权投资基金和旅游融资担保公司。

现阶段，外地投资者似乎对长江三峡和武隆世界自然遗产这两个重点区域更感兴趣（武隆将修建仙女山旅游机场）。另外，毗邻重庆的四川广安、贵州遵义近年来把旅游产业的顾客目标主要瞄准在重庆游客上，这些定位吸引了一些沿海开发商到这些地区开发新景区，其中不乏成功者，这也是值得注意的现象。

第四章

西安篇——文化西安

第一节　陕　西

——三秦大地看今朝

陕西从古至今都是一个非常伟大的地方：它在远古时代是作为中华文明和中华民族最重要的发祥地之一，在中国古代历史上是作为秦朝统一中国最重要根据地和唐朝彰显国力和文化魅力的核心地带，它在中国现代历史上是作为中国红色革命壮大的摇篮，在当代历史上是中国最重要的能源化工、科教国防和中国西部大开发重要支点之一。

可能由于陕西是秦朝统一中国的根据地，同时也可能由于陕西省南北狭长，由北向南地理、历史、文化、气候等的不同，因而分为三大地区：陕北、关中、陕南。陕北地处中国的黄土丘陵地区，地理范围大致包括陕西省行政区划上的延安和榆林两市；关中主要是指渭河所流经的关中平原一带；而陕南则大致位于秦岭以南，占据了陕西大约 1/3 的面积和近 1/4 的人口。陕西三大区域既有共同的历史脉络，又有自然环境、人文习俗方面的一些差异，故而陕西在当今被习惯地称之为“三秦大地”（当然有史实方面的由来，这里不详述）。这跟四川被称为“巴蜀大地”有许多相似的地方，因为“巴蜀大地”中的“巴”与“蜀”所代表的是古代西南地区两个相互交融但又相互独立的部落。古代由于交通的不便，历史上不同区域间各种文化习俗以及语言方面的差异较大，然而到了当代，交通和通信的极大便捷，使得不管是陕西还是四川，省内不同区域之间的文化习俗和语言方面的差异已大为减少。

陕西自然资源非常丰富，但分布不均衡，突出地表现为：陕北的能源矿产资源较丰富，关中科教文化资源较丰富，陕南的生物绿色资源较丰富。基于这种地理和资源禀赋方面的差异，陕西各区域都具备自己的丰富内涵。本章为了能更好地介绍陕西，选择了从历史地理、资源禀赋所导致的文化习俗、产业差异角度来系统地加以介绍。

1 陕北——昔日的黄土高原，今日的黑土黄金

读者可能对陕西深厚的历史文化留有深刻印象，也可能对陕西所拥有的在中西部领先的科技资源优势进行赞叹，但陕西最近 10 年所呈现出来的最大特点并不被每个中国人注意到。在 20 世纪 90 年代末和 21 世纪的头几年，也就是很多年轻读者上中学和大学的那段时间，地理教科书中关于中国能源和资源分布说得最多的就是：新疆有全国最丰富的石油天然气资源，山西有全国最丰富的煤炭资源，四川云南有全国最丰富的水能资源。10 年之前教科书中讲得没错，但中国高速增长的经济对能源供给提出了更多更高的要求，于是一些新发现的大型煤矿、油田不断地被大规模开采，新的大型煤田与油田的开采量直线上升。在煤田方面，最引人瞩目的要属鄂尔多斯盆地内一系列大型煤矿的开发。鄂尔多斯盆地煤炭资源的开发已使内蒙古取代山西而成为全国产煤第一大省（区），陕西成了产煤的第三大省。鄂尔多斯盆地位于内蒙、山西和陕西三省（区）的交界区域，是名副其实的中国煤炭“金三角”和财富“聚宝盆”。而陕西省最北端城市榆林的部分区县就在鄂尔多斯盆地范围内，其中榆林神木县的神府煤田是我国已探明的最大煤田，占全国探明储量的 15%（神府煤田于 20 世纪 80 年代被发现，但真正大规模开采是最近 10 多年的事情）。榆林在国内知名度的提高与内蒙的鄂尔多斯颇有类似的地

方。因此在今天的中国，鄂尔多斯所代表的已经不是羊毛衫了，而是以煤炭大规模开采利用为主要特色的中国西部经济增长最快的城市；同样，榆林所代表的已经不是过去的黄土高原了，而是黑土煤田以及陕西省所规划的仅次于西安的陕西第二大中心城市。

以榆林的神华集团和延安的长庆集团为引领的煤炭石油企业带动了陕西能源化工产业的大发展，能源化工现在已是陕西的第一大产业。自西部大开发以来，陕西省政府提出了“关中率先发展、陕北跨越发展、陕南突破发展”的区域发展大思路（陕西“十二五”规划已经调整为“陕北持续发展，关中创新发展，陕南循环发展”）。但10年过去了，在区域发展中表现得最抢眼的还是陕北，陕北依托其能源资源优势带动了整个陕西经济的大发展。由于陕北能源资源蕴藏量巨大，预计陕北在未来10年内还将继续引领陕西的经济高速增长。2010年10月22日，西博会重要论坛——首届中国西部最具投资潜力100个县（市、区）暨第七届全国工业重点行业效益十佳企业高峰论坛在成都召开，论坛公布了中国西部最具投资潜力的100个县。在这100个县中，内蒙古有27个县上榜，陕西有12个县上榜，在内蒙和陕西的上榜县中，内蒙古大约有70%的县都是煤炭等资源开采及转化大县，陕西大约有50%的县是煤炭等资源开采及转化大县。

近年来，陇东（甘肃东部）、宁东（宁夏东部）、陕北（陕西北部）和蒙西（内蒙古西部）等区域提出联合打造“中国能源金三角”，主要发展化工能源、太阳能、风能等新能源以及环保、循环型化工产业。如今，“中国能源金三角”已经上升到了国家战略的高度。国家在“十二五”期间新增能源产能的60%都放在这一区域，中央领导人和中央多个部门近些年均前往这一区域密集调研。事实上，由呼和浩特、包头、鄂尔多斯、榆林等城市组成的呼包鄂榆经济区已经被列为国家“十二五”规划中重点打造的西部一系列经济区首位，足见陕北榆林和延安等城市所面临的历史性机遇。正所谓“昔日的黄土高原，今日的黑土黄金”。由于陕北的能源化工产业是资本和技术密集型产业，不是普通老百姓所能够涉足的领域，且容纳的就业种类和数量有限，所以陕北虽然发展快，但宜居条件、工作机会相对关中地区还有待提升，特别是服务业增加值占 GDP 的比例偏小。笔者相信能源化工领域的专业人士和相关生意人士或许比较清楚其中蕴藏的商机。

2 关中——科技装备与历史文化“比翼双飞”

以西安为首的关中地区没有陕北那样丰富的矿产资源，但却拥有数量众多、学术一流的科研院所和供应充分的高质量科技人才，同时也拥有一大批国内外知名的高科技企业和研发中心。从现有产业角度讲，关中地区是以装备制造为最大产业特色，同时以太阳能光伏和半导体照明产业为未来最大亮点。

陕西的装备制造是仅次于能源化工的第二大产业。由于国防的需要，陕西的装备制造从“一五”计划时期起就深深地打上了军工的烙印。在“一五”计划期间全国 156 个重点项目中，装备制造业项目有 68 个，其中有 21 个落户陕西，约占全国的 1/3；军工项目有 46 个，其中落户陕西的有 17 个，占全国 1/3 强。关中地区的西安是中国军工最密集的城市，特别是在航空航天、核能、电子、兵器制造等领域具有明显的领先优势。而关中地区以军工为先导建立起来的装备制造业，占陕西全省装备制造业的 97%。在《关中—天水经济区发展规划》的战略定位里，关中—天水经济区被定位为“统筹科技资源改革示范基地”，承担着“统筹军民科技互动发展，促进科教优势向经济优势转化，为建设创新型国家探索新路径”的任务。在国家的规划里，陕西、四川和重庆的装备制造产业要加强军民融合程度，不但要打造西部国防的“金三角”，更要打造西部经济的“西三角”。陕西关中地区以军工和军民融合为主导、特色的装备制造业链聚集了大批科研人才，同时陕北部分能源化工企业把公司总部和研发机构设在以西安为首的关中地区，《陕西省矿产资源总体规划（2008～2015）》也提出要把关中建成为“国家级”矿业科研开发基地。所以，可以这样讲，以西安为首的关中地区是整个陕西所有主导产业经济的“心脏”和“脑袋”。事实上，关中地区也分布着蕴藏量比较丰富的矿产资源聚集区，如彬长（咸阳）、凤太（宝鸡）、金堆成矿业经济区，这些矿业经济区虽然比陕北的神北、锦届（榆林）和大保当（榆林）三个矿业经济区体量要小得多，但却形成了一种很好的互补关系。

为了促使关中地区率先崛起，也为了做大经济分母降低单位产值能耗和抢占产业制高点，关中地区提出要大力发展太阳能光伏和半导体照明产业（西安国家民用航天基地是陕西省主要的太阳能光伏和半导体照明产业基地），陕西省政府设立了8亿元的专项引导资金，把该产业作为陕西新兴产业的重点加以推进。落户西安地区的新能源“大块头”项目有：西安高新区的美国应用材料公司西安太阳能技术研发中心（该中心集合了薄膜和晶体硅太阳能技术，是国内乃至全球技术最先进、规模最大的太阳能研发中心之一）、比亚迪、拓日新能、无锡尚德7000兆瓦的太阳能电池及组件项目（2012年前建成，产值达到上千亿元）。根据规划，陕西省到2015年太阳能光伏和半导体照明产业要实现产值3000亿元，成为陕西省又一支柱产业。

虽然能源化工产业已成为陕西的第一大产业，但其产业规模、全国能源地位暂不能与内蒙和新疆等地相比，故陕西最大的特色和最具竞争力的优势是其丰富的历史文化资源。根据史料记载和历史学家研究，中国古代在关中称帝建都的有周、秦、汉、唐等 13 个朝代，长达 2177 年。所以，陕西关中地区具备了作为彰显华夏文化基地的三大要素：一是作为中华民族最重要的发祥地之一；二是中国古代各朝代定都在关中地区的朝代数量最多，累计时间最长；三是中国历史上第一个统一的封建帝国秦朝就是发端于关中地区，同时中国历史上最繁盛的封建王朝唐朝也是以关中地区作为当时的政治重心和经济重心的。近年来，多部以历史为题材的影视剧在国内热播并出口到了亚、非、拉等广大发展中国家以及欧美、日本等发达国家，这可视为陕西发挥文化优势，做大做强文化产业的重要成果。预计不久的将来，具有丰富人文历史资源和众多各型人才的关中地区，将实现文化产业的大发展。

3 陕南——绿色生物产业与国家“南水北调”中线工程

陕南是整个陕西生态环境最好和生物资源最为丰富的地方，同时也是陕西重要的现代材料工业基地。现代材料工业基地布局在陕南，是因为陕南拥有发展现代材料工业所需要的部分有色金属。但由于资源没有像陕北那样富集，所以陕南的矿业经济在陕西的三大区域的矿业经济中占有的份额较小。笔者是“西三角经济区”早期提出者和倡导者之一，对这方面有一些自己的观察和见解：“西三角”的软肋在陕南和川东北以及渝东北。所以在此把陕南重点发展的产业先罗列出来，读者将会看到陕西省政府为陕南确定的十大循环经济主导产业链中，有 5 条是绿色生态产业（包括水电）。所以笔者遵从主流观点，在罗列了陕南重点发展的十大循环经济主导产业链之后，将重点介绍陕南最有潜力的生物医药产业。

1. 有色产业链。重点发展有色金属材料采选、冶炼新技术、新工艺，加强复合材料开发以及废弃物循环利用。

2. 钢铁产业链。重点加强商洛大西沟、汉中勉略宁、安康南部钛磁铁矿多金属带等铁矿石开发，打造钢铁生产基地，开展废气、废渣利用等。

3. 装备产业链。发展中型运输机、支线飞机生产及零部件、机载设备制造，建设数控、精密机床制造基地，扩大微型汽车、专用汽车及汽车零部件生产。

4. 能源产业链。加快汉丹江、嘉陵江水电梯级开发，发展太阳能、生物质能等新能源，建设煤电循环产业链，谋划核电清洁能源产业。

5. 生物制药产业链。重点发展黄姜、杜仲、丹参、天麻、葛根、绞股蓝等中药材的提取、饮片、保健品和生物制药生产。

6. 非金属新材料产业链。重点建设氟化工、钾长石、硫酸、重金石、毒重石、石墨、白云石、新型干法水泥产业链，发展石材加工和粉煤灰综合利用建材产品生产等。

7. 油气化工产业链。加快推进镇巴油气田勘探开发，建设石油、天然气开采、炼制及油气化工项目，形成油气化工产业链。

8. 绿色食品产业链。重点发展粮、酒、烟草、核桃、板栗加工，发展菜油、核桃油、米糠炼油和富硒矿泉水、功能饮料，建设茶叶、油茶基地，发展生猪生产及肉类产品加工，发展魔芋、菌类产品深加工等。

9. 蚕桑丝绸产业链。发展缫丝、丝绸、制衣工业，构建蚕桑养殖、缫丝、印染、绢纺、制衣生产体系，建成西北最大的丝绸产业基地。

10. 旅游产业链。突出“千里秦岭、千里汉江”和“两汉三国文化”，加强标志性精品景区和旅游基地设施建设，建设集历史文化、休闲度假、生态旅游为一体，特色鲜明、布局合理、功能完善、协调发展的陕南旅游产业体系。

陕南大体上包括汉中、安康全部和商洛部分区域，传统意义上的陕南包括了秦岭山脉、汉中盆地和部分巴山山脉区域。其中人口、物产和经济多集中在汉中盆地区域。汉中盆地素有“小江南”之称。一些学者研究结果显示，汉中盆地历史上也曾有“天府之国”的美誉。汉中盆地自然条件相当优越，北部有秦岭遮挡，气候跟陕西的关中和陕北完全是两重天，因此在汉中盆地可以种植秦岭以北不适宜种植的一些粮油作物，这里是陕西名副其实的“粮仓”。另外，陕南雨水相对较多，汉江径流量大，是陕西名副其实的“水库”。陕南气候总体上温润，处于地理意义上南北分水岭区域，加之有秦岭和巴山等垂直山地气候，所以陕南生物多样性突出，生物资源较为丰富。汉中盆地和陕南山区自然生长着各种具有不同经济价值的动植物，这里值得一提的是陕南的中草药资源比较丰富（有山茱萸、天麻、绞股蓝，等等），加上陕南空气相对洁净无污染，很适宜建设中药原料基地和医药生产基地。目前，生物医药产业已成为陕南汉中和安康两市最重要的主导产业之一。

事实上，“南水北调”中线工程的取水口虽然位于湖北十堰境内的丹江口水库，但丹江口水库的水均以发源于秦岭的汉江和丹江为主要水源。过去10年来，为了保障送往北京、天津等地的水质安全，陕南地区关停并转了数百家有一定污染属性的企业。水资源充足但不适合发展重化工业的陕南跟水资源短缺而具有发展重化工业基础的陕北形成了鲜明对比。同时，关中地区的快速发展对水资源的需求量猛增，一条渭河已经满足不了需求，陕西2011年12月正式启动的“引汉济渭”工程是陕西历史上最大的水利工程，其在汉江的取水量大致相当于“再造一条渭河”！

陕北、关中、陕南在人文习俗方面也有较大差异。陕北的中心城市榆林南距西安近600公里，地处毛乌素沙漠南缘。在历史上是胡（少数民族）汉（大数汉族）经常争夺的地方，北方少数民族强大则被北方少数民族控制，流行游牧文化；关中朝廷势力强大则被汉族控制，流行屯垦戍边文化。所以历史上的陕北兼具北方少数游牧民族的气质，在语言上也形成了异于关中和陕南的陕北方言。这种历史渊源关系使得榆林与地理上毗邻、经济上相似的内蒙古西部城市呼和浩特、包头、鄂尔多斯组建呼包鄂榆经济区比较现实和可行。关中的中心城市西安是中国十三朝古都，关中地区的人文多了许多帝都气息，这一点从仿古的商业建筑和市政广场能够得到充分体现。有学者认为陕南地区的汉中、安康、商洛等城市分别沾染了巴蜀、湖广、中原的文化韵味，饮食上多吃米，较少吃面，类同南方。即便如此，便捷的交通使得陕南与关中、陕北呈现加速融和态势。

第二节 西 安

——西方人眼中的现代长安城

西安每年都要接待数百万的海外游客，他们绝大部分是来看西安古建筑和感受中国古代历史文化的。在他们眼中，西安就是一座融汇古今、见证兴衰并走向民族复兴的现代长安城。是的，西安有理由成为这样的城市，并且只有西安。这是由西安的历史、现实及未来所决定的。

1 中国最重要的国际化大都市之一

在2009年6月国家颁布实施的《关中—天水经济区发展规划》中，西安被列为继北京、上海之后，我国第三“国际化大都市”。为什么国家会赋予西安如此高的地位？许多读者不免会问。这可能是由我国政治、经济和文化区域格局所决定的。北京作为我国的首都，自然是全国的政治中心，上海作为我国的经济中心大家也不会有什么意见，但西安在中国综合国力和国际影响力日益增强的过程中能够担起彰显东方华夏文化的重任吗？为什么不是南京、洛阳或北京这样的城市（西安、洛阳、南京、北京并称为我国四大古都）？显然，北京是目前中国的文化中心，但是把北京作为对外彰显东方华夏文化的基地有些不妥，因为北京对外带有一定的政治色彩，这就好比中国馈赠给国外政府或各种组织最珍贵的是大熊猫，而不是中国人心目中神圣的龙的模型或带有龙的图案的赠品。南京作为中国的“六朝古都”（吴、东晋、宋、齐、梁、陈），同时也曾是中华民国的首都，定都南京的朝代有一半的历史都是动乱的，且朝代多不连续，所以把南京作为彰显东方文化的中心城市有些“难言之隐”。洛阳在河南省会迁往郑州后城市发展空间和潜力有限，文化聚集力和辐射力大为减弱。唯独西安各方面的条件都具备成为我国彰显东方华夏文化的基地：西安，古称“长安”，是世界四大文明古都之一（世界四大文明古都是指意大利罗马、希腊雅典、埃及开罗或土耳其伊斯坦布尔和中国西安），是中国历史上建都时间最多、建都朝代最多、影响力最大的都城，在中国古代历史上最强盛的秦汉与唐朝均定都于西安地区。蓝田猿人、仰韶文化半坡遗址、杨官寨遗址等表明西安是中华民族最重要的发祥地之一。近年来所发现的西安高陵杨官寨遗址，将中国城市历史推进到了6000年前的新石器时代晚期，同时确定了西安是世界历史上第一座城市。在《史记》中被誉为“金城千里，天府之国”（“天府之国”大意指人间绝无、天上仅有的美妙之国，由于历史的演变，现在人们常说的“天府之国”特指四川省成都平原）。西安作为中国以彰显东方华夏文化为特色的国际化大都市，相对其他三个古都有着不可多得的优势，其中最重要的就是中国古代陆路“丝绸之路”的起点就在西安，唐朝对外交往频繁，与当时西亚、中东、欧洲和非洲都保持着活跃的经贸文化交流。唐代以前航海业不发达，故丝绸之路多从西安出发或以西安为终点。现在，国家正深入推进西部大开发的宏伟战略，广大的西部区域远离海洋，向西开放并复兴“丝绸之路”是改变西部交通区位条件现实的选择，从政府和民间对外交往的角度讲，中国以“丝绸之路”作为主题与丝绸之路沿线国家“话友谊，促经贸”最合适不过了。

虽然中国的古代陆路丝绸之路还有一条，就是川渝地区通往南亚的“南方丝绸之路”，但这条丝绸之路的规模和深度相比从西安出发的丝绸之路逊色得多，毕竟西安才是当时的政治、经济和文化中心。现在西部地区急需要增修连接南亚、中亚、西亚、中东和欧洲的铁路货运大通道来化解西部远离海洋的交通劣势，为西部大开发深入推进提速。

西安因为有丝绸之路“东方起点”这张王牌，而“丝绸之路”对当时的世界影响深远，特别是当时“丝绸之路”对国外传播汉唐文化起了不可替代的作用。此外，每年慕名而来的海外旅客数量很多，是中西部接待海外旅客最多的城市，西安在海外有一定影响力和美誉度。因此，综合以上的分析，西安作为继北京、上海之后中央定位的第三大国际化大都市是有充分根据的。国家对西安的这种定位不但使西安和陕西受益，使中国西北地区受益，更使整个中国西部地区都受益。在西部相对较发达、对西部大开发具有较强带动力的三个大城市中，重庆、成都和西安一方面构成竞争关系，另一方面也构成合作关系，三个城市不但需要合作组建“西三角经济区”以增强区域竞争实力，打造中国经济增长第四极，也需要互相借助历史上已经形成的对外交通体系。

2 亚洲最重要的知识和技术创新中心之一

西安这个城市不但给世人留下了“人文西安”的历史文化印象，同时也给世人留下了“科教西安”的现代科技印象。作为中国最重要的四大科教城之一（四大科教城具体指哪些，民间有多种说法，但每种说法中都包括了西安），西安高新区更是科技部确定的打造中国国际科技竞争实力的 6 个高新区之一（北京、上海、深圳、武汉、成都和西安），在 2009 年 6 月颁布实施的《关中—天水经济区发展规划》中，国家对西安赋予的使命是“统筹科技资源改革示范区”，这种定位体现了西安这个城市所具备的科技传统与实力在国家发展高科技产业中的先天优势。西安的“统筹科技资源改革示范区”不是浪得虚名，西安的科技实力以电子、航空、军工、软件、能源转化和装备制造为最大特色，如果算上“中国农科城”的陕西杨凌区，则“大西安”的科技实力涵盖了农业、工业和第三产业的主要经济部门和经济领域。

统计资料显示，西安现有普通高等院校 37 所，民办类高校 36 所，8 所军事院校，学科范围遍及所有一级学科，共有在校学生 100 多万人，在校学生人数仅次于北京、上海，居全国第3位。所以，西安是我国高等院校和科研院所最为集中的城市之一，是全国高校密度和受高等教育人数最多的城市，不愧为中国第三大教育、科研中心。西安在中国现代的科技发展历史上和体现当代中国科技实力方面具有不可替代的地位，例如：中国第一台SP30超级程控交换机，第一块磁光电流互感器，第一个数字化虚拟演播室，亚洲最大的移动天线研发生产基地、世界三大移动通信标准之一和网络无线接入标准在西安诞生；神舟飞船近80%的零部件在西安研发制造……这只是“科教西安”的一个缩影。另外，需要补充的是，西安由于聚集起了大批科研院所和形成了粗具规模的相关高科技产业，所以西安是众多相关领域科技人才心目中的“圣地”。

读者可能对近些年国外频繁发起的针对中国纺织品出口商品的反倾销调查并不陌生，同时也对中国不得不动辄斥资数百亿美元购买国外大飞机事件不感觉意外，中国所出口的大量“物美价廉”的低端产品所赚的外汇很容易地被国外出口给中国的“物美价高”的高端产品所赚回，中国生产的“物美价廉”的出口商品在外国“贸易保护主义”的阴影下只能赚取少量且不稳定的利润。痛定思痛，现在国家提出要花大力气发展战略性新兴产业，包括要振兴像大飞机研发制造这样的装备制造产业，以国家的意志和财力保证大飞机研发制造成功。大飞机是最近几年大家所关注的焦点之一。中国大飞机项目选址一个在上海，主要是总装大客机；另一个就在西安，主要研发制造大型运输机和支线飞机。很多读者所不知道的是，包括上海大客机和西安大运输机的研发和零部件制造主战场是在西安（同时包括天津）。

西安目前有8个统筹科技资源改革示范开发区和基地，统称“五区一港两基地”（西安高新技术产业开发区、西安经济技术开发区、西安曲江新区、西安浐灞国家级生态区、西安沣渭新区、西安国际港务区、西安阎良国家航空高技术产业基地和西安国家民用航天产业基地)。这8个示范开发区或基地就是引领西安经济和科技发展的引擎，其中以航空产业为主题的“基地”是西安明显区别于国内其他城市的开发区或基地的地方。

西安虽然科技资源丰富，但当时国家并未赋予其统筹科技资源改革的政策，加之西安的经济体量比成都和重庆要小(目前也大致相当于成都的1/2强和重庆的1/3强)，所以国家选择把大飞机部分项目放在西安，其中有发挥西安雄厚的科技优势和航空研发制造优势之意，还有带动西安地方经济和西北地区经济发展的战略考虑。西安作为中国西北的中心城市已经肩负着带动西北地区整体发展的重任，地方需求、国家国防和区域发展战略在大飞机项目上找到了最佳结合点。但是，一个大飞机项目有那么大的产业和经济带动作用吗?放眼世界，美国的西雅图、法国的图卢兹、德国的汉堡等城市分别是波音和空客两个大飞机巨头的组装中心，这些城市的发展壮大至少有部分原因是透过大飞机推动的。譬如，虽然面临一些问题，但中国的高铁这几年确实是在国际市场上风光了一把，中国以“物美价廉”的优势夺得了众多国外高铁承包项目，为国争光的同时也赚取了大把外汇。众所皆知，中国所出口的商品和技术历来就有“物美价廉”的特点，试想，如果中国的大飞机能够研发制造成功，那么在西安或上海生产的大飞机将抢占多少国内和国外市场份额?自然的，西安在5～10年后将因大飞机的成功而获得高速发展的历史性机遇。但这并不是说，西安的发展就一定得靠大飞机。不过综合以前的情况来看，基于各地的产业优势的国家重大项目布局和各种优惠政策的叠加往往能够给一个地方经济插上腾飞的翅膀。

西安在航空领域的机遇除了国家大飞机项目外，还有近年来逐渐兴起的通用航空。关于这方面的介绍请参看本篇第七节："航空与航天——啥都有"。

当然，作为亚洲最重要的知识和技术创新中心之一，西安可以表现的领域可以有很多，不一定就是上面所说的大飞机项目、电子信息等；西安的传统优势产业——文化与旅游产业，如果能够跟知识创新、创意设计结合起来，能够跟现代技术和管理知识结合起来，那么其发展前途也是不可限量的。至少，在全世界，一提到西安，大家的第一印象就是西安是个古城，拥有很厚重的历史文化，旅游资源十分丰富；在中国，大家也知道西安是知识和科技人才的富集地，在以文化产业大发展、知识经济成大趋势、技术创新为持续动力的今天，西安集众多优势于一身，是世界各路以知识和技术创新为主题的资本、人马争相奔向的高地。

3 告别黄土印象——"华夏故都，山水之城"

"华夏故都，山水之城"是西安在中央电视台2010年下半年早间新闻广告时段播放的城市宣传语。不可否认，西安地区是中华民族和中华文明的发祥地之一，历史上至少13个朝代曾在西安建都，累计时间长达1200多年，从历史的久远和持续时间来讲，西安确实不愧为"华夏故都"，也为历史学界所普遍接受。但西安作为"山水之城"，不一定有很多人会认同。但是，如果我们看看西安的卫星地图，就立刻明白是怎么回事了，卫星地图显示：西安不但濒临渭水，还依傍秦岭，是不折不扣的"山水之城"。传统观念认为：只有到陕西汉中等地才能领略秦岭风光。其实不然，秦岭是一座大山脉，南北方向延绵150～200公里，其中秦岭北麓就位于西安境内，占据了西安市国土面积的一半左右。秦岭在陕西有着“父亲山”的美誉，拥有丰富的植被和充沛的水源，秦岭陕西段地处中国国土的中央位置，纵贯东西、地分南北，与川渝地区的大巴山共同构成了中国的“国家中央公园”，故西安是“公园”旁边的山水城市。

以前，西北到西南的铁路和公路交通主要是通过西安—宝鸡—广元—成都或西安—安康—达州—重庆两条线路，所以秦岭的核心区域（陕西汉中—西安片区）往往未被“过路人”所认识。随着西成客运专线的动工（2010 年动工，预计 2014 年通车，陕西段沿线设置以下站点：西安北、阿房宫、户县东、佛坪、洋县西、城固北、汉中、宁强南）以及规划待建中的渝西客运专线（根据修改后的重庆市 2007～2020 年的城乡规划，可能的线路走向是重庆—合川—广安—南充营山县—巴中—汉中，在汉中接西成客运专线）的出现，两大快速铁路将贯通秦岭。同时，四川的巴中市正在修建连通陕西汉中的高速公路，重庆也规划修建沿渝西客运专线方向至四川巴中的高速公路，在巴中接巴中—汉中的高速公路。所以，在西成客运专线通车之时，高速公路也将修通，届时，西南地区的成都、重庆与西安最便捷路线就要途径秦岭的核心区域（汉中—西安片区）。西安秦岭的知名度将是现在的 1 倍以上。当然，渭河以及秦岭更是滋润了八百里关中平原，而且据陕西省环保厅发布的 2010 年 9～10 月份全省环境质量状况通报，渭河水质潼关出境断面水质已达国家要求的“Ⅴ类”标准。相信随着“引汉济渭”工程的竣工，“八水饶长安”的胜景将再现。可以说，西安将不但是“山水之城”，而且还是“青山绿水之城”。

2011 年 4 月开始，持续时间达半年之久的西安世界园艺博览会展现了一个“绿色西安”和“生态西安”，一改部分未到过西安的人们认为西安“干旱少绿”，是“黄土高坡”的错误认识。就世界园艺博览会放在西安举办这个事件本身来看，也是国际博览部门专家对西安这几年城市生态环境建设所取得的成就的充分肯定。当然，好酒也怕巷子深，通过举办世界园艺博览会，西安的绿色形象将会为更多的人所认识和肯定。

西安，这座 1981 年就被联合国教科文组织确定为世界历史名城、且历史与现代交融并进的城市，正以“人文西安”、“科教西安”和“绿色西安”的全新而立体的形象展现在世人面前。

第三节 “金三角”

——是中国能源金三角

“中国能源金三角”这一概念是近年来由国家能源局正式提出的，意思是在中国能源资源非常富集的西北地区，构建中国本土最大的能源供应和转化基地，主要包括煤炭化工、煤炭火电和煤炭外运三大基地，地理范围涉及内蒙古西部的鄂尔多斯市，宁夏的宁东地区，陕西的榆林市和延安市，甘肃的平凉、庆阳等陇东地区。

事实上，包括山西太行山、吕梁山以北，陕西延安、榆林以北，宁夏银川、石嘴山和甘肃平凉、庆阳以东和内蒙古的鄂尔多斯等广大区域就是中国著名的鄂尔多斯盆地，这 40 多万平方公里的土地就是中国著名的第二大沉积盆地。这一块盆地多以宁夏东部河套地区为中心，向南方向是陕西南部和甘肃东部，向东为内蒙古西部的鄂尔多斯市，整个的地理形状基本呈等腰三角形，难怪国家能源局和中央领导在官方文件或公开场合多次明确使用“中国能源金三角”这一具有震撼力的词语。“中国能源金三角”受到了中央的高度重视，在2009～2010年期间，共有多位中央领导人深入这一地带考察能源化工基地、生态环境保护，少数民族工作、民生和社会事业。“中国能源金三角”用“经济区”的形式表述主要体现在国家“十二五”规划纲要里，纲要在论述西部区域经济发展时，把呼包鄂榆经济区列在了“推进重庆、成都、西安区域战略合作”之后，位于西部所有经济区之首。国家在西部大开发的第二个10年以及“十二五”规划期间分外重视呼包鄂榆经济区是有原因的。据媒体报道，2010年下半年，国家为了对过去10年西部大开发进行总结，国家发改委特委托相关部门进行了调研，调研的重要结论之一就是：虽然国家过去10年在西部布局了广西北部湾、关中—天水、成渝三大经济区，但这些经济区对西部的带动作用还很弱，西部地区还急需打造新的经济区和经济增长极。结合之前把成渝经济区和关中—天水经济区整合成“西三角经济区”的呼声很高，所以国家不失时机地在西部大开发的第二个10年和“十二五”期间推出了“中国能源金三角”（“呼包鄂榆经济区”）这颗“重磅炸弹”。这样一来，比较圆满地解决了西部经济版图重新布局的问题。具体来讲，西部新三大经济区的开发主题都非常鲜明：广西北部湾经济区主要打造中国与东盟合作的平台，“西三角经济区”主要打造西部先进制造业基地和科技创新基地，呼包鄂榆经济区主要以能源资源开发与高效利用为主题。同时，西部新三大经济区在与东部老三大经济区在地理位置、产业物流等方面也非常符合近年来的东西部互动的实际情况：呼包鄂榆经济区主要对应环渤海经济区，西三角经济区主要对应长三角经济区，北部湾经济区主要对应珠三角经济区。

虽然国家现阶段没有明确提出“西三角经济区”的概念，但有“推进重庆、成都、西安区域战略合作”的表述，这可视为国家有意加快“西三角经济区”雏形的构建。事实上，成渝经济区和关中—天水经济区规划的目标都有类似的地方，并且关中—天水经济区的经济体量相对成渝经济区小些，前者约为后者的1/4；另外，关中—天水经济区在西北经济快速发展的头号引擎——“中国能源金三角”和新疆大开发面前显得比较尴尬，这也是整合成渝和关中—天水两大经济区为“西三角经济区”的现实基础和条件。

“中国能源金三角”在国家“十一五”期间的煤炭外运总量占据了全国煤炭外运总量的一半左右，这一比例在国家“十二五”期间或将提高到60％，“中国能源金三角”已经成为事实上的中国能源安全保障区，鄂尔多斯盆地成为名副其实的中国最大的“聚宝盆”。但有专家指出：“中国能源金三角”面临着三大问题：一是如何使高碳能源低碳利用，二是如何调整产业结构增加新能源比例，三是如何统筹解决水资源短缺问题。国家和地方政府的思路是大项目、大企业、规模化和集约化。而长期以来，广大的西北地区因为环境承载能力和人口稀少的限制，自我发展能力较弱。国家层面统筹开发资源并结合资源税改革或许是一个扶持西北地区快速发展的良方，这也是帮助西北资源富集地区如“能源金三角”区域提升自我造血能力的现实举措。

虽然煤炭等资源的开采和利用是我们普通老百姓所不能、也没有实力去涉足的，但是资源大开发或许使得一个地方可以在不远的将来迅速聚集起大量人气，就像鄂尔多斯、榆林等地都或将成为内蒙和陕西的第二大城市。这些城市从古至今多少带有一点移民城市的味道，过去主要是由于中央屯垦戍边和民族贸易所造成的，现在主要是由于资源开发和市场经济所造成的，这些地区的外来人口较多，流动率也较高，是众多淘金者经常进进出出的地方。四川的攀枝花和重庆的万州或许都是这样的情形，四川攀枝花因有钒钛资源而一举成为川滇交界地带的移民大城市，重庆万州因有盐卤和天然气资源而成为长江三峡平湖上的一座靓丽的移民大城市。

正如上面提到的，“中国能源金三角”给普通就业创业人员提供的财富机遇或许更多地体现在随着城市规模的迅速扩大、人气的迅速聚集而日益繁荣的城市商业经济上，由于本书主要内容是介绍陕西、四川和重庆，所以我们来看看陕西榆林。榆林在古代多是中原政权和北方少数民族经常争夺和征战的地方，同时也是和平年代汉族与北方少数民族进行商贸和文化交流的前沿地带，从这个层面讲，榆林在中华古代历史上具有重要地位。在 21 世纪初，其知名度和重要性远不及陕西的咸阳和宝鸡等城市，但只用了不到 10 年的时间，榆林因为煤炭资源开采利用而在政界、商界名声大噪。2010 年，陕西正式明确支持榆林在未来数年内打造陕西的第二大城市。榆林跟鄂尔多斯一样，也将成为西部创富最快的城市，昔日的黄土民居和冷清的街道已被富丽堂皇的酒店和繁华的街区所代替。有时候西部某些省区市的经济地理格局改变很快，快得让人来不及反应，商机或许就是在这种快速变换中大量涌现，就像大量淘金者在这些地方悄然出现一样。

第四节　西咸新区

——两大千年古都“手牵手”

西咸新区的开发与建设可谓是近年来西安、咸阳两地政府和民间所热切讨论的话题。读者可能看到包括郑州郑东新区内的城市新区对一个城市规模和城市品位的扩大与提升、产业和人口的聚集起到了非常强大的引领作用。西安提出要建设国际化的大都市，西咸新区是最重要的助推器之一。西咸新区规划面积 882 平方公里（其中建设面积 272 平方公里），咸阳部分 649 平方公里，可视西咸新区为地理位置非常靠近的两大千年古都西安与咸阳在当代走向融和的产物，也是西安、咸阳两地共同合作建设西安国际化大都市的需要，具有“建设大西安、带动大关中、引领大西北”的作用。

西安与咸阳在历史上的秦汉和隋唐时代事实上是一个城市，只是由咸阳和西安两大区域构成。秦朝定都现今的咸阳地区，故习惯地称古咸阳为“秦咸阳”，汉朝和隋唐定都在与“秦咸阳”一河之隔的今西安地区，故习惯地称古西安地区为“汉长安”、“唐长安”或者“长安”。在秦朝灭亡之后定都西安的几大朝代中，咸阳与西安（长安）联系也非常紧密。可能是因为咸阳的地理位置是“山南水北俱为阳，名咸阳”，有好的风水，唐朝灭亡之前几个朝代的皇帝生前多选择渭水北岸的咸阳地区作为死后的陵墓。从秦朝到唐末，历史走过千年，陵墓基本都集中在咸阳的北塬，咸阳北塬也称“五陵原”，这一地区的帝陵及陪葬墓之多，世界罕见。清末《咸阳县志》中统计为 900 多座。可能正是由于众多帝陵集中于此，在西咸新区的五大组团中，就有秦汉新城，为西咸新区重要的历史文化展示区。有读者会纠结于咸阳与西安谁的历史更长这个历史问题，其实这基本上算是一个可大可小的问题。说咸阳历史早，或咸阳在中国历史进程中很重要，主要是指秦孝公时期，秦朝迁都咸阳，以此为秦朝的政治军事中心统一了中国，建立了中国历史上第一个统一的、多民族的封建王朝——秦王朝，秦王朝首都咸阳从此成为全国的政治、经济、文化中心。咸阳以及秦朝在中国历史的进程中起到了非常重要的作用，是陕西的骄傲。游客到陕西，总会接触“秦”字，如《三秦都市报》、“三秦大地”、“秦岭”等，在一些酒店、餐馆、大型建筑的名称上也可以看到“秦”字，特别是“三秦大地”在陕西媒体的使用频率跟四川和重庆媒体对“巴蜀大地”以及“巴渝大地”的使用频率是一样的。从这一点可以看出，即使西周时期定都西安的丰京、镐京（毗邻沣河，实质是一座城市）比咸阳建都历史久远，但这两座城池对历史及后人的影响力却不及咸阳。

历史上，西安与咸阳你中有我，我中有你，特别是新中国成立后的1966～1971年咸阳曾合并到西安。1984年5月咸阳地区改为省辖市后，原咸阳市易名秦都区。此前，在西安咸阳合作建设国际化大都市的过程中，曾出现了三种意见：第一种，将西安与咸阳平等合并，改名长安；第二种，咸阳并入西安，只保留西安名称；第三种，建设“大西安”，咸阳接受西安的辐射，以把西安建设成为国际化大都市为统领，西安和咸阳均服从于这一宏观目标。2011年5月落地的西咸新区规划是以最后一种意见为主。

但咸阳这一名称对整个陕西来讲完全是一块金字招牌，其在中国的知名度不在河南洛阳之下，对陕西曾有经济、人文和历史全方位的持续贡献。虽然咸阳与西安的合作跟天津与北京或佛山与广州之间的合作没有多大可比性，但可借鉴其区别定位的合作模式，如北京是中国的政治中心，天津是北方的经济中心，广州是广佛同城化过程中的商贸服务业中心，而佛山则作为广佛同城化的制造业中心。只有协商并定位清楚了，同时在上级组织的协调下很好地落实，咸阳与西安的合作才能取得双方都满意的最大化效益。我们应该看到，任何经济文化格局都是随着历史条件的改变而改变，例如清代到民国中期这段时间，陕西的经济重心就在渭河以北的三原、泾阳一带，这一带属于今天的咸阳地区；民国中期陇海铁路贯通后，西安就不只是陕西的省会城市和政治中心了，同时也逐渐变成了陕西的经济中心；抗日战争爆发后，华北很多工厂迁移到了西安地区，从此强化了西安的经济和工业中心地位。所以，从某种程度上讲，西安是一个因铁路而兴旺的城市，这一点与河南的郑州颇为相似。

综合近年来西安文化产业蓬勃发展的状况以及建设西安国际化大都市的需要，笔者认为有必要大力扶持咸阳地区产业经济的发展，强化制造业和工业实力。作为协商的结果，可以把人文历史、旅游、商贸等资源统筹到西安进行统一规划和开发经营。目前西安正在推进复兴计划，而咸阳在历史上，乃至民国中期以前，经济也一度发达，所以也应该考虑到咸阳的复兴需求，西咸新区建议主要作为城市新区，工业产业等项目应尽量往咸阳布局。但问题是，如果过多地照顾咸阳，西安自身也面临着要跟别的城市相比较的巨大压力，从目前整个中国来看，其经济体量（GDP）在全国 15 个副省级城市中还较弱，甚至低于河南的郑州（当然郑州的国际影响力不及西安），郑州因为是人口大省河南的省会，在全球金融危机背景下的产业转移过程中表现不俗。所以一味地去追求经济总量会使西安陷入非常尴尬的境地。西安的出路在于区域合作，向南可选择与重庆和成都合作，组建中国西三角经济区。比如西安统筹科技资源改革可体现在三个方面：一是统筹好军民融和；二是科研成果转化工作；三是跳出关中展开跨区域合作。西安虽有一定的装备制造业基础，但消化不了如此多的科研成果；虽有科研和人才优势，但所培育、吸纳的高新技术产业却暂时难以满足西安众多高校毕业生的就业需求；科研成果"睡大觉"，人才"孔雀东南飞"的现象仍较突出。解决这一困局的重要出路就是展开跨区域合作，把西三角经济区作为科研成果转化的大市场，同时鼓励科研人才以西安为基地，努力面向西三角经济区创业和就业。重庆制造业基础相对雄厚，近些年着力于产业技术升级和新兴产业培育，技术升级除了重庆自主研发外，还到国际市场上到处并购先进技术和工艺，培育IT等新兴产业，但人才短缺是个问题；特别是两江新区的开发建设，产业规模持续扩大（两江新区以产业为核心，西咸新区以城市为核心），2015年重庆将形成数倍于西安的工业总产值，所以重庆对科技和人才的需求是巨大的，这就为西安统筹科技资源改革提供了巨大的市场空间，也为西安大量的科技人才以西安为基地、以西三角经济区为"家门口"市场实现创业理想提供了巨大机遇。

另外，化解这个矛盾的前提还得尊重并正视眼前的事实：地理位置毗邻的内蒙古呼和浩特、包头、鄂尔多斯、榆林和银川等城市经济总量已经远远超过关—天经济区的经济总量，这一带煤炭等资源丰富，经济发展速度远比关—天经济区要快，所以在关—天经济区与成渝经济区融合组建西三角经济区的过程中，加快组建呼包鄂榆银经济区，这样西部的重点开发区仍然是三个，数量上并没有变化，而且更加符合实际情况，也能切实改变西安在区域经济竞争中面临的困境。当然，组建西三角经济区后，以西安为首的关—天经济区就可在更高层次突出文化和高科技，毕竟那是关中地区的比较优势，要知道美国目前的主要经济部门除了金融服务业之外，就是文化大产业和高科技产业部门，只是西安在与成渝经济区合作组建西三角经济区之后面临的挑战也不会少。

要解决西安面临的问题以及处理好西安与咸阳的关系问题，依笔者愚见，捷径莫过于西安成立直辖市，这样就可以很好地解决西安面临的系列困境。到那时，西安因为具有政策、文化、科技等诸多优势，在承接全球高科技产业转移的同时，也可向全球输出其文化产品，真正把西安具备的两大优势资源发挥得淋漓尽致。不过这只是一个远期的期盼，也是一个不太可能实现的构想。与其在等待和构想中浪费时间，错失发展机遇，倒不如从当下的现实情况出发，在大力建设西咸新区、构建国际化大都市过程的同时，加快与成渝经济区合作，一起共同组建西三角经济区，在国家层面促成有利于发挥西安优势、有利于加强西安经济、有利于增强西安影响力的政策照顾。

本节“节外生枝”地分析了西安所面临的困境，指出了一些问题，并提出了解决问题的建议，就是为了从另一角度审视西咸新区。

从目前已有的基础来看，西咸新区咸阳板块经近些年的发展，已形成了一批产业，开发区建设也有一定成就；西咸新区西安板块起步较晚，拟打造成一个城市新区，房地产开发是将来重要的努力方向。这就是本节提到的在西安与咸阳合作建设西咸新区的过程中，工业产业项目应该更多地放在咸阳，但在这个问题上过多论述无益于本节所要表明的主旨，笔者坚信两大千年古都的合作定会取得丰硕的成果，所以，我们再次把注意力放在咸阳与西安合作的空间载体——西咸新区上面来。为了更清楚地认识西咸新区，包括在定位及未来走向方面有一个基本认识，有必要系统介绍一下政府部门的规划。

西咸新区主要由三部分组成：第一部分是以文化、物质高度集聚的组团，第二部分是大面积现代农业，第三部分就是便捷、安全的现代立体交通建设。这样一个城市叫做现代田园城市。空间形态是："分区组团支撑、快捷交通连接、优美小镇点缀、都市农业衬托。"

西咸新区共规划了 5 个组团：空港新城、沣东新城、沣西新城、泾河新城和秦汉新城。它们的定位分别是：

1. 空港新城：发展将以临空产业为主，重点发展空港物流、国际商贸、飞机改装维修、现代服务业、高端电子制造业、都市农业等产业。

2. 沣东新城：统筹科技资源改革示范区，整合各高校、各研究所、不同部门、不同门类的教育科技资源。

3. 沣西新城：科技成果孵化及产业化基地，大力发展战略性信息产业。

4. 泾河新城：整合提升装备制造业，承接东部地区相关产业转移。

5. 秦汉新城：保护文化遗址，新城建设突出历史文化特色，发展旅游。

西咸新区不是一般的工业经济开发区，它是一个一、二、三产业都得到很好统筹的城市新区，其中又以保留大量集中连片的农田为最大特色。西咸新区未来将建设成为现代田园城市，以服务西安国际化大都市建设。独特的地理条件和生态环境要求西咸新区要做到"四保护"：保护生态环境、保护基本农田、保护历史文化、保护农民利益。

在保护农业利益方面，除了让农民分享城镇化带来的红利外，规划提出把城乡统筹和农业产业化结合起来，大力发展都市农业带动居住在新型社区的农民增收致富。

西咸新区由于所处的城市空间位置、生态环境保护等原因定位为城市新区。而这个城市新区是以拉大城市框架、服务于西安国际大都市建设为主要任务，以大城市带动大产业聚集为支撑目标。虽然2011年下半年开始的房地产宏观调控促使国家银根抽紧，导致西咸新区的建设面临着一定的困难，但着眼于长远，陕西省政府为西咸新区特别制定了一系列优惠政策来吸引投资商，比如于2011年8月出台了《关于加快西咸新区发展的若干政策》。在这个文件所罗列的系列优惠政策中，被财经界解读为最引人注目的一项是：西咸新区与陕北能源化工基地建设对接。对于5年内在西咸新区有重大产业投资的企业，可优先参与陕北资源开发，实行陕北能源两权（探矿权、采矿权）价款与西咸新区建设挂钩。同时，西咸新区与陕北能源发展相挂钩，鼓励陕北能源企业来西咸新区开发建设。实现陕西最有实力和最有潜力的两大区域完美结合。

相距数百公里的西咸新区与陕北能源基地的成功牵手，预示着西安和咸阳这两个相距只有几十公里的千年古都将走向融和。

第五节　西安高新区

——西安的城市骄傲

1 西安高新区的地位

西安高新技术产业开发区是1991年3月经国务院首批批准的国家级高新区，紧临南二环，有多条道路与城市主干道相连。西安绕城高速、城市三环从高新区核心地带穿行而过。从高新区到机场仅 25 分钟车程。多年以来，西安高新区在推动城市区域经济增长以及推动技术创新、发展拥有民族自主知识产权的高新技术产业方面作出了突出贡献。西安高新区也累积起了巨大实力，国家格外重视。2006 年 6 月，科技部明确提出要将北京、上海、深圳、武汉、成都、西安 6 个高新区建设成为世界一流的高科技园区，为提高我国的自主创新能力和综合国力作出重大贡献。2010 年，西安高新区实现营业收入 4000 多亿元，营业收入总额排全国高新区第 3 位，位居北京、上海之后；工业总产值 2600 多亿元，排全国高新区第 3 位，居北京、武汉之后；税收总额 200 多亿元，连续 3 年居北京、上海之后，居全国第 3 位。西安高新区科技创新竞争力位居全国第 3 位，仅次于北京中关村和上海张江高科技园区。

西安高新区在西安市民心中也有着崇高的地位：2001 年 1 月，西安市民曾将西安高新区的建设列为 20 世纪西安十大历史事件之一；2004 年 10 月，被西安市民评选为西安“城市骄傲”第 1 名。

西安高新区在跨国投资者心目中也有着非常重要的地位：2011 年 11～12 月，日本 NTT 数据公司、美国空气化工产品公司、法国施耐德电气等世界 500 强企业来西安高新区设立了研发中心和区域总部。

2 西安高新区产业发展定位与布局

在产业形态上，重点发展研发及处于价值链高端、技术含量高、具有高附加值的先进制造业、创新型服务业和总部经济；在产业类别上，重点发展电子信息、先进制造、生物医药和现代服务业，尤其要培育通信、光伏与 LED、新型电子元器件、汽车、电力设备、能源技术、软件与服务外包、创新型服务业等具有较强竞争力的新兴产业集群。

在产业布局上，确立了“两带四区七园（基地)”的产业功能布局。“两带”即贯穿现代商业聚集区、总部经济聚集区、创意产业聚集区、金融商务聚集区等四区的“万亿元现代服务产业带”，和贯穿创业研发园、国际软件园、先进制造产业园、生物医药产业园、出口加工区B区、长安通讯产业园、草堂科技产业基地等七园（基地）的“万亿元高新技术产业带”。

由于西咸新区主要定位为城市新区，不是一般的工业开发区，故未来20年西安高新区仍将是西安最大的产业园区，是西安产业经济发展的龙头，其地位类同于重庆的两江新区、四川的天府新区。西安高新区对高新技术企业的吸引力非常巨大，其中又以电子信息产业为甚，所以本节重点介绍西安优势突出的电子信息产业。

3 西安高新区的电子信息产业

西安电子信息产业覆盖了集成电路、软件服务外包、通信设备制造、电子元器件等领域，这些领域在全国的电子信息产业版图中均占据了重要地位，现简要介绍如下：

1. 集成电路

(1) 以国家集成电路设计产业化基地和西安电子科技大学、西安交通大学、西北工业大学、771所等一批国内知名的研究院所为依托，以应用材料、美光、英飞凌、威世半导体、华讯微电子等企业为代表，西安高新区形成了从设计、制造、封装测试到半导体材料及设备制造较为完整的产业链。

(2) 微电子领域有20多个研究所和测试实验室。每年有数千名微电子专业毕业生，40多家集成电路设计公司的科研优势和人才优势。

2. 软件服务外包

(1) 西安每年有几千名计算机专业毕业生，有超过2万名的软件从业人员。区内已有约800多家小型软件服务外包企业，有近30多家外企及研发中心。

(2) 到2015年，建成以软件研发、信息技术服务、集成创新应用、服务外包、集成电路设计与应用等五大产业领域为支撑的智能软件新城，实现营业收入1600亿元，出口8亿美元，聚集1000家国内外知名软件企业，从业人员达到20万人。

3. 通信设备制造

(1) 通信技术专业毕业生充足，每年毕业人数在5000人左右。

(2) 中兴、华为、展讯通信、深圳摩比天线、研祥科技、华天通信、海天天线、西电捷通、上海龙旗等在高新区设立研发中心或生产基地。

4. 电子元器件

(1) 依托西安雄厚的国防科技资源优势。

(2) 以彩虹股份、西京电气、盛赛尔、创联电器、康鸿电子、青松科技为代表的100多家企业在全国电子元器件市场占有较大份额。

4 西安高新区与“西三角”经济区

西安高新区以及整个西安市的科技优势在于电子信息产业在西部较发达，特别是通信、电子和软件等领域目前与重庆、成都相比仍具有不可多得的优势。以电子信息、军民融和为代表的科技创新成果或许可以在更大的区域内进行成果转化，例如选择与“西三角”经济区内的重庆合作。重庆近年来正大力发展电子信息产业，与西安不同的是，重庆发展电子信息产业是以笔记本电脑研发制造和云计算数据处理为重点，产业定位与西安不甚相同，所以两地在电子信息产业领域的合作空间仍然值得期盼；另外，重庆的强项在于制造业有一定基础，且近年来大批海内外企业“密集”地落户重庆，使得重庆制造业的产业门类日益丰富，产业规模日益庞大。特别是国内外大型制造业品牌和代工厂落户重庆后，需要大量本地化或迁移至本地的配套企业，重庆本地制造企业都希望从中分一杯羹，但由于技术等原因，许多本地企业只能“望钱兴叹”，这或许就给西安的科技资源运用和科技成果转化提供了广阔的市场空间。既然国家在“十二五”规划纲要里提出“推进重庆、成都和西安区域战略合作”，西安的科技资源就应该增加“西三角”市场并以“西三角”为“本地市场”、“家门口市场”，所以现在看来，西安的科技和重庆的制造“联姻”是可行的。事实上，不论西安拿历史文化资源与四川合作（见“大西安——奔国际化大都市而去”一节），还是拿科技成果资源与重庆合作，西安均站在了产业价值链的高端：西安拿出的是文化资源和科技成果等无形资产，成都和重庆拿出的是有形的商品。另外，站在产业价值链高端的西安更容易达到打造国际化大都市的目的，国际化大都市很重要的一条指标就是以生产性服务业为核心的现代服务业和第三产业要占 GDP 的 70%，科技研发投入要占 GDP 的 5%以上，成渝两地为西安提供了广阔的文化和科技转化运用市场，有了更大的市场和更好的市场表现，科研投入的动力才更充足。同时，由于西安始终占据了产业价值链的高端，经济体量相对较小的西安才能在与重庆和成都的合作过程中把握更大的主动权和话语权，在落实国家“推进重庆、成都、西安区域战略合作”期望的同时实现西安的跨越式发展，早日建成以历史文化为特色、科技资源为支撑、生产性服务业发达的国际化大都市。

5 西安高新区就业、创业与商业机会

西安高新区与成都高新区南区一样，都位于城市的偏南方向。成都高新区目前已经成为成都新中心“天府新城”的核心区域，区域内地产、金融和商业日益红火。可以预计，西安高新区的商业发展也将是前景无限。西安金鹰国际购物中心（高新店位于高新区地标性建筑海星城市广场裙楼1～4层），在开业的最初两年，运营情况不怎么理想。但自2008年下半年随着高新区内楼盘、金融机构、超市等的大量涌现，高新店的运营情况就大为改观，据称百货营业额从4年前的6400万元，上升至2010年的8.4亿元。会员以高素养的时尚知性消费人群为主，会员消费占到金鹰全年销售额的70%。

既然高新区的消费群体和主力是时尚知性群体，如白领和学生，且多是年轻人，那么读者想在高新区内搞商业类创业，就应该针对这个群体的消费特点和潜在需求进行设计。比如年轻人对情感、租房、商品代购、电子和化妆品等时尚消费品、培训考证、资讯、旅游及专业中介服务等需求强烈，所以可以考虑从这些方面入手，真切、周到地满足他们的需求，并与同业商家保持差异化和持续创新，应该在高新区成为西安城市“核心区”的过程中，为高新人群服务的同时也为自己增加收入和积累财富。

对于掌握相关高新技术并想在西安高新区从事高新技术创业的人士来讲，可以通过如下网址详细了解相关的扶持政策及创业辅导：http://www.xibi.com.cn/（西安创新网）。

第六节　西安国际港务区

——欧亚大陆桥南线上的一颗璀璨明珠

西安在汉唐时代其实是一个水陆交通非常发达的城市，当时全国的物资都可以通过黄河的最大支流——渭河进入都城，还可通过著名的丝绸之路与国外产生广泛的经贸联系。西安成了当时国内外重要的交通枢纽和中心城市（西安和咸阳地区作为全国的交通枢纽在秦朝统一中国后的数十年就已经形成了）。但自唐朝以后，西安地区在全国的交通地位逐渐下降，特别是近代海运兴起后，中国与国外的贸易多通过海运来实现。20 世纪 90 年代贯通的欧亚大陆桥南线改变了西安交通地位逐渐下降的趋势，使西安重新成为欧亚大陆桥南线上的“明星”。西安正是有了陇海铁路和欧亚大陆桥铁路的大力带动，其经济迅速发展，交通和物流优势重新得到了塑造。在这种背景下，2009 年西安成立了以西安铁路集装箱中心站为核心的国际港务区，并与东部沿海的天津港、连云港和青岛港等港口组建了合作关系，发展态势良好。2011 年，国家批复了西安关于在西安国际港务区内设立西安综合保税区的申请，这将使包括西安在内及其辐射半径内的地区转化为经济意义上的“沿海地区”，从而引领西北地区由“开发”转变为“开放”。有媒体评价西安综合保税区设立的双重意义是“除了向东部沿海开放，西安综保区的另一个重要使命是探索向西开放”，“至此，国家已经完成对西安、重庆、成都三大西部中心城市设立综合保税区的布局”。

1 地理位置与大致规划

西安国际港务区是陕西省“十一五”和“十二五”规划和建设的物流龙头项目，位于西安市东北部灞渭三角洲，西沿灞河，北至铁路北环线，东至西韩公路，南接城市三环和西安绕城高速，总规划面积 120 平方公里，核心区规划面积 19 平方公里。2010 年国际港务区内已建成了两大核心项目——西安保税物流中心与铁路集装箱中心站。该区位于西安市新行政中心附近，离市中心和西安咸阳机场只有 20～30 公里的距离。园区交通方便，通往园区的西安绕城高速公路与京昆高速、连霍高速、陕沪高速、包茂高速等全国高速公路网紧密相连。

国际港务区目标定位：西安国际港务区以现有铁路、公路等运输手段为依托，以与沿海国际港口合作为基础，在内陆形成海陆联运的聚集地和结合点。由于西安国际港务区不但具有普通物流园区的基本功能，还具有保税、仓储、海关等国际港口所具有的多种功能。所以，西安国际港务区的建设不但可以促进陕西及西北地区物流业的发展，还可以促进陕西外向型经济的发展。陕西作为一个中国西部内陆的外贸大省，2010 年的进出口总额已超过 100 亿美元，需要一个融物流与保税、口岸功能于一体的综合性的“陆港”。

西安国际港务区由保税物流区、国内物流区、集装箱作业区、国际贸易拓展区、国家应急物流园区、空港物流园区、产业转移承接区、湿地景观区、综合配套区、综合服务区等功能区域组成。目前，西安国际港务区已与天津港签订了《建设内陆无水港合作意向书》，与连云港、天津港、青岛港和中国集装箱总公司分别签订了《合作备忘录》。所以，西安国际港务区是沿海国际港口多种港务功能在西安的延伸，是沿海国际港口在西安的集中服务区，也是国际物流与国内物流的结合部。

西安国际港务区将充分利用西安作为欧亚大陆桥南线中国境内重要节点城市的交通优势、西安作为中国西北地区与中国其他地区联系的门户优势、西安作为中国西北部最大的中心城市所具有的辐射优势和陕西良好的产业优势，努力建设成为中国内陆地区“不靠海、不沿边、不沿江”的内陆第一大港口。西安国际港务区的具体目标是：到2015年港务区内的项目建成后，形成中转量6650万吨/年。其中铁路运输2800万吨/年，305万个标准集装箱/年；公路3850万吨/年。对陕西省GDP的拉动值到2015年将达到540多亿元。

2 西安国际港务区建设的意义

读者可能会注意到，在本书有关国际和中国东部产业面向西部转移的介绍中，出现频率最高的就是所转移的产业的目的地（特别是劳动密集型产业）多以西南地区的重庆和成都为主，而西安地区所承接的转移产业多以对大件物流条件要求较少和对水资源要求较小的产业，例如对科技人才供应要求较高的高科技产业或具有当地资源产业优势的一些产业。当然，排除其他因素，对以欧洲、俄罗斯、中亚等地为目标市场并且选择通过欧亚大陆桥南线运输较为理想的企业来说，落户西安是比较明智的选择。西安不但可以作为国内外企业布局西北和进军欧洲、俄罗斯、中亚市场的理想据点，也是西安以及西北地区抢抓中国—东盟自由贸易区重大历史性机遇的重要平台。在东盟十国中，除了新加坡、泰国等之外的广大东盟国家的产业水平和结构是典型的发展中国家特征，在高端机械制造、精密仪器、生物医药、航空航天等高科技产业领域实力相对较弱，但在轻工业、电子元器件、海洋资源开发等领域却具有竞争优势。西安虽为我国重要的高科技产业基地和装备制造业大市，不过在轻工业品的更新换代方面则可能比一些东盟国家逊色一些。因此，西安可以与东盟广泛地展开关于工业、服务业和农业（如水果）等方面互补性的经贸往来。具有保税、口岸和物流等综合功能的西安国际港务区（西安综合保税区）将是这一双赢经贸关系的桥梁和纽带。

笔者认为：西安全力打造的国际港务区意义重大，即使将来成渝地区通过铁路运往中亚、中东与欧洲的货物不再经过西安或宝鸡（通过成兰铁路和兰渝铁路），但西安作为西北地区的经济中心城市和华东华北地区通往西北地区的门户地位并不会因此而改变，西安建设国际港务区不单是西安的事情，更是中国向西开放最重要的战略举措。同时，西安建设国际港务区与西南也有极大关系，由重庆、成都和西安组成的“西三角经济区”所面临的问题不单是两大区域板块（关中—天水经济区与成渝经济区）的融和问题，或者说是西北经济与西南经济融和的问题，而是急需要在西部组成一个承接国内外产业转移的最佳整体区域和具有吸引力的统一大市场，因为国内外产业转移是以全球范围为目标，哪里是“洼地”，哪里有“市场”潜力，就往哪里转移，中国西部在承接国内外产业转移中还与东南亚等地区存在竞争关系。所以从吸引国际产业转移，加快西部地区开发开放的角度看，国家在一两年之内就完成了对“西三角”经济区三城市的综合保税区布局，意义重大，充分体现了西部大开发的国家意志和区域协调发展的战略意图。

3 西安国际港务区的未来商机

西安国际港务区的宏观定位是：“中国最大的国际型陆港和黄河中上游最大的商贸物流集散中心，以及现代服务业新城。”大家或许知道，物流行业属于生产性服务业范畴，关于西安国际港务区物流产业链的一系列商业机会将围绕物流业属于生产性服务业的性质而展开。

为了帮助说明什么是生产性服务业以及生产性服务业在现代经济生产中的重要性，有必要认识“生产性服务业”的范畴：物流业是物流资源产业化而形成的一种复合型或聚合型产业，物流资源有运输、仓储、装卸、搬运、包装、流通加工、配送、信息平台，等等。现在物流行业的发展趋势是第三方物流行业的兴起，第三方物流就是物流供应商即供需双方（称第一方与第二方）以外的第三方物流公司，由物流公司去整合运输、储存、装卸、搬运、包装、流通加工、配送、信息处理等八大功能要素，对多个客户实施一体化运作。这个物流公司可以是企业外部的物流公司，也可以是企业内部的物流公司。在国外，第三方物流是供应链管理中的重要组成部分，服务于生产以及流通，所以物流行业是生产性服务业。而生产性服务业是指为第一、二、三产业的实物生产和服务生产提供服务的产业。按照国际学术界和行业的界定，一般把50％以上产品（服务类产品）用于生产的服务部门称为生产性服务业，50％以上产品（服务类产品）用于消费的服务部门称为消费性服务业。在发达国家，生产性服务业在整个服务业的比重超过60％，虽然现在许多商品生产基地并不在发达国家境内，但发达国家利用包括研发、金融、物流、运输、信息、商务服务在内的高度发达的生产性服务业掌控了当代产业经济运行的主导权。所以，生产性服务业高度发达是当代国际化大都市最明显的特征之一。西安想要建成继北京、上海之后的第三国际化大都市，光有文化的影响力还远远不够，必须花大力气培育并发展壮大包括物流行业在内的生产性服务业。

话题又回到西安国际港务区建设所带来的商业机会上，一方面，商业机会体现在国际港务区物流行业发展所涌现的生产性服务业机会；另一方面也包括了随着以现代生产性服务业为产业特色的新城的逐步建成，消费性服务业机会便大量涌现，比如零售、住宿餐饮、房地产、文体娱乐、居民服务等。西安国际港务区距离西安市政府新行政中心比较近，同时西安市城市空间发展是以“北扩、东拓、西联”为指导思想，结合本专题关于西安国际港务区地理位置的介绍，可以预见，西安国际港务区将作为西安未来最重要的经济引擎之一和现代化新城之一。

大型项目的落户无疑是实现上述构想的有力保障，譬如西安国际港务区已经吸引了包括“中国西部大宗商品交易中心”这样的综合性项目落户。中国西部大宗商品交易中心建成后，将达到数千亿规模的交易额。

现阶段，西安的产业布局主要是在中心城区的南北方向展开，向南是高新区，向北是经开区，而中心城区东西方向的西咸新区和国际港务区则是两块具有巨大潜能的投资宝地。另外，西咸新区是省级部门非常重视的一个开发新区，国际港务区则是西安市最重要的外向型产业经济和相关生产性服务业聚集的大型支撑平台。因此，国际港务区将与西咸新区一起，共同成长为西安未来最重要的两大新增长极。

为了完善生活配套，西安已决定将地铁 3 号线延伸至国际港务区。这个区域除了正在大力发展产业经济外，也正试图打造成西安“东部新城”的核心区。预计 10 年后该区域将实现“产城一体”。

延伸阅读：在陕西，2010 年另外还布局了一个物流港——潼关物流港。该物流港由陕西省潼关县、山西省芮城县、河南省灵宝市联合打造。潼关物流港地处西安、太原、郑州三大城市经济圈的交会中心，也处于欧亚大陆桥南线上面，是秦晋豫黄河金三角三省三市接壤地和核心区。关于具体规划与内容，有兴趣的读者不妨深入了解。

第七节　航空与航天

——啥都有

近年来，中国航空业快速发展，通用航空也将迎来大发展，西安在这两方面的机会、商机均很多，特别是在民营资本和个人均可介入的“低空经济”领域。首先，有必要了解一些产业和基地情况。

1 西安阎良国家航空高技术产业基地简介

西安航空基地自 2004 年 8 月被国家批复设立起，经过多年发展，目前已经成为具有较高国际知名度的航空专业化园区。西安阎良航空产业基地是目前国内专业化和产业链条最完整的航空基地之一，特别是在通用航空领域居全国龙头，被称为“中国通用航空产业之都”。该基地现有 4 个专业分工的航空园区：阎良制造园区、蒲城通用航空产业园、咸阳空港产业园、宝鸡飞行培训园。其中，阎良制造园区重点发展大中型飞机制造、大部件制造、关键技术研发和零部件加工等；蒲城通用航空产业园发展通用飞机的整机制造、零部件加工、航空俱乐部、航空旅游博览等，同时也是民航局确立的国内唯一一个“通用航空产业试点园区”；咸阳空港产业园则是发展民用飞机维修、定检、大修、客改货、公务机托管、零部件支援、航空物流等项目；

另有宝鸡飞行培训园，依托宝鸡凤翔机场，重点发展航空培训、航空旅游、航空文化和航空运营等。

2 西安通用航空领域可能出现的商业机会

广泛被航空界人士所接受的通用航空定义是指“使用民用航空器从事公共航空运输以外的民用航空活动，包括从事工业、电力、农业、林业、渔业和建筑业的作业飞行以及医疗卫生、抢险救灾、气象探测、海洋监测、科学实验、教育训练、文化体育等方面的飞行活动。通用航空器可以用于公务航班、不定期航班、私人航班、飞行训练、伞降、热气球飞行、滑翔机飞行、空中摄影、救护航班、特技飞行、空中警务巡逻和森林消防”。读者可能对“5·12”汶川特大地震后所形成的唐家山堰塞湖险情并不陌生，也可能对当时山区道路交通中断大型施工机械进不去感到分外着急，同时也对突然出现的吊着重型施工设备和油罐的俄罗斯“米—26”重型直升机感到兴奋，这就是发生在我们生活中的通用航空器运用于抢险救灾的一个事例。在国外发达国家，通用航空器用于救灾等民用领域非常的广泛和普遍。

随着经济的快速发展，工业、电力、农业、气象与地质勘探等领域对通用航空的需求与日俱增；同时，随着人民生活水平的提高以及大批中国富豪的涌现，购买私人飞机翱翔蓝天的需求也越来越多。可能正是基于市场的巨大需求和通用航空产业发展的潜在需要，2010年11月14日，国务院和中央军委发布了《关于深化我国低空空域改革的意见》。意见指出，整个改革分三步走：试点阶段（2011年前）：在长春、广州飞行管制分区改革试点的基础上，在沈阳、广州飞行管制区进行深化试点，在更大范围深入探索低空空域管理改革的经验做法，研究提出低空空域划分标准，完善政策法规，探索运行机制，简化工作程序，优化服务保障模式，为全面推进低空空域管理改革奠定基础。推广阶段（2011～2015年）：在全国推广改革试点，在北京、兰州、济南、南京、成都飞行管制区分类划设低空空域，进一步建立健全法规标准，优化运行管理模式，合理布局和建设服务保障网点，基本形成政府监管、行业指导、市场化运作、全国一体的低空空域运行管理和服务保障体系。深化阶段（2016～2020年）：进一步深化改革，使低空空域管理体制机制先进合理、法规标准科学完善、运行管理高效顺畅、服务保障体系可靠完备、低空空域资源得到科学合理开发利用。

西安是我国的航空大市，蒲城通用航空产业园目前是民航局确立的国内唯一的一个"通用航空产业试点园区"，西安发展通用航空产业面临巨大机遇。笔者收集了一些陕西当地的新闻报道，以证明相关人士对此的热情：早在国家《关于深化我国低空空域改革的意见》尚未出台的2010年6月，来自陕西榆林市能源、酒店、地产等行业的40余名民营企业家来到西安阎良国家航空高技术产业基地，在考察基地的投资环境并体验飞行之后，民营企业家们对通用航空产业的发展表现出浓厚兴趣，并纷纷表示了投资航空基地、投资航空产业的意向。2010年11月10日，投资3000万元的中国内地首家民营通用航空机场专业管理公司在西安成立，为投资、运营和管理通用航空机场探索和提供新路径。2010年11月17日，西安市阎良区和中国航空技术国际控股有限公司、中国试飞研究院在珠海举行了"航空大世界"项目签约仪式，三家联手打造航空领域著名的"迪斯尼"。2010年12月15日，由陕西民营企业家协会9名副会长领衔，20多个民营企业家组成的飞行体验团，来到位于蒲城县的西安航空产业基地内府机场体验飞行乐趣和进行产业考察。

事实上，如果中国低空空域能够如期放开，通用航空制造业将迎来快速发展的春天，也将带动新材料、电子、通信、能源、精密制造等一系列相关高新技术产业的发展。同时在通用航空自身的产业链条里也会涌现大量商机，比如飞行员培训和飞机4S店等。从另一个角度讲，我国每年空军的大批量空勤、地勤人员转业复员后，可以被吸纳到通用航空领域就业或创业，继续发挥他们的专业所长，带动地方生产性服务业和消费性服务业的快速发展。

当然，结合我国的具体国情，低空开放是有序和稳妥地推进，所以是否在5年内通用航空产业就会取得爆炸式增长，将是一个大问号。不过，对比国内外通用航空业的发展状况，是可以给我们提供一个良好预期的。数据对比如下：美国的通用飞机一共是234000架，占了全美飞机数量的2/3，中国的通用飞机数量不到1000架；另外，通用机场数量、经济产出和吸纳的就业量等指标也只有美国的1%不到，这说明随着经济的增长、国家产业政策的明朗和市场容量的扩大，通用航空及相关领域将会涌现出不少商业机会。单就通用航空飞机数量增长预期而言，中航工业在2011年9月北京航展期间曾作了一个初步预测：到2020年，中国通用航空飞机的数量将从现在的1000多架增加到9000多架，新增市场价值接近600亿美元。

3 西安国家民用航天产业基地简介

西安国家民用航天产业基地是陕西省政府、西安市政府与中国航天科技集团公司依托和发挥陕西航天科技雄厚的资源优势和突出的发展潜力，共同建设的以航天技术应用为主导的高科技产业园区。基地位于西安市的东南部，总规划面积80多平方公里。西安民用航天基地是“十一五”期间国家布局的第二个民用航天基地（第一个是上海民用航天基地）。根据规划，基地将发展两大核心产业：一是以卫星及卫星应用为主的民用航天产业，二是以航天技术运用于新型材料、先进能源、信息技术等的民用产业。相应的，西安民用航天基地分为两大主导产业区：航天主导产业区和航天民用产业区。在航天主导产业区，重点发展航天装备制造业，集中吸纳卫星、运载火箭动力系统、卫星地面系统的设计、制造、零部件加工等相关企事业单位；而在航天民用产业区，细分为航天特种技术应用产业区、信息产业区、先进半导体功能器件产业和太阳能光伏产业区、航天新材料新能源产业区、卫星及卫星应用产业区、服务外包区、创意产业园和技术创新孵化区等功能区。特别值得一提的是，西安民用航天基地是国家确定的唯一商业卫星总装基地，中国境内其他航天基地不具备总装资格，也就是说西安航天基地的民用航天产业链是最完整的，技术资源也是最丰富的。另外，西安民用航天基地还是陕西省政府确定的省主要的太阳能光伏和半导体照明产业基地。

西安全面发展文化产业的战略布局，在航天基地内也得到了充分体现，目前亚森通信、开泰动漫园、西影航天动漫公司等一系列服务外包及创意等产业项目正在加紧建设，其中部分动漫创意项目将体现航天特色或以航天为主题。

中国航天的快速发展将极大地提振民族自信心和增强民族凝聚力。中国东南部沿海的不少城市普遍地都设有海洋馆供市民和游人参观，但国内还没有一家可供教育、科普、展览、体验的综合性航天馆，而许多各年龄层次的中国人都对和海洋一样神秘的太空抱有强烈的好奇心，更对中国航天发展史感到由衷的赞叹，对中国未来的航天事业充满期待和关注，这一点已经在2011年春节期间中央电视台热播的《五星红旗迎风飘扬》所创的收视率新高得到了深刻的说明。西安民用航天基地提出要发展航天旅游项目（当然不是耗费天价的太空旅游项目），具体有中国古代天体文化博物苑项目、航天体验馆、杜陵博物馆、航天科技农业休闲观光园等。旅游跟航天、文化和商品的结合预计会有一些商机，但需有很强的创造力。

譬如，世界上就有修建巨型人体的旅游体验项目，将人体的各个器官和组织构造立体地展现出来，游人可以进入巨大的人体模型内仔细查看。Google甚至推出了人体地图，轻轻一点鼠标，就可以把人体相应部位的彩色立体图看个够。那么西安作为一个航天和航空资源及文化都丰富的城市，其实可以开辟一些空旷的地段和山地，制造各种实体星球、外星人、飞行器模型、火箭发射、太空隧道、冒险及宇宙征战等模型，给游人以接近真实感觉的体验，相信这比在室内狭小的空间里通过声光电等虚拟技术体验更加畅快和过瘾，“航天迪斯尼”可望与“航空迪斯尼”一起出现在西安，这或许是发挥西安本地航天文化资源，做大做强旅游产业的一大创举。

第八节 西安浐灞

——城市新名片

浐河和灞河同属“八水饶长安”中的二水，在西安城区的东部边缘交汇，两河交汇区域及附近地带合称“浐灞”。关于这个地名，在全国高中语文课本里的文言文《鸿门宴》中就提到，刘邦“还军灞（霸）上”，这里的“霸上”就是目前的这个浐灞地区。2004年，鉴于西安部分地方，特别是浐灞地区成了环境污染的重灾区，西安市政府决定成立浐灞生态区，这是至今西部地区唯一一个以生态为主题的开发区，从此拉开了环境整治和生态补偿建设的“高潮”，短期内便取得了巨大成功。2007年9月，国际园艺生产者协会（AIPH）第59届大会决定2011年世界园艺博览会落户西安浐灞生态区。

西安浐灞生态区规划总面积129平方公里，北至渭河南岸，南抵绕城高速，西起西铜公路，东至西康铁路，包括浐河、灞河两河四岸的南北向带状区域，其中集中治理区89平方公里。西安浐灞生态区的目标是：通过流域综合治理、生态重建和开发建设，逐步在生态区范围内建成若干城市组团。预计到2020年，人口将达到55万，基本建成集生态、会展、商务、休闲、文化、居住等功能为一体的新城区，从而使浐灞生态区成为生态环境优美，人与自然和谐，“宜居宜创业”的西安第三代新城。为了达到以上目标，浐灞生态区全力招商，重点招引低碳和生态的高端大型项目，特别是会展业（2011年西安世界园艺博览会、欧亚经济论坛等）打造，取得了巨大成功。

值得一提的是，西安浐灞生态区是欧亚经济论坛的永久会址，近年来还举办了许多大型国际比赛展览，如“2007F1摩托艇世界锦标赛中国西安大奖赛”和“中国杯插花花艺大赛”等。同时，浐灞生态区还被作为西安打造中国西北地区区域性金融中心的承载地：按照规划，位于浐灞生态区的西安金融商务区将形成金融机构的总部基地、区域性后台服务基地以及现代服务产业聚集区。届时，生态区内的金融业增加值将占西安市金融业新增值部分的50%以上，占陕西省金融业新增值部分的30%以上（这种定位与要求虽然跟曲江新区的定位与要求类似，比如曲江新区的文化总产值届时也要求达到全省文化总产值新增值部分的30%以上，但浐灞生态区由于起步晚等原因，生态区内的金融业发展态势没有曲江新区文化产业发展态势良好）。为了使打造金融商务区的目标更清晰，同时也为了更契合生态开发区的实际，浐灞生态区提出了“一个基地七个中心”的金融商务区定位，具体包括：把握机遇，将西安金融商务区打造成为区域性金融后台服务中心与金融服务外包基地（这种行业细分定位与成都类似，成都这方面的定位是：打造全国金融服务中心城市）；依托物流业，将金融商务区建设成为区域性商品的远期交易和期货交易中心；结合货物流，将金融商务区建设成为区域资金流网络中心和结算中心（这种行业细分定位与重庆类似，重庆这方面的定位是：依托加工贸易结算和电子商务结算等条件建设结算型区域金融中心）；借助生态区概念，将金融商务区建设成为区域性环境交易中心；落实国家政策，在金融商务区发展中小金融企业、建设中小企业融资中心；结合金融生态环境建设，将金融商务区建设成为信用评定中心；发挥制造业优势，在金融商务区建造大型机器设备的租赁中心。

结合西安国际港务区2011年下半年提出的建设能源期货交易所的规划，笔者认为西安浐灞生态区可联合地理上毗邻的西安国际港务区，一起把西安建设成为以能源期货交易和区域环境交易为重要特色的区域金融中心，同时大力开展各类大宗商品远期交易以服务全国。

至此，西部大开发重要引擎城市成都、重庆和西安提出的打造区域金融中心的具体承载地已完全浮现：成都规划的是锦江区，重庆规划的是两江新区江北嘴，西安规划的是浐灞生态区。

浐灞生态区将以金色金融、绿色生态和蓝色会展为最大引力吸引大量人气和聚集起大量商气，例如国外商业巨头麦德龙将在浐灞生态区内建设西安第二家大型商场。关于浐灞生态区在未来10年的商机，预计将重点围绕会展、IT、金融、地产、酒店、百货、创意和花卉等展开。2011年7月，总投资达150亿元人民币的“陕西国家信息安全产业园”落户浐灞生态区，将引领该区绿色低碳经济发展。至少2011年成功举办的西安世界园艺博览会，事实上已经使浐灞生态区以“绿色西安”这张新名片的方式呈现在了世人的面前，商业好戏或许还在后头。

第九节　西安曲江

——西安的文化部落

2010年4月在西安曲江国际会展中心举办的第十四届中国东西部合作与投资贸易洽谈会（简称“西洽会”）上，曲江新区共签约32个项目，总投资870亿元，占西安总签约2867亿元的近1/3。2010年10月，第五届中国西部文化产业博览会又在西安曲江国际会展中心如期举办，曲江新区又吸引并落户了大批文化和旅游类项目。曲江，这个以文化为特色，文化地产、文化商业和文化创意、文化旅游为产业核心内容的“文化新区”正日益受到广大投资者、普通市民以及游客的关注与追捧。

2009年，为了充分发挥文化产业在当前中国经济形式下调结构、扩内需、增就业、促发展和增强中国文化世界影响力方面的重要作用，国家出台了《文化产业振兴规划》，给广大文化企业和文化从业人员注入了一针强心剂，也给民间富裕资本和文化创意人才提供了淘“文化金矿”的历史性机遇。专家指出，文化产业以及相关衍生产业在创造财富方面的潜力是巨大的。经济越发达，文化产业在经济生活中的分量就越重，如美国文化产业的经济产出（GDP）规模就与中国主要行业的汇总GDP规模相当。西安及西安附近区域的历史文化资源相当富集，这给从事文化创意产业的企业、个人提供了丰富的题材。有了题材或灵感后，就有了作品，作品的形式有很多种，如电影电视、动画游戏、文学作品、各型商品、场景体验与商业表演。而西安曲江新区就是一个集合各种文化资源与各型商业平台、模式的综合性文化产业聚集区。

“重点在影视、突破在动漫、创新在戏剧、突破在板块”文化产业发展战略深刻地体现了陕西省及西安曲江新区的文化产业细分优势与发展重点。曲江新区就是“板块突破”最重要的地方。根据报道，曲江新区未来的总产值在数10年后将占到整个陕西文化总产值的1/3以上。2010年，中国首个电视剧版权交易中心落户曲江，集版权交易、版本交流、版权评估、资本运营等四大运营中心于一体；“新影力青年导演助推基金”等计划的推出让青年导演们在此点燃他们的热情与活力。事实上，产自曲江的电影和电视剧这几年正受到海内外观众的关注和好评，例如曲江影视集团出品的长篇历史连续剧《大唐芙蓉园》，不仅在国内引发收视热潮，目前已出口到北美、日本、韩国、东盟、香港、台湾、非洲等国家和地区。“重点在影视”战略实施得有声有色，叫好又叫座。

曲江新区发展文化产业绝非“小打小闹”，而是“大企业、大集团引领，中小企业聚集”，政府的扶持和投入也可谓大手笔、大气魄!

几家经过改制和重组后的大型国资企业与活力四射的广大民营文化企业竞相发力，发掘国内外巨大的文化消费市场。成立于2004年的西安曲江文化产业投资集团是引领曲江文化旅游发展的巨擘，目前该投资集团旗下的企业有：西安曲江文化旅游（集团）有限公司，西安曲江影视投资（集团）有限公司、西安曲江国际会展（集团）有限公司、西安曲江国际会展投资控股有限公司、西安曲江大唐不夜城文化商业有限公司、西安曲江建设（集团）有限公司、西安曲江文化演出（集团）有限公司、西安唐华宾馆有限公司、西安曲江出版传媒（集团）有限公司（筹）、西安曲江职业围棋俱乐部有限公司等。曲江文化产业投资集团及所属企业经营范围涵盖了文化地产、文化商业和文化旅游以及文化内容四大产业。为了做大做强文化及以文化为特色的相关产业，以上投资集团和子集团目标远大，有在3～5年内实现2家子集团和整体上市的规划。作为保障，以上部分企业将通过城市运营来积累财富，通过把积累的部分财富注入文化项目中来发展壮大文化产业。这种通过文化商业及城市运营为文化内容产业提供长远发展的现金流，同时文化产业的发展将提升文化商业和城市运营的价值规模的模式非常成功，因为两者不但形成良性互动，而且形成了良性的大循环，特别是有利于西安古城保护、文化打造和城市运营互动发展，被誉为“曲江模式”①。当然，这里指的是肩负提升城市文化品位重任的国资背景的大企业的大商业模式，中小民营文化企业不可能有那样的资源去“大手笔”，选准一个文化主题进行很好的技术和商业开发，短期回报同样很丰厚，特别是通过创新技术手段以动

① 有关“曲江模式”更深刻的介绍请参看由中共中央党校出版社出版的《西安曲江模式——一座城市的文化穿越》一书。

画游戏等形式创作是很多小企业和个人的专长。

目前曲江新区发展态势非常看好，仅仅2010年12月就有大型服务平台和商业项目投入运营，如“西安市文化创意产业孵化基地”和投资百亿的陕西华商文化产业园、陕西广电网络产业园、陕西广播产业园等三个文化产业园。据统计，曲江新区已聚集1000多家文化企业，涵盖影视、会展、演艺、旅游、动漫、出版等多个门类。读者可能对“文学陕军”现象并不陌生，从柳青到路遥，再到陈忠实、贾平凹，大批重量级作家就在陕西这片土地上诞生。陕西境内尚有成百上千位不断成熟的中青年作家，这些作家们创造了大量的文学作品，其中有些具有改编成影视作品的潜力和价值，是曲江新区内文化资本所关注的对象，特别是陕西籍的影视导演群体这些年规模也不断壮大，在国内产生了不小的影响力，这就形成了一条比较完善的产业链条。而要形成产业集群必须要有一个好的空间载体，西安曲江新区无疑就是这个载体。从这个意义上讲，曲江新区不但是西安文化创意人员汇聚的文化部落，更是文化资本走秀表演、发现价值和进行淘金比赛的大舞台。毫无疑问，在西安打造以彰显东方华夏文明为特色的国际化大都市过程中，曲江新区无疑会扮演“西安文化CBD”的大角色。

第十节 大西安

——奔国际化大都市而去

近年来，随着中国各主要省会城市经济、城市规模、城际铁路和轨道交通的快速发展，各省会城市纷纷提出了要与毗邻市县区“同城化”的战略构想。省会城市依靠其强大的辐射力，往往是“同城化”全过程的主导者，名称方面更是体现了这一现象。在中国东部较发达地区自不用说，同城化已经出现雏形。在中国中西部地区，也出现了“大郑州”、“大武汉”、“长株潭”和“成德绵”等区域名称。在西北的关中地区，西安提出了联合与其毗邻的咸阳、渭南，共同打造“大西安”都市区的设想，以增强“大西安”都市区的城市规模和影响水平，共同为西安建设国际化大都市服务。

在2009年国家颁布的《关中—天水经济区发展规划》中，西安被列为继北京、上海之后，我国第三“国际化大都市”。首次去西安的读者可能会发现当地媒体经常使用“建设国际化大都市”等字眼，或许感到不理解。如果读者看过本书中的《西安——西方人眼中的现代长安城》一文，可能就会明白是怎么回事了。

对照成都和重庆，目前西安在建设国际化大都市方面具有科技文化和城市定位方面的比较优势，如西安是古代丝绸之路的起点，是世界四大古都之一，保存完好的古代遗址和出土文物众多，1981年就被联合国定为世界历史文化名城；海外知名度高，每年到西安旅游的海外人士以数百万计；西安高校林立，人均受教育程度高；信息化水平也比较高；等等。西安一方面具有建设国际化大都市的良好条件；另一个也是很重要的方面就是：在《关中—天水经济区发展规划》中，西安被规划为彰显东方华夏文明的城市，这个定位在国内独一无二。

细心的读者可能会发现，国家现在很注重结合各大城市的特色和历史给其定位，如重庆在国家城乡建设部编制的《全国城镇体系规划》中定位为全国五大国家中心城市之一，国家希望重庆能引领西部经济社会跨越式发展。而西安是以文化为特色建设的国际化大都市。国家在赋予西安使命的时候，一方面希望西安通过建设国际化大都市带动西北地区经济社会发展，另一方面则希望西安能够肩负起彰显东方华夏文明的重任。所以西安与重庆的定位是不矛盾的，国家给这两个城市的定位各有侧重点，读者切不可单从定位的名称上简单地判断谁在中国西部的地位高以及谁在西部的发展潜力大。再如成都现在给自己的定位是“世界现代田园城市”，成都城市建设的很多方面都是按照建设“世界现代田园城市”的标准来实施的。简而言之，西安、成都和重庆三个城市分别构成了文化、生活、经济为重要特征的国际化大都市雏形。有理由相信，以文化为核心的西安国际化大都市建设将引领西部地区大型城市的国际化进程——在西部地区经济落后东部的情况下，更是如此。

通常的理解，西安建设以历史文化为特色的国际化大都市，远期可极大地带动西安的文化和旅游产业发展，较大程度地提升中国文化对世界的影响力和扩大文化产品出口，以及增加入境旅游收入。可是，除此之外，是否有一套措施，可以使得西安在建设国际化大都市的过程中，对中国西部甚至整个中国经济带动作用达到最大化？在探讨这个问题之前，我们先来看看世界文化影响力大国在本土文化产业带动外向型经济这个问题上的表现。美国当之无愧是世界上头号文化产品的输出大国，文化产品版权出口可占其对外出口的相当大的比例；法国和意大利对中国的文化产品出口相对美国较小，但是法国的经典文化作品和意大利的足球文化对中国影响很大，特别是体现法国浪漫文化和意大利激情文化的一些奢侈品大量出口中国，例如服饰、挎包、香水、红葡萄酒，等等。法国和意大利这些国家不但赚取了游客大量的旅游外汇收入，还更多地赚取了能够体现文化和流行属性的大量奢侈品出口收入。许多中国人或许在去这些国家旅游之前，已经在这些奢侈品上面花费了不少的金钱；有些中国人或许一辈子没去过这些国家，但他在这些奢侈品上面花费的金钱或许比去过这些国家的人还要多。因此，西安提出打造国际化大都市的构想，需要跳出区域小循环和要素小循环的误区，可以两手抓、两手都要硬：一手抓文化产品出口和旅游业收入，一手抓体现文化属性的物质产品出口，也就是说西安可以融和美国和法国的做法，为国家争取更大程度、更广范围、更多形式的利益。但我们也可以看到，在最能体现中国传统历史文化的几种物质商品形式如茶叶、中药、陶瓷、中餐、武术、古代哲学、白酒、丝绸中，西安能够生产、运作和包装的并不多。从现实情况来讲，以上物质和类物质产品都在努力走国际化路线，白酒、中药和中餐或许是最有可能融入西方人和广大发展中国家居民的日常生活中的，是最能起到对中国文化多频率、更深刻的提醒和记忆的，因而是最有国际化前景和潜在价值的物质产品，这个时候西安就可选择与拥有这些物质产品的省区市或企业合作，或者拥有这些物质产品优势的省区市和企业可主动选择与西安合作：西安输出文化产品，其他省区市同时输出物质产品。

以西安为中心，环顾四周，定会发现在地里位置上毗邻的巴蜀大地就是最佳的合作伙伴，巴蜀大地盛产白酒、中药、川菜（火锅），让人惊讶的是：四川几乎在西安提出要建设以历史文化为特色的“国际化大都市”之前，提出了要打造“中国白酒金三角”，以四川的五粮液集团为代表的许多著名白酒企业已经在 2011 年提出要把“国际化”作为重点，例如 2011 年 8 月五粮液斥巨资在纽约时报广场巨幅 LED 显示屏上投放形象展示图片。笔者认为一方面白酒企业国内竞争非常激烈，另一方面深入国际市场独武游勇又困难重重，必须打文化牌，而在国外打文化牌最合适的是西安。西安可以选择在向国外输出影视等文化作品的同时，重点突出白酒、中药和中餐等物质文化内容，譬如：孔子、李白等是世界名人，在适当的LED宣传平台上显示孔子持酒沉思，李白把酒吟诗的场景，会给人留下深刻的印象；或者以影视剧的形式也可以将上述物质文化融和其中，当然这种事情应该由文化企业出面、物质企业赞助最好。

除四川外，随着中国文化世界影响力的扩大，重庆无疑也是重要受益方。一方面，重庆的摩托车、汽车、机电等产品目前已经在广大发展中国家具有相当的竞争力。另一方面，越来越多的中国企业选择重庆作为走出去的重要“跳板”。所以，西安文化影响力提升后，可带动重庆的这些产品销售，这对西安和重庆来讲，是一个双赢的结果。

本节从实际的角度阐述了西安建设国际化大都市的路径选择，包括了宏观、中观和微观三个层次，不一定科学合理，但希望能抛砖引玉。

西安建设国际化大都市，“骨架”少不了，下面重点介绍“大西安”的规划。

2010年6月13日，大西安总体规划空间发展战略研究国际论坛在西安举办，首次亮相了大西安规划。确定了“大西安”的地理范围和最大特色。

1 地理范围

大西安的规划范围将包括西安市整个行政辖区，渭南市富平县，咸阳市秦都、渭城、泾阳、三原“两区两县”，面积12009平方公里。其中主城区范围北至泾阳、高陵北交界，南至潏河，西至涝河入渭口及秦都、兴平交界，东至灞桥区东界，面积1280平方公里。

大西安都市圈范围：区域范围：西安、咸阳、杨凌、富平、扶风、黄陵、铜川、渭南、华阴、柞水。同时，大西安都市圈将通过“一横一纵十辐射”的区域铁路交通与周边的成都、重庆、武汉、郑州、太原、包头、银川、兰州城市经济产生互动。

“一横一纵十辐射”的区域铁路交通：一横：陇海铁路线；一纵：包柳铁路线（包西线—西康线—康渝线）；十辐射：郑西客运专线、西兰客运专线、大西客运专线、西成客运专线、西渝客运专线、西武客运专线、西银线、宁西线、侯西线、西平线。

2 最大特色

参加大西安总体规划空间发展战略研究国际论坛的专家认为，大西安总体规划要平衡好继承与创新两个方面。与会专家都认为应该利用好大西安传统的优势资源，特别是所拥有世界级的人文资源这个最重要的无形资产，人文资源是大西安建设国际化大都市的生命力和竞争力所在。西安建设以文化为特色的国际化大都市必须传承与创新，即以创意为核心、文化为灵魂、科技为支撑、园区为依托、产业化为方向，深入挖掘和展示传统历史文化，大力发展现代文化，打造彰显华夏文明的历史文化基地。历史的积淀以及浓厚的学术文化氛围将给大西安的发展带来巨大的好处。

第十一节 西安“别称”

——“日益富裕的历史守望者”

众所周知，西安以灿烂的古代文明和为数众多的古代遗址而闻名于世，是实至名归的世界四大古都之一。关中平原非常适合先祖们生活，这里土地肥沃，水草丰茂，单西安境内就分布着渭河、泾河、沣河、涝河、潏河、滈河、浐河、灞河八条河流，故古代先民们多把西安作为关中地区最适合的聚居地之一，周秦汉唐等朝代更是长期把西安地区作为全国的政治、经济中心和文化中心，所以带有帝都气息的一系列大型遗址纷纷涌现在了西安：兵马俑、华清池、大唐西市、古城墙、大明宫遗址、周丰镐遗址、秦阿房宫遗址、秦始皇陵、汉长安城遗址、灞陵、杜陵、青龙寺、隋大兴城、唐长安城遗址、曲江池遗址、汉未央宫前殿遗址……多得数都数不过来。

西安拥有如此丰富的文物古迹资源，在这个优势资本与优势资源有效结合就会创造财富的今天，西安在发展以历史文化为特色的旅游和文化产业方面具有先天优势。不过，由于文物古迹具有不可再生性，所以应该本着保护性开发的原则，在保护的前提下适当开发。但在过去，盗墓问题以及部分位于西安城区的古代遗址周边行使了过多的现代居住和生活功能的现状，导致如果不进行及时的保护性开发，就有可能让古代的文物遗址变得残缺不全，甚至破败不堪的严重后果。近年来，西安一系列成功的商业开发案例给普通人、文化淘金者带来了不少有益启示，特别是民间资本在进入这个领域后不但产生了很好的社会效益，而且产生了很好的经济效益。大明宫遗址的保护性开发以及大唐西市的商业升级就是这样的案例。

西安大明宫遗址的保护性开发是近几年西安的大事，我们从以下数据可以看出这件事究竟有多大：为了对大明宫遗址进行彻底保护和开发，8 家企事业单位、3 个城中村、2.5 万户 10 万余人、350 万平方米房屋整体搬迁，以政府主导、社会参与、市场运作的模式共投入 120 多亿资金进行改造，带动西安 GDP 增长 1%以上，大明宫遗址的成功改造是 2010 年西安的十大重要事件之一。大明宫作为盛世唐朝的宫殿，其规模是北京故宫的 4 倍，为了复原当时建筑群的布局原貌，考古学家按照 1∶15 的比例进行缩微，缩微后的复原图仍占地上千亩，可以想见大明宫宫殿之大。西安大明宫的改造取得了巨大成功，2010 年在西安举办的多次国际考古会议，专家们都十分赞同大明宫的保护性开发新模式。大明宫遗址公园于 2010 年 10 月 1 日对公众开放，仅国庆 7 天进入大明宫遗址公园参观的游客就达 130 多万人，可谓旅游“井喷”。大明宫遗址公园在上海世博会期间也受到了很好的展示，由上海世博会互联网赞助商腾讯网世博频道主办的“世博风云榜”活动显示：西安大明宫馆荣登十大城市案例馆榜首。陕西馆获十大地方馆评选第 3 名。

在盛世唐朝长安（西安），当时有著名的东市（现西安交大一带）和西市（现劳动南路附近）两大市场，东市主要服务于达官贵人等少数人群，而西市则是大众化、平民化，有大量西域、日本、朝鲜等国客商在内的国际性大市场。西市占地 1600 多亩，建筑面积 100 万平方米，是当时世界上最大的商贸中心。作为丝绸之路的起点，见证着中华民族历史上最为辉煌的贞观、开元盛世。2007 年陕西佳鑫实业集团投入巨额资本，打造了一个占地500亩的仿唐长安城西市的主题商业区。大唐西市是唯一反映盛唐商业文化和市井文化、唯一可以用丝绸之路起点命名的文化产业项目，在西安乃至全国，都有着无可替代的地位。今天，该商业项目取得了巨大成功。

大明宫以及大唐西市的遗址保护和商业升级都取得了让人瞩目的成就。通过对城区遗址进行保护性开发，提升了该区域的商业地产和房地产价值，更提升了该区域以及整个城市的文化品位和城市形象，特别是房地产或商业地产项目融入文化因素后能够使项目成为整个城市置业者趋之若鹜的对象，为滚动地进行城区遗址保护性开发提供了源源不断的现金流。所以，有着“历史博物馆之都”称谓的西安无疑将“守”着历史“过好日子”。

第十二节　西安商圈与商业

——一些介绍

西安作为西北内陆地区的商贸中心城市，近年来乘着西部大开发和城市规模快速扩大、经济快速增长的春风，商业走向了开放与繁荣，目前已经形成了数个商圈、多个商贸城和几个物流中心。但纵观西部经济地理格局和商业版图变幻局势，西南方向的昆明和西北方向的乌鲁木齐正在成为后起之秀，从目前的航空客货吞吐量、公路与铁路枢纽地位来看，这两个城市在未来10年的时间里极有可能成为中国面向西南和西北方向接壤国家开放的最重要的门户，在给“西三角”经济区提供物流通道便利与机遇的同时又全面地挑战“西三角”经济区内三个重要城市的商贸中心地位。这种判断是综合了国家相关部委的系列规划文件而得出的，也即西安作为西北地区商贸中心的地位正面临着一系列挑战，最明显的就是来自于乌鲁木齐、兰州等城市的地位和影响力的迅速提升。另外，西安本地以及辐射范围内居民的高档和奢侈品消费也存在随着高铁和快速铁路的陆续贯通、交通的极大便捷，而部分流失到西南的成都、中部的武汉、华东的上海、华北的北京的危险。但是，随着陕北地区经济的飞速发展，必将造就一大批新兴消费群体前来西安消费，并且，关中—天水经济区的规划实施，城镇化和同城化的加速，以及西安建设国际化大都市步骤的加快，这些因素也使得西安的商业面临历史性机遇。虽然本书中曾提到过西安的经济总量比重庆和成都小，但不可否认的是西安的中产阶级数量、人均可支配收入和千人汽车保有量等指标可能还优于重庆和成都，这个从西安近年来社会商品零售总额可以看出。西安未来依然会被内外资零售商所看好。所以，在商贸零售领域，西安的机遇明显大于挑战。

为了对西安目前的商业版图有个基本了解，在此特做一个百度百科式的简单介绍。

1 西安著名商圈简介——钟楼商圈与小寨商圈

1. 钟楼商圈

钟楼作为西安市的城市中心，很自然地形成了目前西安规模最大，也是最繁荣的商圈。本节把西安火车站—解放路商业圈并为钟楼商圈。目前，钟楼商圈主要由以钟楼为交叉点的东、西、南、北四条商业街组成。事实上，经过政府引导后的差异化定位和自身多年的发展，东西南北四条商业街连同附近区域已形成了多个次商业圈。早些年，东大街与解放路一带是西安市民心中最理想的商业步行街，是当时钟楼商圈里的“老大”，但目前，东大街次商圈内的骡马市商业步行街已俨然成了中国西北地区最大的步行街；东大街目前定位为年轻、时尚、综合性步行街。西大街次商圈近10年被西安市、莲湖区两级政府投入巨资改造，已经成为中国西北地区最具文化底蕴的仿唐商业街。南大街次商圈以奢侈品、时尚产品和高档的夜生活为主调。北大街则以家电、手机和各种数码产品的大规模聚集为最大特点。当然，东、西、南、北四个钟楼次商圈的经营范围也有交叉或融和的地方，这种交叉融和更多地体现了良性竞争和互为补充的特点。

2. **小寨商圈**

小寨商圈位于西安市的城南区域，是《西安市2004～2020年商业网点规划》中明确提出重点打造的新兴商圈，目前，小寨商圈的发展日新月异。得益于城南的大学城学生消费群体以及区域商业开发所聚集的大量人口，小寨商圈连同毗邻的以高新路和科技路为核心的高新区商圈，正在组成一个更大的商业圈。小寨商圈的地理范围是：以小寨十字为中心，东为至大雁塔北广场的小寨东路范围；西为至吉祥村的小寨西路范围；南为至长颜堡的长安南路范围，北为至南二环路的长安北路范围。由于该区域商业形态主要是自由市场和时尚潮流百货商场超市，同时得益于曲江新区、高新区的快速发展，整个大商圈正在快速发展并处在持续的自发或政府规划引导的整合之中。另外，值得一提的是毗邻小寨商圈的东南二环餐饮商贸专业街是以餐饮、娱乐为主，那里聚集起了西安最高档和最大规模的餐饮名店。

2 西安商贸中心（城）简介——大明宫建材批发城

西安大明宫建材批发城位于西安市大华北路与北二环交会处，毗邻西安经济开发区，占地1000余亩，由装饰材料市场、陶瓷建材市场、五金水暖批发市场、管材防水材料批发市场、石材批发市场、钢材批发市场、木材胶合板批发市场和五金工具批发市场等八个专业性批发市场组成。大明宫建材批发城吸纳了数万大明宫遗址公园的拆迁安置人员就业与创业，在取得良好经济效益的同时也取得了很好的社会效益。

在西安建设国际化大都市的过程中，必然对家居、建材和五金等商品产生巨大需求，相信该领域的市场容量将逐步扩大（作为参照的是：广东的家居（具）巨头近两年斥巨资在西安建设了家居商贸航母——原点新城）。按照国际化大都市的一系列硬件标准，西安的城市人口、城市规模和基础设施还需要很大提升，投资建材家居行业是与城市内部区域发展格局、时序和竞争格局、规则息息相关的一门生意。

3 西安商贸物流中心简介

据笔者了解，西安目前至少有如下现存的物流中心：纺织城纺织品及服装物流中心、韦曲科技物流中心、三桥汽车物流中心、草滩果品物流中心、北石桥物流中心、中储建材物流中心、引镇仓储物流中心。现在各地普遍在改造传统的商贸形态，即将批发和物流剥离开，中心城区商业中心保留展示、批发、零售和商务功能，物流中心充当配送功能，商业机会还是更多地集中和保留在中心城区的各大商圈和商贸中心，所以在此就不详细介绍物流中心了。

相对于商贸中心和物流中心而言，在商业街创业似乎更符合现代多数年轻人的口味，笔者根据《西安市2004～2020年商业网点规划》，罗列一些被官方认为比较重要的商业街名称。

1. 重点改造和培育的商业街

（1）东大街综合商业街

（2）西大街旅游商贸商业街

（3）书院门文房四宝书画专业街

（4）骡马市步行街

（5）解放路商业街

（6）德福巷休闲商业街

（7）东南二环餐饮商贸专业街

（8）太华路建材专业街

（9）长乐路服装专业街

2. 重点新建的商业街

（1）环城西路仿古休闲一条街

（2）雁塔南北广场商业街

（3）西市商业街

（4）西部回坊清真食品商业街

（5）经济开发区商业街区

（6）顺城巷旅游商业带

（7）大唐不夜城

（8）纬二街特色步行街

（9）其他新建商业街

第十三节　西安农业创业

——经济林果与彩田艺术

1 西安特色经济林果介绍

西安的农业已从传统农业向都市农业转变，2010 年西安的蔬菜产量首次超过了粮食产量。所以，蔬菜和经济林果的规模化、标准化和品牌化将是西安农业未来发展的重大亮点。本专题就着重从西安目前已经比较出名的特色农业林果产品进行介绍，比如临潼的石榴、阎良的甜瓜、蓝田的大银杏、高陵的冬枣、户县的葡萄、灞桥的樱桃和周至的猕猴桃，等等。西安作为西北地区的商贸中心，能够汇聚西北地区不少农业特产，特别是可以很好地集中展现陕西的农业特产，如陕西在全国闻名的经济林果“三大件”——陕北枣、洛川苹果、陕南猕猴桃，限于篇幅，本节主要介绍西安郊县出产的农业和林业（经济林果）土特产。

临潼石榴以色泽艳丽、果大皮薄、汁多味甜、核软鲜美、籽肥渣少、品质优良的特点闻名全国，古代就曾作为宫廷供品；在现代，临潼石榴位居国内五大名榴之冠，畅销国内各省市和港澳地区、东南亚各国。据文献记载，石榴具有生津、化食、健脾、益胃的功能，食后可开胃、滋阴、平肝、补肾、明目，也是制糖、果子露、酿酒、造醋、制高级清凉饮料的上等原料。同时，石榴具有很大的工业价值：石榴的根、果皮和叶，含有大量单宁，是鞣皮工业和印染工业的重要原料之一。石榴树具有一定的环保价值，能抗氟化氢，对二氧化硫、二硫化碳和铅蒸气吸附能力较强。另外，石榴花期长，花朵娇美，对美化环境极有价值，为绿化城市、庭院的珍贵树木。

2010年11月15日，农业部为“阎良甜瓜”颁发了中华人民共和国农产品地理标志登记证书，登记规模3666.66公顷，16万吨/年。统计资料显示，2009年阎良区甜瓜种植面积5.5万亩，总产16.2万吨，产值3.36亿元，成为阎良农业的品牌产业。阎良区近年来出台扶持政策，发展设施甜瓜。例如，发展标准日光温室，每亩补助8300元，钢骨架、水泥骨架大棚每亩补助2000元。通过大力发展设施甜瓜，栽培早春甜瓜，据称产值达到了7500多元/亩。阎良区于2010年开始试种有机甜瓜，以进一步提高阎良区甜瓜品质和扩大甜瓜的种植效益。甜瓜含有丰富的苹果酸、葡萄糖、氨基酸、维生素C等；夏天吃甜瓜能消暑热、解烦渴，还有利于人体肝脏及肠道系统。

陕西蓝田大银杏2008年获农业部农产品地理标志认证。银杏在植物界素有“活化石”之称，银杏具有广泛的食用与药用价值。银杏的食用价值：银杏中含有淀粉、粗蛋白、核蛋白、粗脂肪、蔗糖、矿物质、粗纤维、维生素C、核黄素、胡萝卜素、钙、磷、铁、钾、镁等微量元素，以及银杏酸、白果酚、五碳多糖、胆固醇等成分，是高档滋补果品，但食用过多易中毒，需要讲究食用的量和烹饪方式。银杏的药用价值：银杏的药用主要体现在医药、农药和中兽药三个方面。银杏的医药价值：敛肺气、定喘嗽、止带浊、缩小便、消毒杀虫，主治哮喘、咳嗽、梦遗、白带、白浊、小儿腹泻、虫积、肠风脏毒、淋病、小便频数以及疥癣、漆疮、白癜风等病症。银杏的农药和中兽药价值此处不作详细介绍。银杏叶由于含有对心脑血管具有保健治疗作用的黄铜类和内酯类化学成分而被广泛地开发成药品、保健品以及养生茶、饮料，等等。蓝田的大银杏产业与品牌、深加工、采摘、旅游、休闲等产业结合起来，目前已具有一定的规模和气候。

高陵县以其优越的气候和土壤等自然条件，生产的鲜食枣具有味美、果大、含糖量高等特点。目前已发展并扩大了梨枣、冬枣、雪枣等品种。2009 年 9 月 25 日，在高陵县湾子乡东张市村现代观光农业科技示范园举办了高陵县首届鲜食枣采摘节。梨枣、冬枣等含有丰富的维生素 C，每 100 克鲜枣含维生素 C300～800 毫克，比桃、苹果、梨、柑橘等高数 10 倍，是消费者喜食的水果之一。

户县的葡萄由于研发出高产的新品种户太 8 号，效益大为提高。“户太葡萄之乡”的户县政府为了扩大产业助农民增收，在沿秦岭北麓的户太葡萄优生区域规划建设 5 万亩户太葡萄产业带，规划到 2015 年在户县秦岭北麓的草堂、庞光、天桥、石井、蒋村等 5 个乡镇和太平旅游区沿环山路建成集生产和旅游观光为一体的 5 万亩户太葡萄基地和 1.5 万亩其他优质时令水果基地。并出台了相关的资金补助和扶持政策。

近几年每当樱桃成熟季节，灞桥区白鹿原樱桃文化旅游节如期举行，带给人们无穷的采摘品尝和文化回味的双重魅力。小说《白鹿原》给灞桥区的樱桃产业注入了丰富的文化历史内涵。白鹿原北坡地处山阴，气候湿润，沟壑纵横，日照、温度、土壤都正适合樱桃生长，是西北最佳的樱桃种植区域。正是良好的土壤气候环境、产业基础和深厚的历史文化，灞桥区组建了白鹿原现代农业示范区，主要发展现代农业、观光农业等项目。在建成的规模化示范园中，以“一带三园”为主。“一带”即水安路林果观光产业带；“三园”则分别指：白鹿原现代生态农业示范园、西安白鹿原葡萄主题公园、西安西园生态农业观光示范园。

周至县是全国最大的猕猴桃生产县，是中国的猕猴桃之乡。由于猕猴桃巨大的营养价值与保健功能以及种植猕猴桃具有很好的经济效益，全国有许多地方都在大力发展猕猴桃产业，如本书中的成都市就把猕猴桃当成重点农业产业来抓。新加坡也曾把中国的猕猴桃拿去作品种改良，生产的猕猴桃称为“奇异果”，以高价畅销国际市场。在周至县境内已有数10万亩生态猕猴桃树林，同时在附近的秦岭山区更是分布了大量的野生猕猴桃。猕猴桃具有巨大的开发应用前景：（1）猕猴桃含有抗突变成分谷胱甘肽，有利于抑制诱发癌症基因的突变，对肝癌、肺癌、皮肤癌、前列腺癌等多种癌细胞病变有一定的抑制作用。（2）猕猴桃含有大量的天然糖醇类物质肌醇，能有效地调节糖代谢，调节细胞内的激素和神经的传导效应，对防治糖尿病和抑郁症有独特功效。（3）猕猴桃含有丰富的叶酸，叶酸是构筑健康体魄的必需物质之一，能预防胚胎发育的神经管畸形，特别适宜于孕妇对叶酸的需求。

以上大致属郊区农业，西安发展都市农业重点区域是西咸新区。

2 西安彩田艺术介绍

事实上，以西安为代表的关中地区属于地理概念上的北方，发展彩田艺术的自然条件并不是十分优越，但是与西安有一岭（秦岭）之隔的汉中平原却具有发展彩田艺术得天独厚的条件。汉中平原气候条件等同于南方，广泛地种植水稻、油菜等热带和亚热带粮油作物。西安的强项在于历史文化资源非常丰富，诞生了中国历史上几大著名皇帝，如秦始皇、汉武帝、唐太宗，也造就了中国古代几大著名诗人，如李白、杜甫和白居易，而以汉中为代表的陕南地区的强项在于生物资源较为丰富，著名的秦岭四宝“大熊猫、羚牛、朱鹮、金丝猴”就栖息于秦岭山脉中。身为中国历史文化名城的汉中，又拥有丰富的绿色和生物资源，使得其年旅游接待人数超千万，与延安、西安同处一个数量级。

每到春季，秦岭以北的广大西北地区、甚至整个北方地区的游客对汉中的油菜花海颇为向往，旅行社也专门开辟了针对汉中油菜花观光的旅游路线。汉中历来把连绵上百里的油菜花海作为自己体现“小江南”的重要景观，隆重举办油菜花节，筹资开拍电影《油菜花开的季节》，欲打造北方游客所向往的最近便的“田园花海”。没错，汉中因为拥有异于北方的自然风貌和田园景观而吸引了北方游客的眼球，不过对于南方的一些游客来讲，连绵不断的油菜花海只是熟悉的身边美景，例如江西的婺源大力发展乡村旅游时就打了油菜花这张牌，成都平原也有大片大片的油菜花海供城里人参观。然而汉中油菜花海的最大不同点就在于规模大、集中度高，但这并未构成对南方游客很强的吸引力。事实上，近年来流行的彩田艺术或许可以运用到汉中的油菜花上面来，即把上段文字提到的皇帝、诗人、珍稀动物的肖像、轮廓“刻画”在汉中平原，基本“材料”有两种：油菜花和小麦苗，面积1000亩到1万亩不等。这种彩田艺术不但不会改变耕地用途，还能促进城里游客下乡，增加农民收入（多种方式）。本书曾在“航空与航天——啥都有”一节中对中国未来通用航空领域的商机略有介绍和分析：国家拟放开低空领域，距离地面3000米以内的空域就属于低空领域，低空空域航空旅游即属于通用航空的重要内容。事实上，宝鸡凤县已与西安阎良国家航空高技术产业基地联手，共同建设全国首个县级航空旅游示范基地，首家推出航空拓展、航空摄影、空中婚礼、航空科普等航空旅游体验项目，于 2011 年实现首飞。试想，如果开辟西安到汉中的低空空域航空旅游路线，沿途便可欣赏巍峨的秦岭和汉中的油菜花海。色调和轮廓单一可能会导致视觉与审美疲劳，但是如果突然间看到由油菜花和小麦苗等素材“刻画”在田野大地上的巨幅“彩画”，定会心灵震撼，惊喜不已，相机高举。

事实上，将于 2014 年开通的西安至成都快速铁路就是穿越这样的路线，时空距离的缩短以及同处西安、成都两大都市圈的优势，使得西安的历史人文资源和汉中的绿色生物资源合作空间更加的广泛，特别是通过彩田艺术打造陕西旅游又一亮点，会吸引更多的南方游客以及让游客更久地逗留陕西，或许是一个不错的构想。另外，打造彩田艺术的成本相对低廉，具有较强的可行性。

第十四节　西安高新创业金字招牌

——“统筹科技资源改革示范区”

在《关中—天水经济区规划》中，西安确立了“统筹科技资源改革示范区”的定位与任务。另外，陕西在 2010 年 8 月 1 日施行了《陕西省高新技术产业发展条例》，该条例是一部以高新技术产业发展为主题的地方性专门法规，鼓励高校、科研机构、研究人员与企业充分合作。

不可否认，科技是与文化并列的西安两大主导优势资源，同时也是两大优势产业领域。有一系列指标足以说明这个问题：西安高新区 2010 年的营业收入超过 4000 亿人民币，营业收入规模在中国中西部排名第一，仅次于北京

和上海。同时，西安的科技人才规模、科研机构规模等科技资源规模也仅次于北京和上海。另外，西安高新技术资源可与西三角经济区另两个城市——重庆和成都展开广泛合作。所以，想在西安搞高新创业，应该格外重视利用西安的科技资源和开拓更大的市场。

在许多读者看来，高新创业因为具有周期长、风险大的特点，似乎离我们很遥远，但或许又对在创业板上市的许多中小型科技企业家和投资者“一夜暴富”神话羡慕不已。那么，在高科技领域，我们是否应该投入时间、精力和财力去聚集我们的财富呢？这似乎没有现成的答案。不过值得一提的是，高科技产业的整个流程比我们想象的要长，一般是：调研市场需求—项目申请与立项—研究开发—成果转化—科技成果产业化—市场推广。西安一些高校、科研机构和市场主体手握大量科技创新成果，寻求包括股权投资基金、个人股权投资在内的多种形式的资金的注入，以有效地进行成果转化。有些中小企业或许就是隐匿于市场中的未来“小黑马”，在这些中小企业、初创企业、甚至微型企业中有相当一部分想在创业板上市进行再融资，但在上市之前，需要一定量的资金注入。向银行贷款呢，银行普遍属于风险厌恶型的融资机构；向风险投资机构或股权投资基金一类伸手呢，可它们又不一定“慧眼识英”；同时企业需求与风险资本的供给常常又很不平衡。所以，这或许反而给具有一定现金又喜欢风险的个人涉足远期高回报率的股权投资提供了广阔的舞台，这种舞台在西安可能是比较大的。另外，中国的国情是：大专院校及科研院所仍然是科研的主力，大量中小企业以及快速成长中的企业研究开发投入依然不足，科研工作的承担机构与科研成果需求主体信息沟通不畅，导致大量科研成果转化及产业化严重不足，只能呆在实验室里睡大觉。正是基于这种矛盾，陕西省为了围绕市场需求有效地开展科技成果转化，近年先后组建了 6 所独立于科研机构和企业之外的“工业技术研究院”（陕西工业技术研究院、陕西能源化工研究院、陕西电子工业技术研究院、西北工业技术研究院、陕西循环经济技术研究院、陕西农产品加工技术研究院）。这些事业单位具有中介机构的性质，财政上自收自支，这样的机构能够很好地集合政府意志、学校资源和企业需求。

既然政府都在发起设立“中介机构”，为科研工作承担机构和市场需求主体“牵线搭桥”，那么熟悉科研业务流程和企业高科技需求的人士完全可以捕捉到一些商业机会。囿于专业知识、经验平台、资质名誉等的限制，人们很难有机会和实力去组建一支研发队伍，承接一些科研项目，服务于市场，但却可以利用所掌握的信息资源搞中介代理服务。国家各级政府为了鼓励科技创新，增强国家创新能力和可持续发展能力，每年拿出了一定比例的资金用于赞助企事业单位搞研发，同时国家各级行业主管部门也有大量的科研项目可以争取。如果有才能、经验、技巧可以帮助企事业单位争取到科研项目立项或者经费赞助，那么就有相应的提成收入。例如，为学校争取到横向课题（企业—学校）应该就会得到校方一定的奖励；在帮助企业选择合适的技术产品的时候为企业节约了购买费用或者控制了研发服务外包方面的支出，也会有企业给予的奖励；等等。

陕西省为了加快大量科技成果向科技生产力转化的进程，特意作出规定：高等院校、科研机构的教学科研人员经本单位同意，可以到企业兼职或者接受企业委托，从事高新技术研发、成果转化和产业化工作；鼓励高等学校、科研机构以及个人以高新技术成果参与企业技术改造或者以高新技术成果作价出资等方式参与创办高新技术企业，其所占企业股份的比例，由投资各方依法约定；以高新技术成果参与创办企业的高等院校、科研机构，可以将其所占股份的一定比例用于奖励作出重要贡献的研发人员。奖励部分依法享受个人所得税征收优惠。陕西省出台的条例为广大科研人员松了绑，也照亮了科技成果转化成功背后的经济“钱途”。

如果一个人已经研究出或从别人那里以较便宜的价格购买了一些技术，是应该出手转让技术（专利）呢，还是以技术入股，吸引投资兴办高科技型企业，期待收获长期巨大回报呢？当然，这取决于这个人所掌握技术的潜在价值。有些技术如果价值巨大，特别是战略性新兴产业领域的核心技术，笔者建议就不要轻易卖掉；可以考虑卖掉那些价值一般的技术，保留并应用价值巨大的技术，实现“短期效益”与“长期效益”相结合的目标。2010 年 9 月 26 日，全国人大常委会副委员长、民建中央主席陈昌智在西安出席 2010 中国（陕西）非公有制经济发展论坛时表示：应鼓励中小企业进入战略性新兴产业。他认为：战略性新兴产业发展中，民营中小企业应该是最为活跃的。所以以技术入股创办中小型高科技企业是国家所鼓励和扶持的，如果产业化能够成功，甚至未来在创业板上市成功，其远期回报将是巨大的。这就可以理解为什么许多掌握核心技术的留学归国人员多愿意选择在国内各高新区或孵化园创办企业，而不是像许多国内科技青年那样，选择以一定的价格卖掉，然后把钱拿去炒房和炒股。

科技型企业在创立初期以及新技术在成果转化初期，通常会面临一定的困难。西安高新区创设了一系列专业孵化器供初创科技型企业和高新项目孵化。目前，西安高新区科技企业孵化器集群有：留学人员创业园、大学生创业基地、西安联创生物医药孵化器、先进制造专业孵化器、能源新技术专业孵化器、现代服务企业孵化器、集成电路设计专业孵化器、西安光电子专业孵化器、军民两用科技工业孵化器、西安动漫产业孵化器和高新区科技服务站点等。此外，在西安的经济开发区及航空航天基地等区域，也有相应的孵化器为大家提供服务。

笔者在这里特意摘录部分西安高新区大学生创业基地的一些扶持大学生自主创业的优惠政策，希望对读者有所帮助，更详细的内容请查看 http://www.xibi.com.cn/（西安创新网）。

为了促进大学生就业，或以大学生创业带动就业，借助成熟的企业孵化、产业培育资源，为陕西已毕业和将要毕业的大学生、研究生、博士生提供优质的创业和就业服务。大学生创业服务内容：

（1）入住基地的大学生创业企业可以享受30平方米办公用房一到两年的房租减免；免费享受中心收费课程培训；每年两次免费使用中心的会议室。

（2）协助大学生办理各类证照，落实有关财税优惠政策。

（3）免费提供创业咨询和辅导、项目评估、完善商业计划等。

（4）提供项目推荐申报、投融资信息、市场营销管理等。

（5）协助创业大学生申请“青年国际创业计划”（YBC）。

（6）协助申请西安市青年人才科技创业计划专项及国家省市其他各类资金计划。

（7）开展西安高新区“挑战杯”活动，调动大学生创业的积极性。

（8）为了提高大学生的专业技能培养，建立人才实训基地。

(9) 实施“大学生就业见习活动”，提高大学生职场竞争力。

(10) 开展就业创业引导和指导，帮助大学生树立正确的就业观念，增强大学生的创业意识。

为了支持大学生创业，创业基地特制定了一系列优惠政策。享受政策的前提是：

1. 中心支持的大学生是指：

毕业两年以内全日制大专以上学历的毕业生，包含毕业阶段的在校生。以上要求不受大学生生源所在地限制。

2. 中心支持的大学生创业企业是指：

(1) 大学生创业企业是指大学生作为主要发起人创办的企业。

(2) 项目领域应是与高新区及地方经济发展关联度密切的高新技术产业和现代服务业。

(3) 大学生在创业企业中占有50%及其以上股份，并在企业中担任高层管理人员或技术负责人，专职工作。

高新区内尚有办公、居住和生产一体化孵化基地可供购买（指住房）或承租（指办公与厂房）。

第十五节 西安“三产”创业

——生产性服务业大有可为

西安作为以建设国际化大都市为目标的中国西北地区中心城市，包括生产性服务业和消费性服务业在未来5～10年内将面临巨大机遇。一般认为，生产性服务业是与制造业直接相关的配套服务业，是从制造业内部生产服务部门独立发展起来的新兴产业，它的主要功能是为生产过程的不同阶段提供服务产品，贯穿于企业生产的上游、中游和下游诸环节中，包括金融、保险、法律、会计、管理咨询、研发、工程设计、运输、通信、广告、物流、仓储等；而消费性服务业则指主要服务消费领域的行业，如文化、商贸、旅游、家政和社区服务业，也有学者和政府部门把文化纳入生产性服务业范畴，还有学者认为文化具有生产性和消费性服务业两重属性。事实上，西安的文化产业与四川的白酒和中药产业结合后走国际化路线，文化产业就具有极强的生产性服务业特性；西安的科技信息与重庆的制造业结合后有利于做大做强西安的生产性服务业，科技信息自然属于生产性服务业的范畴。西安要建成国际化大都市，生产性服务业增加值应占到服务业增加值60%～70%的比例，有资料显示，要达到这一目标，西安的生产性服务业增加值尚有20%左右的提升空间，难度不小，宜在把文化产业作为生产性服务业加强与四川合作的同时，大力加强西安的科技信息与重庆制造业的合作。长期以来，西安把生产性服务外包中的软件与服务外包作为最主要的生产性服务业来抓，发展的载体是西安高新区。但近年来，西安意识到这种局面的局限性，特别是软件与服务外包多服务于外地企业，本地需求较多的工业设计和物流运输没有得到很好的满足，于是先后开辟了西安经济技术开发区“生产性服务外包产业园”和西安国际港务区“物联网产业园”。其中西安经济技术开发区的“生产性服务外包产业园”位于西安城北的草滩镇，主要依托千亿元先进制造业基地及渭北产业聚集区，重点建设工业设计园（具有产品研发、产品设计、工程设计、流程设计、创意设计等功能）、中介服务园、文化传媒园、数字信息园等四个专业功能园区，这是西安乃至陕西第一个专门发展生产性服务业的区域。“物联网产业园”则主要依托西安铁路集装箱中心站、西安综合保税区和西安公路港三大平台，确定了九大合作伙伴：天津港、上海港、连云港港、青岛港、霍尔果斯口岸、秦晋豫物流港、鄂尔多斯东胜区、榆林能化基地物流园、汉中褒河工业园区。国际港务区以“物联网应用产业示范园”为产业载体，形成陕西物联网产业研发、生产、应用、交易的聚集区，必将助推西安建设中国内陆最大陆港和成为欧亚大陆桥南线中国段最大的现代服务业引擎。因此，高新区、经开区、国际港务区共同构成了西安大力发展的生产性服务业的“三驾马车”，而文化、科技、物流则共同构成了西安与成都、重庆合作的三大领域（譬如：根据成渝经济区规划，重庆的万州未来可能获批保税港区，万州与西安中间只距离了一个安康市，这是物流方面潜在的合作空间之一），而这三大领域均属于生产性服务业范畴。所以，西安加强与成都和重庆的区域战略合作或许最有利于西安尽快达到建设国际化大都市的目标。从个人创业的角度讲，如何抓住西安在建设国际化大都市的过程中分外重视生产性服务业的商机，是一个值得思考的问题。切合西安本地的产业基础来发展生产性服务业是一方面，跨区域远距离协作是另一方面。这就好比地球的经纬线，相互交织才能使创富的渠道更多。

统计资料显示，2010 年西安的服务业占了西安经济的半壁江山，远比全省平均水平要高；同时服务业增加值占经济总量的比例在全国 15 个副省级城市中大约排在 10 名以内，远比 GDP 排名次序靠前，这说明快速发展的服务业对西安经济的发展起了明显的推动作用。但相对于西安拥有全国仅次于北京和上海的高校人才与科技资源以及世界一流的文化资源而言，西安提升生产性服务业在经济生活中的比重仍有相当大的潜力。事实上，国内有许多城市也正在大力发展生产性服务业，例如成都就提出要大力发展电子商务、金融会展等现代服务业，所不同的是，成都所发展的生产性服务业以金融、商务、会展为侧重点，西安则以金融、科技和物流为侧重点。

附录

1. 中草药农业应用系列商机

——不是天方夜谭

（中兽药、中草药饲料添加剂、中草药生物农药等与现代生态农业）

2010 年 7～8 月，发生了震惊全国的南京食用小龙虾致病事件。事后调查原因初步认定为动物体内残留的抗生素与环境污染物产生了有害螯合物，让部分敏感体质的人发病。事件发生之后，很多人都担心类似问题再次发生。笔者留意了一下部分新闻媒体对抗生素滥用问题的报道。具体如下：

媒体报道：

2010 年 10 月 12 日，四川《天府早报》以“滥用抗生素问题最突出　‘超级病毒’或将现身成都”为题报道了不合理用药导致抗生素滥用问题，提示家庭药箱作为抗生素滥用源泉之一，应该引起大家的重视和警惕。2010 年 10 月 15 日，《天府早报》又以“蓉专家：滥用抗生素可能致严重后果　已有患者无药可医”为题持续报道，希望大家注意抗生素滥用问题。2010 年 12 月 2 日，《新京报》以“我国成抗生素滥用最严重国家　专家：长此以往将无药可医”为标题报道了抗生素滥用的原因与危害：“调查发现，抗生素在生活中广泛存在，除了药房存在违规处方类抗生素，医院也会为回扣或防患于未然而不合理使用抗生素；而且村民给家畜家禽大量喂食抗生素，动物饲料商反映饲料中也会普遍添加抗生素。浙江大学医学院第一医院教授肖永红说，那些直接摄入和动物体内残留的抗生素，都会加速人们体内细菌的耐药速度。所以必须有相应法规用于规范抗生素的使用。”2010 年 11 月 25 日《人民日报》以“我国养殖业存在抗生素滥用　吃肉恐吃下‘定时炸弹’”为标题报道了养殖业抗生素滥用问题：“我国的抗生素一半用于临床，一半用于畜牧养殖业”；“抗生素的滥用在全世界的养殖业都是非常普遍的，但在中国显得更为严重”。2011 年 1 月 6 日，《重庆日报》以“警惕！抗生素入侵食品”为题报道了抗生素通过养殖业途径进入食品领域，并产生耐药菌的问题，新闻报道中列举了不可思议的“耐药宝宝”（新生儿耐药）示例，作为抗生素通过肉禽食品途径进入人体的最直接证明。2010 年 10 月 20 日，新华网以“细菌为何‘超级’——抗生素滥用的背后”为标题报道了抗生素滥用问题，“超级细菌”威胁人类，再次将人们的目光引向抗生素滥用问题。

另外，卫生部也多次提醒广大民众不要随意使用抗生素，并进行了范围广泛的科普宣传；农业部对抗生素在养殖行业的滥用问题非常关注，加强了对养殖行业的突击检查次数，加大了对违法使用抗生素事件的严查和打击力度，始终保持高压和震慑态势。

笔者归纳：

抗生素滥用问题集中在不合理用药和养殖行业滥用两个领域。本文以农业领域内的养殖业为重点研究对象，归纳和探讨抗生素滥用问题的根本原因，这也与我们投身农业创业有一定关系。说到抗生素滥用在养殖行业比较严重这一问题，部分读者可能想不通：在“绿色”、“生态”、“健康”、“营养”等耳熟能详的词汇响彻神州大地的今天，为何中国仍然是养殖业抗生素滥用的重灾区国家？这就在于养殖户的利益诉求与农产品消费者的利益诉求在时空上的不一致所造成的，更进一步讲，虽然中央近年来非常重视农业，但中国是一个发展中的人口大国，以农业作为经济来源维持生计的人还很多；而在当前农业保险不是很到位的情况下，养殖户不得不面对与市场、价格风险一样大的禽畜、水产品养殖的疾病和疫情风险。如果发生大规模病情或疫情，那么很多养殖户将是竹篮打水一场空，读者不要一味责怪养殖户“利欲熏心”、“黑心”。诚然，有那么一部分养殖户确实如此，以养猪为例：为了让猪长得快，持续饲喂各种激素；为了让猪少得病，不管猪是否生病，先饲喂足量含抗生素的添加剂和临时添加廉价抗生素；为了让猪少运动多增肥，给猪吃安眠药，让猪也享受人的“福利”；为了让猪长得皮红毛亮，在饲料中添加砷制剂，长期使用砷制剂后猪就会皮红毛亮（轻度中毒的表现）；还有，为了让猪拉黑色大便，给饲料添加铜制剂；更有甚者，在猪长到一定程度的时候还要加入几斤化肥尿素颗粒，让猪“享受”大地母亲的待遇，最终目的是让猪有看相好卖钱；等等。在笔者看来，此时的猪俨然变成了一个化学反应器，设定生长速度、长相、成本、利润等参数，投入反应原料，按照一定的化学反应方程式，生成相应的目标产物和附加的经济产出。当然，读者也不要一味地埋怨保险机构为什么不去农村大力发展农业保险业务，也不要提出不合理地希望政府拨一大笔钱来补贴农业。农业作为一个产业，保险和补贴等都是外在因素，如果一个产业需要外在的补贴来维持的话就说明这个产业在目前的政策范围内就没有很好地进行技术和商业创新。下面的建议希望能对想在农业创业的读者有些帮助，同时也希望引起大家进行相关的技术和商业等领域的持续创新，让农业获得大发展，让投资农业的人发大财，也让农民朋友大幅度增收。

技术和商业模式的创新往往能创造一个产业的活力，相信有一定经验的读者多少有些体会。走访珠三角和长三角地区的一些养殖企业和饲料厂，发现有两种趋势值得大家关注。一种就是大力发展绿色生态饲料，绿色生态饲料作为规模化养殖的重要原料，要与其他普通饲料产生竞争力优势，也必须具备普通饲料防病方面的功能，那么采取的措施就是在饲料中添加具有“未病先防”作用的中草药和天然植物系列制品（中草药粉末、中草药和天然植物的初步提取物、单体提取物等），因为细菌对中草药的耐药性普遍不强。在销售模式上，快速扭转养殖户的养殖观念有时很难，那么这个时候就可以采取“养殖试验”的方式，让养殖户见证生态饲料的作用。养殖户看到其效果后就会打消顾虑，积极采用含中草药饲料添加剂产品的绿色生态饲料了。另一种模式就是从各个层面出发，打通产业链条。如养殖企业建设自己的生态饲料厂，实行绿色养殖的同时，发展食品工业和生态餐饮业，从食品工业和生态餐饮业的角度取得自己利益与消费者利益的一致性。当然，也有饲料企业同时从饲料原料和饲料销售、食品加工和餐饮消费两个方向实现产业链和价值链贯通的。在杭州部分中华鳖养殖企业，出口产品全部不用抗生素而全面使用中草药替代，欧盟和美国再严格的抗生素技术标准对它都没有任何作用，因为动物体内基本没有所谓的抗生素残留，出口自然顺畅。

不单是农业企业在搞以中草药为特色的生态养殖，连其他行业的企业都纷纷利用自己的技术和资本优势，涉足上述所谓的生态养殖。笔者仅举一个例子：江西省银河杜仲开发有限公司成立于 1997 年，在最开始几年里，该公司一直专注于搞杜仲保健产品开发。杜仲保健产品的开发一般要尊重和依照中国传统中医药文化和现行相关法律法规，一直以来多利用杜仲皮作为杜仲相关保健品开发的原料。但发现与杜仲皮具有类似保健（药用）作用的杜仲叶每年都落在地上分文不值，唯一的价值就是改善土壤。2003 年，该公司开发了杜仲猪用饲料。使用过的农户普遍反映，用杜仲饲料喂养的生猪健壮而又少生病，肉质细嫩口感好。经农业部肉及肉制品检测中心对杜仲猪肉进行检测，抗生素残留、农药残留、重金属残留等指标已达到绿色食品猪肉标准。在当前猪肉食品安全形势不容乐观的情况下，该公司推出的杜仲猪在珠三角地区和长三角地区以高品质高价格的姿态出现，很受市场欢迎，目前已经形成了杜仲种植—杜仲饲料—杜仲生猪—杜仲猪肉完整的产业链，杜仲猪肉销售额上亿元。2008 年 11 月 19 日至 20 日，当时的农业部部长孙政才曾视察该公司。网易创始人丁磊 2009 年就计划投资养猪事业，此事曾一度成为热点，读者可能不知道，当时他计划投资 6000 万元的养猪事业就与江西省银河杜仲开发有限公司有关。当然，丁磊跨行业投资养猪事业，在一定程度上利用了其资本优势。另外，利用资本优势与技术优势进入农业领域的还有很多巨头，如 2010 年医药巨头天津天士力集团也计划投资 30 亿左右进入茶业领域（具体说是普洱茶领域），企图利用其技术优势实现企业生产的普洱茶的标准化与品牌化。

在中兽药领域颇有建树的专业生产企业和研究机构很多，例如业界比较出名的重庆万州三峡农牧集团和天津中兽药工程技术中心。

在中兽药的剂型上，有一个领域值得关注：借鉴中药小包装和配方颗粒饮片等经验，开发适合动物的大包装中药饮片和配方颗粒。当然要使用中药植株的“非药用部位”（指人用药典意义上的非药用部位），但实际上非药用部位蕴藏着开发成中兽药、中草药饲料添加剂和动物保健品的巨大潜力，毕竟成本相对较低（原料价格较少受中药价格波动的影响），且易于推广，中兽药等产业与人用中药产业可联袂同步发展壮大。

在中兽药、中药饲料添加剂和动物保健品方面，还有一个跟商业运作模式密切相关而且很多人没注意到的领域，那就是运用到伴侣动物（宠物）上面。我们现如今能感觉到作为人的伴侣动物，人对其往往是投入了感情的，既然能投入感情，那么也愿意投入金钱。目前专门针对狗服务的行业很赚钱，如给狗洗一次澡收费数百元，给狗做 SPA 等都是“高消费”，还有人搞起了狗的丧葬服务。虽然听起来有点不可思议，但因此而开发经济实惠的宠物保健品、药品、食品，以预防人畜共患疾病、传染病，还是比较有实际意义的。至少，狗的主人希望狗少生病，吃上“营养套餐”。所以，开发以中草药为特色的宠物系列药品、保健品、食品是有市场需求的，是可以赚钱的。这些都需要读者自己具有想象力以及创新商业模式的能力。

此外，中草药可以部分替代甚至完全替代传统化学农药，广泛应用于粮油作物和蔬菜、水果等经济作物。比如运用到动物饲料原料的玉米上，如果能加大研究力度，技术上是能成功的。中草药应用于动植物，特别是动物，不但可以充分降解，无残留，实现绿色无公害，还能有效改善动物肉的品质，这是大家往往忽视的。例如，许多中草药具有活血化淤、减毒等功效，能排除猪体内的有害物质，解决“高血压”、“高血脂”猪肉进入餐桌的问题，品质改善了，风味也会跟着改善，这就是适当应用中草药所带来的潜在收获（不仅仅是解决食品安全问题），这一点应该值得大家重视，因为解决食品安全问题是最起码的要求。我们要提高产品附加值，当然要有更高的追求才对。

中兽药、中草药饲料添加剂、动物保健品和中草药生物农药等中草药农业应用系列产业要取得大发展，必须克服目前产业要素“小循环”的状态，即部分企业零敲碎打，产业不集中，地域也分散。所以，应该发动政府重视，在全国成立一个适度规模的“中草药农业应用产业”开发园区，集中发展中兽药、中草药饲料添加剂、动物保健品和中草药生物农药等子行业，聚集企业与研发机构。这个事情极具前瞻性，因为目前全国每个省都有生物医药产业基地或相应工业园，而中草药农业应用产业被分散到并不是以中草药农业应用产业为主业的各个生物医药和农业兽药的产业园区中了，没有实现规模效应和聚集效应，更没有出现比较集中的产学研大平台，当然也没有实现产业要素和区域循环的“大循环”。根据观察，如果要在西部陕西、四川和重庆等地兴建这样一个产业园区（综合产学研等功能），可以考虑如下地点：陕西的扬陵、西安和汉中；四川的雅安、成都和西充，重庆的万州、涪陵和荣昌。

农业是一个准入门槛低，许多人创业起步阶段选择进入的领域。如何提高创业的成功率，如何形成自己的特色，如何发展壮大，这些问题是一个永恒的话题，希望在此能起到一个抛砖引玉的作用。

2. 四川中药

——一个未被充分认识的商机领域

众所周知，四川是中医药大省，是全国闻名的“中医之乡、中药宝库”。成都平原周边盛产中药材，其品种和产量均占全国的1/3强。但长期以来，中药的种植一直是以农民散户为主体。由于中药材具有一定的农产品属性，价格也往往容易大起大落，十分不利于中药整个行业的稳健发展。自2001年以来，国家就开始在中药材原料生产领域（种植、养殖）推广中药材GAP（中药材生产质量管理规范），推广的对象是广大的中药制药企业。但到2011年，时间已过去10年有余，真正有兴趣、有实力进行GAP原料生产的中药制药企业很少，而通过国家GAP认证的企业就更少，且通过GAP认证的企业所使用的GAP原料品种占企业所用原料品种的比例依然很低。虽然国家建议中药制药企业只对用料较大的中药材品种进行GAP生产，申请国家GAP认证。但事实上，一家中药制药企业用量较大的中药材品种可能有好几种，都搞GAP种植不划算，况且只对用量较大的中药材品种进行GAP认证，这似乎对保障整个原药材质量帮助不大，因为一个中成药处方可能包括十几二十味药。中药讲究的就是复方用药，需要每种中药材原料都应该在规范化的条件下生产出来，才能保证最终的中成药的品质。然而每家药厂对生产的所有中成药品种所涉及的中药材原料都进行GAP种植和认证，那么需耗费的人力物力财力将是一个天文数字。国家一方面要求控制中成药出厂价格，另一方面又希望中成药的原料都是规范化生产而来的，可以追溯、且质量稳定。但是近年来中药材生产由于价格、气候等原因很不稳定，加之有投机商投机炒作，使中药材原料价格也跟着很不稳定，企业原料成本不可控，带来了利润的不可预期。如中药现代化进行得最好、以复方丹参滴丸出名的标杆企业——天津天士力集团近年投资30多亿元搞普洱茶种植和运作普洱茶品牌去了，证明中成药制造领域的利润越来越薄。虽然企业自建中药材原料生产基地是一个控制原料成本的好办法，但是所需要的品种都建，还是只建一两种，这本身就是一个问题，谁也说不清未来几年哪些药材会突然供求失衡。况且，中药材原料种植生产跟中药材工业化生产是两种不同的技术活，企业要自己建设基地，需要增加这样一个技术上关联度不大的部门，养一大批人，耗费大量资金在差旅费和种植基地基础建设上面，还面临种植失败的风险。大企业由于实力强，可以通过规模化降低成本，这些都不是问题，但问题的关键是中国数千家中成药制造企业普遍都是些中小型企业。所以，针对具体的企业、具体的品种来施行严格的GAP认证有些行不通的地方，否则就不会出现10年的时间里，只有极少数企业通过了这样的认证，且认证的品种占企业所使用的品种比例很低，这缘于企业通常使用的中药原料品种多达几十上百种，全部都认证根本不现实，但只认证少部分品种对保障以复方入药的中成药整体质量却有困难。

其实，中药材搞GAP认证不妨借鉴中药饮片GMP认证的模式，中药饮片是按照炮制方法的类别进行认证的，而目前所进行的GAP认证有点类似于批准文号认证，不经济，也很不现实。那我们是否可以换一种思考模式？不要只追求技术上和品质上的“一步到位”。摒弃这种思维模式之后，以规范化、规模化和低廉化作为指导思想，这时思路自然就开阔了。总体来讲，中药材属于一种高效益的经济作物（动物），单位面积和空间的产出远比粮食作物高。那么是否可以借鉴近年来广泛流行的“服务外包产业园”模式呢？我们可把中国几千家有通过低成本和风险可控的方式建立中药材原料供应基地的这种内在需求的企业剥离出来，尊重自愿原则，将大部分这种需求纳入某个具体中药品种的服务外包产业园中来，中成药厂可在服务外包产业园内享受统一规划的水利设施、生态环境监测、机械设备、用工、专家团队、技术咨询、托管等服务。这种落实到具体品种的中药材种植服务外包产业园面积可以很大：选择该药材适宜种植的道地产区，可以是集中连片的几个乡镇、甚至一个县的规模，这样就可以将成百上千家中药厂的种植基地集中到这一片区来，政府资金补助、政府质量监管、各种技术力量就可方便地在这一区域集中，带来效率的极大提升。如果道地产区和事实上的主产区有几个的，就规划不超过5个这样的中药原料种植（养殖）服务外包产业园。国家可把以GAP认证为主改变为对服务外包产业园园区认证和对园区内企业的种植基地认证并重，如果中药厂不想花精力在服务外包产业园建设规范化的种植基地，那么可委托外包产业园乃至专业的并且通过国家审查认证的中药材种植公司进行“服务外包”，这些专业中药材种植公司需要接受国家某个具体品种种植资格的审查，一旦获取资格，即可同时接受许多家中药厂的“委托”（或“接包”）。为了充分监管是否规范化种植，可对中药材种植公司进行时常检查，如违反关键事项，则取消其某个品种的“接包”权，从而丧失接受任何中药厂委托“业务”的资格。通过这种制度设计，专业中药材种植公司可以同时接受多家中药厂的业务，并在同一“中药材种植服务外包产业园”内种植，有利于其扩大规模、降低成本、获取利润，同时，国家对这些“接包”商实行准入制和严格管理，迫使其珍惜资格的来之不易，从而达到规范化种植的目标。在达到规范化目标的同时，规模化和低廉化（特指中药厂获取原料成本可控）的目标也达到了。至于谁有这个动力去建设这样的大规模的针对具体品种（当然多个品种也可位于同一服务外包产业园内，但必须遵循适宜种植和道地性原则）的“中药材原料生产服务外包产业园”呢？笔者认为大型的中药饮片厂和中成药厂可能有这样的动机，因为像大型的中药饮片厂如康美药业，其生产的中药饮片品种和规格很多，基本可以满足一家中医院的所有中药饮片用药需求。中药材原料生产全国每年大概有几百亿的规模，而具体到大宗中药品种则只有一百多种，可由多家实力企业分别牵头实施这样的项目。事实上，像康美药业这样的企业，股票市值已经是几百亿的规模，中药饮片市场占有率也在逐渐攀升，是应该有这样的动力去做这样的事情的。或者培育跨地域、多品种种植的集团化中药材专业种植公司（如四川的科创集团），这样的公司未来可在每个省区市都建立相应的数个中药材原料种植服务外包产业园，可以接受任何一家中成药制造厂所有的原料种植需求，这对于制药厂来说非常省事。如果一家专业的中药材种植公司难以达到这样的多品种能力，那么则可由好几家组成联盟，错位种植，统筹好利益关系。问题的关键在于，这种模式创新解决了国家几十年都为之头痛的问题：中药种植历来都是散、乱、小的现象突出，种植业主多为农民，规范化种植显得“不切实际”。况且，在利益分配方面，药材产地的农民和当地政府基本没得多少利益，大部分被分布在全国各地的“药贩子”所攫取。所以，纵使四川、云南、吉林等地是“中药宝库”，但并不意味着当地老百姓都发了财、政府在中药种植流通领域都大幅度地增加了财政收入。相反，如果中药材以企业法人的形式集中种植并且规模化了以后，会强化四川、云南、吉林等省的中药资源优势突出地位，对吸引更多的中药厂和中药深度开发以及综合利用企业落户四川、云南和吉林等省，从而实现第一产业带动第二、三产业，突破第二产业中药制造带动第一产业中药种植的传统产业惯性大有裨益。之前，有专门的评估机构对全国的中药行业区域竞争力进行过评估，认为四川等省属于资源驱动型，而北京、上海、江苏等地属于科技创新型。所以，纵使四川等省属于资源驱动型，但只要把规模化和引导第一、二、三产业良性聚集这篇文章做好了，是照样可以赚大钱的，所以应该尽快确立科技创新研发新药和中药资源整合聚集“两脚都大步快行”的指导思想。

现在看来，这种模式极有可能导致官产学研农商皆大欢喜的局面。据报道称，国家在“十二五”期间会对中医药投资一万多亿，为中药发展的历史黄金期。何不积极探索、大胆创新，抢占发展先机呢?

3. 重庆农业

——模式创新的财富效应

重庆由于地处山区，农业发展的自然条件整体上似乎没有号称“天府之国”的成都平原优越，但重庆近年来把大幅提高农民收入、切实缩小城乡差距作为政府最重要的中心工作之一。

正是在这种背景下，重庆决心在2010～2012年3年间使重庆“两翼”地区（农业生产自然条件更差）农户累计户均增收万元。这是政府既定的工作目标，可想而知重庆各级政府压力之大。但正是在这种巨大的压力驱动下，各种农村改革陆续展开。在农村金融方面，要求广覆盖、深拓展，林权、宅基地使用权、土地承包权投融资渠道全面铺开，使得通过“三权”抵押方式融资金额由2010年的几十亿元增加到2015年的千亿元规模，通过政府成立专业担保公司等方式引导各类金融机构给农业“输血”，大幅提高农民的财产性收入。同时，政府创立鼓励机制，引导国有、民营各路工商资本加速下乡，农业产业化经营以及“产加销”一体化迅速展开，农业担保与保险也陆续地跟进，这些“组合拳”措施让一度沉寂的农村一下子活跃了起来。

在政府的各种具体努力措施中，笔者特别欣赏组建农产品集团的做法。农产品集团在居民小区开设标准化肉菜连锁店以及实行农超（农业生产专业合作社—城市各大连锁超市）对接，有效地解决了蔬菜“贵在最后一公里”以及“价高也伤农、价低也伤农”的怪象。因为在之前的市场化改革过程中，许多农贸市场都承包给了私人老板或民营企业，使他们不自觉地在某个地理范围内产生了垄断；政府又出于环境卫生、规范管理等考虑而不许小商贩在农贸市场之外的附近区域摆摊卖菜，这就导致了农贸市场的承包商因利益驱动而频繁调高摊位租金、坐地发财的普遍弊端，这是个全国性现象。一种蔬菜在批发市场和零售市场的价格相差一倍以及两倍是常有的事。重庆组建国有性质的农产品集团，在打入超市、农贸市场的同时，还计划大规模开设标准化的肉菜连锁店。而在蔬菜源头领域，农产品集团与农民合作组建专业合作社，与农民展开多种形式的合作（土地出租、入股、劳务），国有性质的农产品集团赚取的利润与农民共享，对农民实行“利益输送”，帮助农民增收。当然，重庆组建农产品集团主要是想帮助农民生产的农产品卖得远、卖得好，即“好销快销”，降低农民的生产风险；同时以农业产业化经营以及“产加贸”一体化让农民就业领域拓宽，探索建立一套助农增收的长效机制。现在看来，重庆设立国有农产品集团和广泛实行农超对接的做法很有示范推广意义：农产品就像住房一样，既具有商品属性，也具有保障民生属性，不应该全部市场化（即承包给私人，又没有建立一套控制私人随意涨摊位租金的有效机制），应该探索建立“双轨制”，或者叫有效竞争机制，这样承包农贸市场的老板或企业因为有竞争，就不敢随便提价而伤害民生了。同时，重庆的做法也颇具启发性：以前若想卖菜创业，往往只能到农贸市场（菜市场）去摆摊，支付不断上涨的租金；倘若不去菜市场，自己开肉菜小店又常常受到没有规模化经营、物流成本高，或者品种不全、政府部门管制太严、手续繁多等诸多不利影响；而现在以农产品集团带头，大规模开设标准化肉菜小店，人们就多了一个实际有效的选择，比如加盟，或者创立自己的品牌，或者创立网上农贸市场，像快餐一样可以开展预定生鲜蔬菜送货上门业务（在重庆南岸区和陕西户县、宝鸡已经出现这样的创业模式），或者一个居民小区与一个村庄（或专业合作社）对接，农民为小区内相应居民“定做”或“订单”生产相应蔬菜，村庄组织运输车辆定点配送至标准化肉菜小店，居民只需来取就行了，甚至可以考虑动员大学生村官发展农产品电子商务，这种电子商务不但面向蔬菜收购商，而且直接面向城市居民。在面向城市居民方面，电子商务交易的对象是一块土地（当然是小面积）上面的农产品收获权，市民与市民之间也可以采取物物交换或现金交换的形式交易。注意，这种情形不是农产品期货交易，农产品期货交易是有套期保值或投机功能，而这种交易是以市民需求的蔬菜为对象，更多的是物物交易，或者以现金交易为补充。之前曾有流行在农村租一块地，在体验劳动乐趣的同时又能收获劳动果实的“体念农业形式”，这听起来很美妙，但执行起来却很难。为什么？因为缺少一个可以交易、可以追求新鲜感的网上交易市场。这就好比，虽然现在很多地方都给农民颁发了林权、土地承包权和宅基地使用权，但是拥有这些“权”的农民依然很难在银行贷款，不是银行不想帮农民的忙，而是因为上面这些抵押品缺少一个交易市场，缺少一个可以变现（变成现金）的平台，银行不想担这个风险，这不是银行自私。所以，如果要实现市民与农民双赢的话，这类市场就不可缺少。当前，在农业发展方面喊得最凶的就是农业产业化规模化经营，笔者也是农业产业化、规模化经营的积极倡导者，规模化经营确实比单户经营的经济产出和抗风险性要大得多、强得多。基于农村人口减少、土地流转集中的规模化经营是中国农业上档次出水平的主要出路。但是中国人多地少，特别是农村人口多，我们不能指望农业规模化经营在短期内能100%覆盖农村。那么，没有被覆盖到的农民怎么办？政府的执政理念是“统筹兼顾”、“全面协调”，所以我们不能忽略那些短期内没有被规模化农业产业经营覆盖到的农民，也不能忘记那些不愿加入农村专业合作组织的农民，更不能简单地把组织这部分人出去务工作为解决农民增收的唯一手段。因为实际情况是，在农村有那么一批农民或不想出去务工，或由于年龄和技术问题不适合出去务工，可村里面又缺少产业化项目、又没有建立经济合作组织，那么这部分农民该怎么办呢？他们要增收啊！我们一直强调要加强城乡要素双向流动，在引导城市资本下乡的同时其实也可引导市民下乡。但让市民下乡不是让市民圈地，更不能让他们改变农村土地用途。他们只能选择与农民合作，农民可以按照市民的要求和计划为他们种植一些他们喜欢的蔬菜，甚至养殖一些鸡鸭或者猪羊之类的。那么，其中的商机在哪里呢？那就是搭建信息平台、物流平台和交易平台、中介检测平台。这三种平台的搭建都非常重要，缺一不可。因为，在现在城乡分隔严重的今天，市民对于绿色、生态、价廉的肉菜有强烈需求，与缺少市场渠道的农民希望使用农药、抗生素来减少农业风险的潜在意识是对立的，只有消除这种意识对立，搭建信息沟通平台，让农民按照市民的要求使用农药、抗生素、化肥（这个技术性知识可以让大学生村官及中介服务机构人员提供或服务），农民充当一种“托管”角色，收取土地租金和人工费收入，市民承担农业市场风险（主要自己食用，同时通过建立交易平台来降低市民市场风险和收获物物交易的新鲜感），才能在农民散户和城市市民之间取得利益诉求方面的一致，才能解决市民所担心的食品安全和价格偏高问题。当然，物流平台也很重要，市民工作紧张，不可能每天都下乡摘菜，那么有组织、有规模地发动整个村庄和相应社区对接就显得很重要。另外，物流半径也不能太大，一般来讲，当天下午，市民向农民说采摘什么蔬菜（或在专门的中介物流信息平台罗列采摘目录，平台再统一向农民或专门采摘人员发出电话、口头等形式的指令），当天傍晚采摘并迅速汇集，半夜或凌晨再花两三个小时的运输，那么第二天早晨或上午就可运达小区的标准化肉菜小店，这样可以确保蔬菜的新鲜。理论上讲，重庆“一圈”地区和部分“两翼”地区都可以做这个事情，高速公路收费站也要给予鲜活农产品“绿色通道”。

在重庆辅以这种农业创富增收模式有一定的实际意义。从世界范围来看，美国农业是典型的规模化经营，而跟重庆一样有山多平地少地貌特点的日本则实行的是“多功能高品质农业”，类似但又不同于中国的“一村一品”。事实证明，有别于美国农业模式的日本农业模式也是高效的，特别是农民的利益更达到了比较高的水平，这就为我们探索结合重庆具体的自然条件、村庄情况、市民与农民意愿以及旅游资源，以散户和村社为单位的增收模式提供了借鉴。

读者可能会发现，这好像有点类似“QQ 农场”的味道，认为没什么新意，没多少商业价值，其实不然。笔者一直关注农业问题，感慨于有必要加强城乡要素双向流动的紧迫性。城乡究竟有哪些要素可以流动？资本、人才当然是必不可少的，可是又发现一些没有进行农业产业化、规模化经营的农村地区，当地政府就基本上把劳务输出当成农村增收的不二法门，这时候城乡要素流动完全就是单向的。况且过度依赖劳务输出会带来一系列问题，最突出的就是小孩“隔代抚养”问题。

农村“隔代抚养”这个问题似乎扯得有点远，其实不然。

一般来讲，小孩性格等诸多方面的特质在 3 岁左右就定型了，而恰恰在这个最需要父母抚养的阶段，父母却不在身边。跟城市孩子相比，部分农村孩子还没上小学就已经输在了起跑线上。由于青壮年都外出打工，留守儿童和留守老人的生活来源基本上都是依靠青壮年在外的劳务收入，这将不可避免地使得部分农村儿童长期疏离农事劳动，导致现在许多农村青年根本就不会干农活。同时，农业生产方式的落后和效益的低下使得相当大一部分农村青年认为搞农业没有多大前途。由于许多农村青年外出打工以及他们不会干、不愿干农活的实际，使得近年来农村也出现了所谓的用工荒、用工难。这一系列情况将非常不利于农村本土人才的培养和农业产业的持续健康发展。

重庆针对上述问题正在进行全面改革和系统创新，并且许多改革和创新措施对农民大幅增收裨益很大。这似乎让人们看到了在重庆这个农业生产自然条件并不十分优越的地方，搞农业创业的广阔前景！